# 不退轉法輪經講義

——第六輯

平實導師 述著

ISBN:978-626-7517-06-2

佛法是具體可證的，三乘菩提也都是可以親證的義學，並非不可證的思想、玄學或哲學。而三乘菩提的實證，都要依第八識如來藏的實存及常住不壞性，才能成立；否則二乘無學聖者所證的無餘涅槃即不免成爲斷滅空，而大乘菩薩所證的佛菩提道即成爲不可實證之戲論。如來藏心常住於一切有情五蘊之中，光明顯耀而不曾有絲毫遮隱；但因無明遮障的緣故，所以無法證得；只要親隨眞善知識建立正知正見，並且習得參禪功夫以及努力修集福德以後，親證如來藏而發起實相般若勝妙智慧，是指日可待的事。古來中國禪宗祖師的勝妙智慧，全都藉由參禪證得第八識如來藏而發起；佛世迴心大乘的阿羅漢們能成爲實義菩薩，也都是緣於實證如來藏才能發起實相般若勝妙的智慧。如今這種勝妙智慧的實證法門，已經重現於臺灣寶地，有大心的學佛人，當思自身是否願意空來人間一世而學無所成？或應奮起求證而成爲實義菩薩，頓超二乘無學及大乘凡夫之位？然後行所當爲，亦不行於所不當爲，則不唐生一世也。

——平實導師

如聖教所言，成佛之道以親證阿賴耶識心體（如來藏）爲因，《華嚴經》亦説**證得阿賴耶識者獲得本覺智**，則可證實：證得阿賴耶識者方是大乘宗門之開悟者，方是大乘佛菩提之眞見道者。經中、論中又説：證得阿賴耶識而轉依**識上所顯真實性**、**如如性**，能安忍而不退失者即是**證真如**，即是大乘賢聖，在二乘法解脫道中至少爲初果聖人。由此聖教，當知親證阿賴耶識而確認不疑時即是開悟眞見道也；除此以外，別無大乘宗門之眞見道。若別以他法作爲大乘見道者，或堅執**離念靈知**亦是實相心者（堅持意識覺知心離念時亦可作爲明心見道者），則成爲實相般若之見道內涵有多種，則成爲實相有多種，則違**實相絕待**之聖教也！故知宗門之悟唯有一種：親證第八識如來藏而轉依如來藏所顯眞如性，除此別無悟處。此理正眞，放諸往世、後世亦皆準，無人能否定之，則堅持離念靈知意識心是眞心者，其言誠屬妄語也。

——平實導師

# 目次

# 自序

正覺同修會諸同修們證悟的事實，藉由《我的菩提路》第一輯披露以後，在臺灣與大陸某些自稱證悟者跟著仿效，也開始舉辦四天三夜的禪三，並且也要求學員同樣撰寫見道報告，模仿本會同修們寫的報告；然而都只是徒具表相似是而非的假佛法報告，與三乘菩提中的見道全然無關，因爲所證的所謂第八識如來藏，全都仍墮五陰之中，未曾脫離，只能說是末法時代佛門外史的又一章罷了，並無實質。

此乃因於大乘佛法之見道極爲甚難，何況能以相似的表相佛法而撰寫見道報告。衡之以第八識如來藏的妙法深妙難解，乃至聞者亦難信受，難有實證者出現於世；觀乎釋印順等一派學人，主動承嗣於天竺部派佛教諸聲聞僧的六識論邪見，與密宗應成派中觀古今所有諸師的六識論常見同一步伐，所說並無絲毫差異，然而至死不肯認錯；反而以其見取見而發起鬥爭之業，對所有評論其法之人大力撻伐，不遺餘力，唯獨放過平實一人，對於平實十餘年來於書中多方面公開評論其謬等事，似如一無所知、一無所見，默然以對。由是可知大乘佛法實證之義極難可知、可思、可議、可證、可傳。

而此一法即是第八識如來藏，亦名眞如、阿賴耶識、異熟識、無垢識，教外別傳的禪宗名之爲本地風光、莫邪劍、花藥欄、綠瓦、父母未生前的本來面目……等無數名，於《佛藏經》中 世尊說之爲「無名相法、無分別法」，以如來藏運行之一切時中皆不墮於名相及分別之中故。若人滅其無明，則此識隨時可證，證已即時發起般若正觀，佛菩提中名之爲「諦現觀」，即入第七住位而無退失；若人往昔無量阿僧祇劫前曾謗此第八識妙法，則是已墮無間地獄而次第輪轉三惡道中，其數無量阿僧祇劫受諸苦惱，終於業盡受生人間，歷經九十九億佛所奉事、供養、勤心修學，來到 釋迦世尊座下重新受學已，而仍然不得順忍；每聞第八識如來藏妙法心便不喜，連聲聞果的實證都不可能，遑論大乘菩提，由是故說此第八識妙法難聞、難信、難解、難證、難持、難忍。今於此《不退轉法輪經》中重說此法，令一切學人聞「此經」及「釋迦牟尼佛」聖名已，盡未來際不復退轉於此第八識妙法，未來當得不退轉於大乘法輪；以是緣故，特爲學人講授之。今以講授圓滿而整理完畢，用饗佛門四眾，普願皆得早立信心，殷重受學，有日必得證悟，得階菩薩僧數之中，是所至盼。

佛子　**平實**　謹序

公元二〇二二年小暑　誌於松柏山居

# 《不退轉法輪經》卷第二

## 〈聲聞辟支佛品〉第四（承續第五輯未完內容）

「言說相自空，非以言故知，如汝之所說，眾生莫能思；如是實際相，非思議能知，是名正覺說，辟支難思議。」言說的自相是空，因爲言說來自於空性如來藏，如果離了空性，言說從來不可得。而言說說出來以後，自己聽了知道那個意思，對方聽了也知道那個意思。可是眞正知道那個意思時，是要藉如來藏才能知道的，你單單五陰身心是不可能知道。因此不是因爲有言說所以知道，而是因爲有如來藏所以能知道那個言說的意思。可是當你把這個道理爲眾生宣說的時候，「眾生莫能思」。所以佛菩提道中的實相般若初次親證，在唯識增上慧學中雖然還只是眞見道位，都還沒有觸及相見道位，更沒有觸及初地入地心的通達位，但這眞見道最低階、最基本的實相般若，卻已經是「唯證乃知」而非一般大法師與學人所能知道的了；諸位親證者！你們想想看，我這樣講了：「言說的自相空，言說的自性其實來自第八識如來藏空性，並非五陰自己能有言說的自性。」一切還沒有親證般若的人能聽懂嗎？不可能欸！所以當你說個言說是從如來藏中來，他就聽不懂了，他只能猜：「可能因爲背後有個如來藏支持著這個五陰身心不會壞，所以這個五陰身心就能有言說。」他們一定會這樣想，怎麼會知道「實際」的狀況呢！所以說「言說相自空，非以言故知」，眞的要證如來藏以後才能知。但以前兩岸佛教界諸方大法師們，都自認爲已經開悟親證法界的實相了，而他們所謂的法界實相其實都還只是停留在識陰的境界中，仍然未斷身見，都只是凡夫而自稱證聖。

那我從簡單的道理來說，不洩漏密意的情況來說明。言說這個聲音來到你的耳朵裡，耳朵是色法，色法怎麼能了知言說？而那個言說，它是剎那剎那生滅的，得要有心把這一整串的言說串起來，才知道那個意思。這就有兩個問題了，第一、「聲音」你的耳朵沒聽到，因爲耳朵是色法不能聞聲；第二、你得要藉如來藏變現內相分的聲塵給你，你的耳識與意識才能聽見。聲音是聲塵、是色法，你覺知心是心，心不觸物，怎麼能了知那個色法聲塵中顯示出來的言說？這就是兩個道理了。所以，得要有如來藏變現了內相分的聲塵給你，由於是自己的如來藏心所變現的，耳識才能觸知內聲塵而了知言說，而發出言說的人還得要依靠如來藏才能發出言說來。所以對於言說的眞實道理，如實了知的人都知道「**言說相自空**」。「**言說相**」的自性本來就是第八識空性，無始以來都是這樣；而聽聞言說的人其實並不是因爲言說而了知，是因爲空性如來藏而了知那個言說。而你有這個現觀，卻不能把那個關鍵講出來，因爲衆生信不及就會毀謗。你爲衆生明說了，他們也不能現觀，所以「**如汝之所說，衆生莫能思**」，他們是怎麼樣思惟都想不通的，而這樣的「**實際**」的法相，並不是靠意識思惟之所能知。

各大學的哲學系教授那麼多人，諸位想想看，從民國初年以來，好多大學設有哲學系，那些哲學系的教授，他們靠思惟能知嗎？他們專門研究玄學、佛學，結果沒有一個人能知道，若是等而下之的學生與跟隨他們修學的所謂佛教徒們，當然更不可能知道了，所以說「非思議能知」。這道理是唯證乃知，能夠如實勝解這個道理而爲眾生演說出來，這才能叫作「正覺說」，所以咱們講的就叫作「正覺說」，不單單是因爲我們叫作正覺同修會。

本來我也沒有那麼大的野心把自己的道場叫作正覺，我們以前很客氣的，都自己叫作內明共修會，因爲是向內應該理解的眞相，而我們明白了，所以叫作內明共修會。可是那個內明共修會，在成立以後被人家把持住了，我們什麼也管不了，所以後來我們只好離開。離開了以後，大家思索著：我們這個新的同修會要叫什麼名字？有個師姊提議「就叫正覺」，我也沒有異議，我說：「好吧！就叫作正覺。」那時也沒有心思去想要叫什麼名稱，本來我還有一個念想：「叫正覺，這個正覺太普遍了吧！」因爲到處都有正覺禪寺，有沒有？然後他們說：「就叫這個好，這個好啦！」我說：「好啦，好啦，你們同意就行了！」然後就決定叫作正覺。我講經講到今天快三十年了，今晚說「是名正覺說」（大眾笑⋯⋯），原來我們三十年來講的都叫作「正覺說」。

諸位想想看，以這樣實證、得證解脫果以及佛菩提果，依於實相心眞如而爲眾生說出這樣的道理來，這樣才能叫作「正覺說」，而這樣的菩薩辟支佛是難可思議的。

「現見於色陰，但有假名字；如是陰相性，常離於言說，無有眞實相，乃名爲出世；如是知諸陰，本性無住處，是色無所有，假名以爲陰，但有空名字，不生亦不滅；言說及諸法，無有決定處，若無有言說，是名說色陰。」

這十六句是在講色陰，從現象界裡面，大家都可以現前看見色陰的存在，因爲這五色根加上六塵，是眾生見分所執著爲我的內涵，即是有情眾生所識知的相分。從表面上看來是有色陰，可是這個色陰只是虛假的名字，爲什麼是虛假的名字？因爲這個色陰得要攝歸空性如來藏所有，色陰與第八識如來藏「不一亦不異」，所以你說色陰的時候，這色陰只是個虛假的名字，因爲像這樣的色陰的色相以及法性，永遠都「離於言說」。

從現象界來說，你的色陰能言說嗎？色陰是物質，物質不是心，怎麼懂得言說呢？你聽到人家說色陰兩個字，那兩個字就是色陰嗎？也不是啊！所以說，色陰的這個法相、色陰的這個自性始終都「離於言說」的，而色陰只是個生滅法，色陰沒有眞實相，剎那剎那生滅而不能常住於人間。你如果說色陰有眞實相，那就是指第八識空性如來藏，如果外於如來藏而說色陰，色陰就沒有眞實相。懂這個道理，你才能夠稱爲出世者，否則就是落在五陰身心的世界裡，還沒有觸及實相。

那麼知道色陰如此，同時也就知道受想行識四陰亦復如是，所以說像這樣了知於五陰，也就知道五陰並無實質，就知道五陰的本性沒有一個住處。你如果硬要說五陰有住處，那就是住於如來藏空性心中；可是如來藏無形無色，你怎能說祂有住處呢？所以說五陰的「本性無住處」，因爲五陰全部都依於第八識如來藏而住，然而五陰所住的空性如來藏猶如虛空，又不能說五陰有所住。

而這個色陰「無所有」，色陰是念念生滅的，不用懷疑；從長時間來講，你活了幾十年，以前襁褓之中連翻個身都沒辦法翻，那麼小；現在活了幾十年，叫作成人、壯年人、老年人，有沒有變異？顯然有。可是不要說那麼長，說短一點，一剎那就好，或者說一秒鐘就好，現代西方醫學說：一秒之中人體就製造了幾百萬個細胞。這也表示，每一秒中都有幾百萬個細胞被抽換掉不斷的在更新。電腦更新可能一天兩次、兩天一次，可是你這個身體每一秒鐘都在更新，而且那個更新的數目是幾百萬個細胞，那表示什麼？每一念之中都有很多個細胞在更換，當然可以證明你這個色陰不是眞實有，只是暫時而有，所以說「是色無所有」，但是把它建立個假名叫作色陰；因爲暫時的存在而有色陰的功能在運作，爲了互相溝通說明瞭解，所以把它叫作色陰。

所以色陰就只是有一個空的名字：「但有空名字。」空是指什麼？是第八識如來藏空性。色陰就是空性的另一個名字，就是第八識如來藏的另一個名字。所以如果有人說色陰的時候，你就要知道他的背後是在說如來藏。但是如果不是已經鋪陳了這麼久，而去外面直接說：「當人家講色陰的時候，他就是在講第八識如來藏。」你才一講完，可能要挨罵了，因爲非其根器，他們不是聽這個法的根器。就好比說：「當你說有情念念生滅的時候，就是在說如來藏；當你說有情五陰會不斷生死的時候，那就是在講空性如來藏。」

可是得要遇到了適當的根器才能說，你不能直接為眾生說五陰就是如來藏，因為他們只看見五陰，沒看見第八識空性如來藏，無法觀察第八識空性與五陰之間的關係。所以說「是色無所有」，只是個假名把它叫作色陰，其實這個色陰本質上就只是一個空性如來藏的名字，所以這個色陰「不生亦不滅」。

釋印順、達賴他們那一些人就是讀不懂大乘經，所以他們會說：「大乘經不是佛講的，大乘經講的跟初轉法輪的經典都不一樣。」但是我要補充說：「密宗的教、理、行、果，全部都與《阿含經》及大乘經不一樣，根本上就是外道。」反過來說，從我們實證者的所見，三乘經典的內容完全一樣，差別只是二乘經是從現象界來講，大乘經是從實相法界講現象界的生滅無常之後再講實相法界，講了實相法界又把現象法界納進來，歸於實相法界的第八識眞如，所以沒有不同。但釋印順與達賴二人所繼承下來的所謂中觀法義，全都來自部派佛教聲聞凡夫論師們的六識論，本質與常見外道無異，所說全都只是思想而非實證所得的眞義，都不是佛法中的義學。

那麼因此說，世間人一切言說以及所有的一切諸法都要攝歸如來藏，而空性如來藏並沒有處所。請問如來藏有什麼處所？你過去世無始劫從一個世界又到另一個世界，這樣來來去去，現在這一世來到娑婆世界；有的人發願死後要去極樂世界又是另一個地方，有的人發願說：「**我下一輩子還是要留在娑婆，我要住持正法復興正法。**」然而你的來世也不會生在同一個家庭，但不論生在哪個世界、哪個國家、哪個家庭，其實你是都住在自己的如來藏寶屋中永遠不變，而如來藏心沒有一個所住的處所，十方世界來來去去，所以「**無有決定處**」。

「**若無有言說，是名說色陰。**」了知到這一點的時候，你還要說什麼叫作色陰、什麼叫作受想行識陰嗎？不了！原來一切都是空性如來藏。當你親眼看見這個事實，就說：「**原來一切都沒有言說，言說都是為了如來藏而方便施設的。**」懂了這一點，才能夠說你眞的懂色陰。那麼請問諸位：「**二乘阿羅漢們懂色陰嗎？**」顯然不懂！你說那樣的阿羅漢來到正覺講堂，還能開口？我眞的不信。所以我從來不說大話，我說的是實話；因爲是眞實語，那就不是大話。且不說這個道理，假使今天還眞的有阿羅漢，他來到正覺講堂才一踏進門來，我就問他：「是什麼？」這時候他不就口掛壁上了嗎？那張嘴已經不是他的了。你說來到正覺想要開口，套一句俗話說：「沒門兒！」眞的沒有他開口的餘地。

「現見於痛陰，想行亦如是；乃至識陰等，但有假言說；是陰不可說，離於一切相，本性無所有，不生亦不住。」這就是說，這個色陰其實不可說；色陰如是，受想行識亦復如是都不可說；而且「離於一切相」，爲什麼呢？因爲這五陰的法相全部把它合起來，當你從所悟的第八識空性來看五陰時，五陰就是空性如來藏相；而第八識如來藏無相，所以說五陰離於一切相。這五陰的本性全都收歸如來藏來看時就一無所有，所以五陰「不生亦不住」，因爲如來藏「不生亦不住」；因爲你五陰是在如來藏中存在，而空性如來藏從來「不生亦不住」，那你五陰當然也就「不生亦不住」。

《不退轉法輪經》今天要從五十六頁第八行開始，但是開始講經前，預防諸位也許會打瞌睡，講一點經外的話。第一點、我要說的是上週或上上週，咱們有談到中華民國有史以來最齷齪的選舉，套一句鄉下的俚語說：「打從我有生有眼睛以來，沒看過這麼齷齪的。」那麼就有人刻意扭曲我的話，說我指定要選誰。可我今天還要繼續談這個話題，我首先要問的是：你們到底是不是菩薩？（大眾答：是。）那菩薩要以什麼作爲此生最重要的前提呢？（大眾答：正法。）對！那麼我們在臺灣，如今已經不能再去大陸了，而這個正法要久住，不能單單偏安於臺灣，所以這個法還要傳回大陸去，可是大陸同修們目前不能來，這正法要如何傳過去？那麼從正法久住的大前提來看，誰當選了能有利於大陸同胞繼續來臺，這就是我們菩薩應該選擇的人選；而我們身爲住持正法的菩薩們，就應該從這上面來考量應該選誰對正法最有利，而不是自己偏愛某個候選人就選誰。

那麼我再說回來，上週我有沒有告訴諸位要選誰？（大眾答：沒有。）沒有！換句話說，你身爲菩薩，你要親證這個法，或者你已經證得這個法，而你繼續選擇一個將來使大陸同胞不能來臺灣的那個候選人，那麼這樣能令正法久住於整個中國兩岸嗎？所以身爲菩薩應該作什麼，應當了然於心，不要再把我的意思曲解了。那麼人在世間，所有的政治上的意識形態只有一世，可是身爲菩薩與正法的關係是一劫又一劫的，不是一世又一世的，何況意識形態就只有一世？而且菩薩將來是無數劫後都與正法連結在一起的，因爲你成佛以後並不入無餘涅槃，而選舉的結果只能存在一世，不會去到未來世諸位的菩薩道中。因此以一世衡之於未來的無量劫，應該作什麼取捨，自己心裡也就明白了，又何須要我多言，然後何須以政治上的意識形態刻意去加以扭曲呢？所以誰當選以後能讓大陸同胞們來臺自由學習正法，這就是我們應該支持的人，這就是身爲菩薩的本分，與政治無關。

第二點、有人在網上亂說話，說正覺因爲跟佛協接不上頭，所以大陸沒辦法去……等一類的話。可是說句不客氣的話，我有三次跟中國佛協以及其他的省佛協兩次接觸聯絡的機會，但是我都拒絕。我拒絕的原因很簡單，因爲佛協只是統戰部的工具，就算正覺跟他們打成一片，也沒辦法達到我要的結果，這只要看看慈濟與佛光山在大陸努力後的結果就知道了，他們何曾踏入過大陸的宗教界？這是我很早就看清楚的事，所以我不跟統戰部往來，我不跟各省佛協往來，中國佛協更不要講，因爲他們全國佛教都被密宗外道全面滲透了。就正好我拒絕中國佛協不到一年，結果釋學誠就因爲搞雙身法而下臺了。你說，我沒機會接上中國佛協嗎？不是，而是我不願意。那麼回頭來看，慈濟、佛光山跟大陸中國佛協、各省佛協往來，花了很多錢以後，結果有沒有能走入宗教界？答案是沒有。所以很多事情，我是不想公開說，不是不知道。但那些可能會退轉者爲了破壞正法的弘傳，就用謠言不斷的傳，然後現在寫到網路上去，說我們正覺無法接觸大陸的佛協。實際上正覺是拒絕佛協，不是沒機會接觸佛協。

第三點、那一些在網路上或私底下傳言誹謗正覺，所謗上從法主、下到義工菩薩們，不管毀謗了誰，都是謗勝義僧，因爲大部分的幹部們、助教老師、親教師全部都是證悟者。毀謗了勝義僧，而且大部分的內涵還無根毀謗法主，雖然我沒有上網閱讀，但有人會告訴我，而我總是不理他。但是有個問題，他們想要親證 如來的根本大法，可是對 如來施設的佛戒卻不接受，而且隨意就犯了謗法或者謗佛的事，或者犯了謗勝義僧的事，已經嚴重毀犯菩薩戒的十重戒，那他們到底學個什麼佛？這是他們退轉者首先要思考的問題，因為不是誹謗了以後來世照樣是個響噹噹的好漢，沒這回事；誹謗了以後，來世能當狗熊就算不錯了，絕對沒機會當人的，還學什麼佛。所以學佛的人，特別是受了正覺的上品菩薩戒以後功德很大，可是犯戒以後獲罪也是加倍的；然而有些人腦袋沒想清楚，還在昏睡當中。所以有很多事情，我們正覺是隱惡揚善，原則上都不講。但有些人得了法以後，背地裡幹了許多不好的事情，我不是不知道，而是不想去處理他。我不處理的結果，就是交給護法團隊護法神他們去處理。老實說，我也沒那個時間來處理他們，可是他們會流通一些所謂的信件或者所謂的內涵，但是那都是只把他們想要彰顯的部分公開出來，而背後的眞相都不談，就只說表面而讓別人誤以為事實是那個樣子，然而事情的原委卻不是那樣。所以原則上不要作得太過火，否則我全部把他們公開破斥了，那他們在會裡就不能立足，這是我對此事最後一次的宣示，不要逼我把眞相公開。

第四點、要請大家善護身心，因為正法久住需要很多人共同來作，所以不管你悟了或者尚未悟，在增上班或者進階班或者禪淨班，都要好好善於攝受你的身體。總不能我這個老頭兒還在人間，結果你比我年輕就走了，這樣對我來講都覺得很傷感。人家世俗法中，白髮人送黑髮人的規矩是怎麼樣？在他出殯那天，老父、老母要拿手杖去他的棺頭敲他三下，爲什麼？因爲他不孝！先走人了。可是現在我們還有不少的同修，爲了達成某一件事情，然後就一天又一天、一月又一月，每天這樣熬夜，隔天還要上班；這樣作不能持之以恆，撐不了多久的。我打從破參以後，十幾年都沒怎麼睡覺，住在覺明現前的境界裡面，可是後來身體開始變差，上課時都得喝著黃砂糖泡的冷開水補充體力；所以十幾年前，你們聽我上課，一定是很辛苦，才講個幾句就得清痰，因爲嗓子老是難過，大家也聽得很難受；但現在沒這個問題了，因爲有在調整生活。爲了正法的久住，我還得要再辛苦二十年，所以這二十年內，你們誰都別先我走人，因爲你們比我年輕，年紀比我長的人沒幾個。

所以特別要求諸位，偶爾熬夜一天可以，是因爲事情眞的很急，可不要兩天、三天、四天連續熬夜，這樣不行。如果身體覺得有問題一定要檢查，一定要去醫院作全身的健康檢查，不能老是想著說我就靠食物、靠中藥的補藥或西藥的維他命來怎麼樣調理；照顧身體不是這個順序，儒家也說事有輕重緩急。身體難過的時候，最重要的事情是檢查，檢查以後如果沒問題，只是太勞累，那麼可以用中藥調理；西藥的調理沒用，一定要中藥調理，但是一定要先去醫院作檢查確定。諸位凡是比我年輕的人都不能走人，將來才有人繼續住持正法也能爲我送行，所以請諸位一定要善攝身心，身體有什麼問題，一定要先去大醫院作正規的檢查。

如果眞的有不好的東西，再找第二家確定一遍，因爲有的醫院醫師爲了要開刀，可以爲醫院多賺一些錢，故意說那是壞東西，但其實有時不是。你如果兩家醫院都確定是壞東西了，就要速戰速決，把它拿掉就好了，不要想用什麼別的方法去治好它。所以勸請諸位不要每天熬夜，一兩天還可以，不要長期這樣。你們大多數人都比我年輕，我問諸位：「超過七十五歲的，請舉手！」一位、兩位，啊！你也有喔！三位、四位、五位、六位、七位、八位、九位，喔，還不少，十位。但是原則上，也不是說你們比我年長就可以早走（大眾笑…），也是要活到夠了，法也學夠了才可以走，這是我的原則，所以希望諸位善攝身心。

回到《不退轉法輪經》來，今天要從這十二句說起：「如所說眞實，**遠離一切法，如是知諸相，體性無住處；假名之所說，識陰等亦空，知言說空已，無生亦無滅；言說及諸法，無有決定處；若無有言說，是名爲識陰。**」「如」這個所說的內涵其實是眞實法，所以「如」不是滅了變成空無叫作如，因爲那是斷滅空，空無不能稱爲「如」。既然說個「如」，就一定有一個眞實法、本住法，祂自始至終都是「如」。所以「如」所說的一定是本住法，是本來就在的法，不曾有生。那麼這個「如」自身的境界，「**遠離一切法**」，所以祂自己的境界中無有任何一法可得，這才是眞正「如」的境界。假設有某一個法是常住的，但祂的境界中有某一些法存在，那就一定不「如」。所以「如」的境界是無一法可得的，這就是如來藏自己的境界；在無一法可得當中，如來藏又跨足於現象法界，所以祂又能支援現象法界的一切法，但祂自己卻不了別一切法，也就是唯識增上慧學中說的「能圓滿成就一切染淨諸法」的自性，名爲圓成實性。

要如是了知「如」的這一種法相，就會知道「如」的體性沒有住處。凡是有住處一定是住在某一種境界法中，而如來藏不住於任何一法當中，所以祂不了別任何諸法，當然祂就沒有任何的住處。不過在這裡，我要先聲明一下，這是指三賢位的證境，不是指無生法忍的證境。從三賢位的慧學來說，前五識有見分，意識有見分、自證分、證自證分，祂有三分；意根有見分，有自證分，沒有證自證分；阿賴耶識就只有相分。這是從三賢位來說，所以說眞如的境界就是阿賴耶識不了別任何諸法。

可是如果從無生法忍來說，就說八識心王一一識各有四分：見分、自證分、證自證分以及相分。那是另一個層次，不是我們這裡要講的，那個等將來講《成唯識論》時再來說。因爲把那一一識各有四分的道理，在講經對平常大眾的時候來加以說明，很多人聽不懂的，說了也是白說。所以這裡講的是三賢位的事，說眞如的境界中無一法可得，祂不了別任何一法，所以說「**如是知諸相，體性無住處**」。

既然第八識眞如是這樣的境界，要如何說給眾生了知呢？那就得施設假名言說。那麼經由假名言說來爲衆生說明了以後，衆生就可以了知識陰的境界雖然廣有一切諸法，但是把識陰攝歸如來藏來看時，又何曾有一法可得。而識陰的本身無常生滅、只能存在一世，這一世當中也是夜夜斷滅，因爲眠熟了就不見了。所以識陰六識其實只是短暫的存在，也並不是恆時的常，祂是無常之法，因此說「識陰等亦空」，這個「等」字，等取色受想行四陰，可是爲什麼以識陰來講，而不講色陰等四法？因爲色受想行四個法是被識陰所據爲己有的，認爲這是自己的，然後由識陰來指使色陰去作任何事情而有五受根，然後就有各種的了知性和言語出現，顯現於外就是有各種的行運作不斷，所以色受想行是被識陰所用的。

那麼「識陰等亦空」，就是說識陰以及色受想行總共五陰都是無常故空，而這個無常空攝歸如來藏的時候，空性如來藏也說是空；那麼經由這樣的空相與空性和合來說五陰，而這五陰出生了言說才能夠作各種的假名言說，而這言說連同五陰全都攝歸於空性如來藏，空性「無生亦無滅」，所以識陰等乃至於言說全部「無生亦無滅」。因此才能夠從前世的張三轉爲這一世的李四，然後再轉爲來世的王五，乃至於再下一世的趙六等，數之不盡，都是因爲有空性如來藏的眞如境界存在，然後出生了一世又一世的五陰，才會有種種的言說。推究起來，這一切都歸空性如來藏所有，所以這一切都跟不生不滅的如來藏一樣，就成爲「無生亦無滅」。

這五陰運用言說而演述出來以及顯示出來的諸法，其實沒有一個決定不變的處所，因爲空性如來藏無形無色，怎能有處所呢？所以你不能夠說祂有「決定處」。可是問題來了，自古以來禪門修行人都說要了生脫死，所以沒智慧的人就說：「我就是要每天打坐，然後我把天眼通、宿命通都修好，就知道往世從哪兒來，來世要去到何處，我就了生脫死了。」可是他畢竟住在生死中，而他往世是怎麼生的，他知道嗎？不知道。這一世即將要死，將會怎麼死，他也不知道，何曾了生脫死？可是有智慧的人不這麼想，因爲他知道往世從哪裡來，也知道來世要去哪裡，所以有智慧的人參禪證悟之後，知道生也從如來藏中生，死也死在如來藏中，所以他一破參就了生脫死了。

可是有的同修很有趣，問我說：「師父！我都悟了，可是我來世要生到哪裡去？」唉！真的是啼笑皆非，後來問他：「那你這一世從哪裡出生的？」還答我說：「我不知道，就是媽媽生我的。」這時頭上狠狠給他一個拳頭，我說：「你媽媽有生你哦？」「喔！我知道了，原來是我的如來藏生的。」我說：「你才知道喔！那將來死了，死到哪裡去？」「喔！死到如來藏去，那我懂了，我懂了。」我說：「你也太下下根了吧！」所以真正的生、真正的死，全都在如來藏中，不曾外於如來藏，所以生了了、死也脫了。

但是有一些法，我就不能公開講，那只在禪三殺我見的時候才講。所以這樣看起來，到底生的時候是在哪裡出生的？（有人答：如來藏。）是如來藏，但如來藏有沒有住處？有沒有處所？（有人答：沒有。）沒有，所以生也沒有「決定處」；那麼死了還歸如來藏，如來藏也沒有處所，要歸到哪裡去？所以假使有人說：「我來世要往生西方極樂世界，那是個好地方。」但是往生西方極樂世界去，是依他來世的五陰說的。而去到極樂世界的時候，他藉著蓮華出生了，其實還是生在他的如來藏裡面。依他那個五陰在哪裡，說他生到那裡去，其實沒有決定的處所。懂了這個道理以後，就知道其實一切法「無有言說」，因爲和言說相應的都是五陰，如來藏不與言說相應。

那麼爲什麼識陰會與言說相應？因爲識陰有覺觀。《阿含經》中說覺觀「亦名口行」，覺觀的另一個名字叫作口行，爲什麼呢？因爲有覺觀的緣故才會有言說，若沒有覺觀就不會有言說，所以覺觀又叫作口行。那麼知道這一切法從現象界來看時似乎是有言說，而其實在實際理地根本就沒有言說。那麼既然沒有言說，當你修學佛法而瞭解了識陰，說出了識陰的時候，你這識陰歸如來藏所有時，也就沒有言說了。知道這樣的沒有言說，才能說你眞正懂得識陰。所以從現象界來看，識陰有言說；從實相法界來看，識陰沒有言說。你得這樣的認知，才能夠說你眞的懂得識陰。

接著說：「是陰離言說，不可得限量，無生無滅相，亦無所依處；解脫諸煩惱，非業非果報，非覺亦非陰，非言非涅槃。」你們看看這些字句，如果要用六識論來解釋它，根本沒機會，講也講不通。這裡告訴我們說：「是陰離言說。」六識論者就聽不進去了，因爲他們純粹從識陰來看，而識陰明明與言說相應，於是他們就認爲這是僞經，其實是他們不懂！這個識陰或者乃至說五陰全部，都「離言說」，絕對不可用言說來限量它。你用言說來表達它，其實都只是法的表面，涉及不到法的第一義；所以其他四陰跟識陰一樣，其實都是「離言說」的。

你也不能限量它，永遠都不能夠說：「我這個五陰有八十公斤重、有六十公斤重。」不行！因爲這不是眞正的重量，你這五陰身心是由如來藏所出生，要攝歸於空性心如來藏。假使這個某甲造了惡業，罪不致餓鬼、地獄，所以來世生爲大象，因爲他輕謗了一句佛法，可是又修了很多福德，來世報爲大象，每天吃甘蔗，項上掛著瓔珞，到底牠有幾公斤？又或者罪業更重下墮爲螞蟻，越是低賤的生物，牠們輪迴的時劫就越多越長。

就像 如來問舍利弗：「你看這一隻鴿子，牠當幾世了？」結果一世一世、一劫一劫往前看，看到八萬大劫，牠仍然是鴿子。佛說：「以前不只八萬大劫，一直到現在都是當鴿子。」再問舍利弗：「那你看牠未來什麼時候可以脫離鴿身？」一世一世、一劫一劫一直往後看去，看到八萬大劫後還是鴿子。佛說：「不止八萬大劫後，牠還要當很多次八萬大劫的鴿子。」那如果當大象呢？回來人間還比較快，可能要不了一劫兩劫。可是到底牠的身量是多大多小、多重多輕？總是一世又一世不斷變化，確實「不可得限量」。因爲這五陰身心的本質就是如來藏，可是如來藏空性無形無色，只因爲大種性自性以及各種無明業力的關係，所以出生了這個五陰；而五陰世世不同，怎能夠說它有多重多大呢？所以「不可得限量」。

如果是個聰明人，看到一世又一世都有五陰輪轉不斷，知道一世一世都有不同的五陰永無窮盡，而每一世的五陰都是生滅性的，那就知道背後一定有個常住法。這個常住法沒有簡擇性，所以不了別任何一法，祂不對六塵境界的任何諸法加以了別。這樣的常住法才可能一世又一世出生生滅的五陰，所以祂是常住相，沒有生滅相。當你把生滅的五陰攝歸不生滅的如來藏的時候，就可以說這五陰沒有生滅。所以這時從如來藏來看一切法時，想要尋個生滅相，竟然了不可得。所以五陰到底依什麼而住？依如來藏而住，只能說是「無生無滅相，亦無所依處」。

可是愚癡人會告訴你說：「我依我的家而住，我家這麼高廣豪華。」但其實他只是個市儈，「市儈」聽懂嗎？市儈是罵人的話；市場的「市」，會議的會，左手邊加個人字旁。因爲他不知道，他只看現象：現象界是有一個色身、有一個覺知心在，而這個五陰身心就住在他自己那個高廣的別墅裡面，所以說他有個住處；因爲他都不知道原來一直都住在自己的如來藏裡面。他的一世所思所行所爲，莫不是在如來藏中，但他不知道；所以以爲自己有依處，其實「無所依處」，因爲如來藏無所住。

假使有人如是得諦現觀，就可以「解脫諸煩惱」，因爲煩惱是五陰身心的事，和眞實的你、也就是背後的如來藏無關。所以菩薩在人間爲眾生奔走，看來有許多的煩惱，可是他心中全然沒有煩惱。所以有些愚癡人寫文字想要激怒我，我就說他叫作愚癡，因爲我依如來藏而住，怎麼罵也罵不到我，而我五陰對這個沒興趣，只對幫助有緣人證法有興趣。所以有人會寄來網路上的資料給我，我從來不看，因爲沒有那麼多時間，爲眾生要作的事情太多了。那麼依如來藏而住的時候，我管他怎麼罵，反正又罵不到我。因爲如來藏的境界有那四個字「言語道斷」，或者說「語言道斷」，有沒有？轉依如來藏之後，語言道既然都斷了，語言之道到不了如來藏的境界中，接著就是那四個字「**心行處滅**」。所以想要激怒我，沒門兒！

我也絕不去閱讀那些東西，因爲那不是佛法中的美味；嚐慣了佛法美味以後，再也不嚐那一些世間糟粕。就好像讀懂《楞嚴經》的人，再也讀不下任何世間書了，道理是一樣的。你們看看自古以來，誰能把《楞嚴經》像我這樣註解出來？一個也無！像《楞嚴經講記》那樣的判教，得要有很深厚的證量才行，所以那些退轉的愚癡人老以爲我的境界跟他們是一樣的。可是我卻同樣說我的境界眞的跟他們一樣，因爲同樣是五陰，差別只在於我轉依如來藏而成爲五蘊，因爲我已經超過三界境界了，所以沒有誰可以激怒我。

我弘法三十年來，有誰激怒過我？一個也沒有。二〇〇三年那樣的法難都激怒不了我，我反而勸親教師們說：「**這其實是正法的機會，你們都不要生氣。**」我解釋那個道理給他們聽。果不其然，到了《燈影》出版以後，大勢底定，天下太平，正覺變成佛教界唯一的正法了，這不是他們創造給我們的機會嗎？所以我一開始就講了這個道理，在那次親教師會議中我就說了，結果後來證明我的話對了！那你想，他們那時候鬧得紅紅火火的，正覺幾乎要瓦解，可是我認爲那是機會，因此我沒有一點點的惱恨，因爲連瞋都沒有。消失了。

這就是說，當你轉依如來藏的眞如法性時，有什麼煩惱可言？煩惱全都消失了。這時再來看，往世帶了什麼業種來，因爲可能無數阿僧祇劫前，你還造了一些業，那些還沒有受報的業，緣熟了，這下該報了。那麼是不是說他有業所以有業報？從現象界來看確實有業也有業報；可是如果從實際理地來看，如來藏的境界中沒有業也沒有業報，所以什麼果報也不存在。那麼在如來藏的境界之中沒有覺受也沒有五陰，因爲祂的境界中無一法可得，所以我說我的實際理地跟那些人一樣。

講到這裡，可能有人誤會了，心裡面就想：「那麼這樣子，善哉！善哉！我要好好努力求悟，悟了以後，我往世一切惡業一筆勾銷，都不受報了。」可是我要奉勸他千萬別這麼想，因爲來世的五陰固然不是這一世的五陰，然而你想一想，譬如前世的你如果那樣想，還有你這一世在這裡學佛嗎？應該在哪裡了？在三惡道裡了。雖然不是同一個五陰，卻是同一個如來藏、同一個意根。意根藉著意識、藉著前五識在領受覺受的時候，可愛依舊是可愛，痛楚還眞是痛楚，所以不要認爲說：「我悟了以後就沒有因果。」不！悟了以後是如來藏實際理地沒有因果，而五陰仍然要在因果之中報償，一點也離不開，所以說：「解脫諸煩惱，非業非果報，非覺亦非陰。」

所以解脫的是五陰，受苦的也是五陰，而如來藏「非言非涅槃」。從表相來看，一世又一世的五陰始終與言語相應，一世又一世的五陰努力修行到最後一世終於證得阿羅漢果，證阿羅漢果的時候就是證二乘涅槃，可是證涅槃的時候有證涅槃嗎？沒有。涅槃只是一個言語施設，施設什麼境界呢？施設如來藏不再出生後有的境界；然而如來藏不再出生後有的時候，如來藏離見聞覺知，沒有生亦沒有死，所以稱之爲涅槃。可是二乘聖人入涅槃時五蘊不在了，那麼到底誰證涅槃？也沒有誰證涅槃。所以菩薩就這樣子，證得如來藏以後繼續留著五陰，現前看見自己住在無餘涅槃境界裡面，可卻說沒有涅槃可證。因爲涅槃本來就在，又不是你出生了以後，證悟了以後才出現了一個涅槃；也因爲涅槃是依如來藏不生任何諸法的境界來施設的，所以涅槃的境界中無一法可得。在無一法可得當中，祂卻一世又一世出生你的五陰，而你的五陰證得這樣的涅槃之後，說：「我五陰住在無餘涅槃當中，叫作本來自性清淨涅槃，所以我菩薩有證涅槃，阿羅漢沒有證涅槃。」菩薩敢這樣公開講。

可是阿羅漢們證得無餘涅槃，有一天來到你面前，你就問他：「你證得的無餘涅槃裡面是什麼，你來告訴我。」他一定說不出個所以然。這一好奇，他就反問你：「那你證得了涅槃，無餘涅槃是什麼境界？」你就突然給他個五爪金龍，他反應不過來，質問你：「你爲什麼打我？」你說：「你不是要知道涅槃嗎？我告訴你，這就是涅槃。」他這時候摸著這個臉頰還在燙，五個手印還分明，可是搞不懂，因爲他沒有證得涅槃。

你看，佛法可以這麼講。看來我講的法好像跟二乘涅槃顚倒，其實沒有顚倒、沒有衝突、沒有矛盾。阿羅漢來到我面前還是繼續朦朧，隱隱約約知道菩薩講的對，可是卻弄不明白。這樣子，諸位到了增上班學上兩三年後遇到二乘阿羅漢，都可以來這一招了；因爲你有資格打他，爲什麼呢？原因很簡單，這個不叫作打，這個叫作傳法。(大眾笑…)你們別笑，這眞的是傳法，你是傳大乘法給他。可是你若是世俗人，這一巴掌打下去，來世在地獄了。因爲阿羅漢是人天應供，沒有人能打得；但你可以打得，因爲你是傳法。

所以從現象界來說，有言說也有涅槃可證；然而從實際理地來說，沒有言說也沒有涅槃可證；這裡作個結論說「非言非涅槃」，也告訴我們「非覺亦非陰」。所以五陰不是五陰，這就要回到《金剛經》的那個程式來，所謂五陰即非五陰，(有人答：是名五陰。)對！是名五陰。這就是《金剛經》的模式，因爲當如來說五陰的時候，如來不是說五陰，這樣才是眞實的五陰。可是我講了這麼多，你們還穩坐在座位上沒有跌倒，還眞厲害。因爲眞正的佛法就是這樣，所以說二乘菩提不究竟，別把那個方便法當作究竟法。

接著說：「是相無決定，亦無有智慧，內外不可得，無懈怠精進，無調戲疑悔，亦無有成就；不驚不怖畏，無有一切色；亦不見於空，無相亦復然，無有一異相，非縛亦非解；一切諸言音，是聲無所入，是名爲律陀，非言所能及。」這一個眞如的法相，沒有一個決定法可說，因爲眞如的法相，從不同的層面去看時就有不同的法相；但是在各種不同法相當中，祂始終就是眞實而如如，永遠不動其心。

那麼這樣的一個法相也沒有智慧可說，有的人以爲說：「我只要證悟了就很有智慧。」這個想像是不錯的，但是有一點點錯了，他以爲證悟的是證悟自己，就是把自己變成離念，說這樣叫作開悟。其實不然，證悟是要證悟另一個無覺無觀的第八識，而自己只是第六意識。證悟第八識以後，這第六意識很有智慧，可是很有智慧之後來看所證的第八識，那第八識依舊沒智慧。那麼這樣說來，是不是這第八識很笨？爲什麼搖頭？祂既沒有智慧，當然很笨。你們搖頭是因爲找到祂了，知道祂有另一個層面的了別，祂在那個層面是非常厲害的，誰也比不上祂。要不然祂爲什麼叫作阿賴耶識？識就是了別，只是祂不在六塵上面了別罷了，而智慧都是六塵境界中的事，所以說祂沒有智慧，所以說：「是相無決定，亦無有智慧。」

不但如此，而且祂沒有內外。舉凡一切的內外，都是因爲我們的意識作了虛妄的分別，而如來藏的境界無內亦無外，「內外不可得」。那麼從五陰來看，五陰有懈怠也有精進；可是等你找到如來藏以後再來看，如來藏的境界中沒有懈怠也沒有精進。可是我現在要反過來講，如來藏才是眞精進者，因爲不論你學佛多少劫以來都是如來藏在精進，你何曾精進。這話又怪了！可是說個如來藏精進，其實都是你五陰在精進，如果不是你五陰想要精進，根本就沒有精進這回事，那到底是誰精進？還眞難說。所以我說凡是有精進或者有懈怠都是如來藏，這是家裡人講的話，門外人聽不懂的。如果有人要問我說：「云何如此？」我就說：「因爲如此！」你看，這法眞難會吧！所以，凡是懈怠與精進全都是五陰身心的事，只有家裡人相見才說：「都是祂精進，跟我無關。」

並且「無調戲疑悔，亦無有成就；」調戲或名掉舉，一天到晚講笑話，譬如說美國那個 talk show，有沒有？那都是在講笑話，那叫作調戲，因爲他的心掉舉而不得定。凡是落入調戲境界的人，心中對實相界一定都有疑，一面疑著一面修行，另一面會產生掉悔，老是起心動念說：「我要繼續學嗎？」心中有悔，修到一半又想：「我要繼續修嗎？這個法到底是眞的可證還是騙人的？」始終不離於悔，因爲他的心中不得決定；心中不得決定，他的佛道修行就永遠不能成就。反過來說，假使你證悟了，有沒有成就？依舊是沒有成就。有人聽不明白，也許想：「**那我幹嘛來學？沒有學也沒有成就，學了也沒有成就，既然都不成就，我學什麼？**」我就告訴他：「**你就這麼學。**」

因爲當你證悟如來藏以後，你有了實相般若，你的般若成就了，叫作證得無上正等正覺。可是如來藏的境界中依舊沒有成就，就在沒有成就當中成就了你的實相般若，那到底是有沒有成就？所以一切諸法都是中道，非有成就非無成就。這個中道要到什麼時候才能打破？三大阿僧祇劫圓滿，成佛的時候變成常樂我淨，就不是住於中道了。

也就是說，你得要是那一塊料。你若想要成爲那一塊料，先要幹什麼？要努力修行改變自己，讓自己成爲那一塊料。如果不是可以打造寶劍的金剛寶鐵，還只是塊生鐵，那就不要打造爲寶劍，因爲沒有用。得要不斷的錘鍊，變成百鍊金剛以後才能打造成寶劍。所以，努力修行成爲那一塊料以後，可以打造成寶劍了，這時候聽到這樣的法就不驚訝，既不恐怖也不會畏懼，成爲「不驚不怖畏」的人。

如果是一般初學者，聽到我這樣說法，他一定起煩惱：「你說得這麼玄、這麼妙，我要如何修？」於是聽了這麼一堂課以後再也不來了，因爲他心裡想「我反正聽不懂」，心裡面想「這個法大概跟我無緣」，可是諸位這樣一路追隨下來，從剛開始一個、兩個人證悟，到現在增上班中有六百多人，還在繼續增加當中，是爲什麼呢？因爲你有這樣的修行過程，把自己經由鍛鍊變成這一塊百鍊金剛了，所以我能把你打造成寶劍。可是你聽聞到這個法以後「不驚不怖畏」，但是這個法中有沒有一成、一分是有什麼物質呢？全都沒有。因爲你所證悟的如來藏無形亦無色，一點點的物質成分也不存在，可祂卻能夠出生物質，這才妙！八識心王當中，就只有如來藏能出生色法，而祂卻不是色法，這個功能叫作什麼性自性？（有人答：大種性自性。）對！

所以，眞正的善知識要能讀懂《楞嚴經》、讀懂《楞伽經》，還要能註解它。換句話說，你有沒有那個證量，就看你怎麼註解經典。說到《楞伽經》，我在序文有說過：「我後來不參考《大藏經》中古人的那些註解，因爲他們註解錯了。」我知道是這個道理，而他們註解出來的，我知道那不對。所以卷一參考他們的註解，參考不到二頁，我就不參考了，因爲大部分都錯了，我不如依照自己的所證來作註解。至於《楞嚴經》的註解，諸位曾經看過誰有好註解？都是依文解義，而且還把觀音法門講成去聽海潮音，眞是錯得離譜了！

我們接下來還要講《解深密經》，那也不是好講的。雖然《解深密經》看來沒有《楞嚴經》、《楞伽經》那麼深，可是它仍然位列三經之一。我跟諸位講，我這一世剛回復往世的明心與見性證量時，大約過了一年，聽說《成唯識論》很棒，請了出來讀，讀不懂，眞的讀不懂。可是後來我讀了《楞伽經》、讀了《解深密經》、讀了《楞嚴經》之後，重新再讀，懂了。表示這三部經非常重要，你只要通了這三部經，《成唯識論》大約就懂了。（編案：《解深密經》已宣演完畢，將於《不退轉法輪經講義》發行圓滿之後陸續出版。）

可是我跟諸位保證，一般人讀通了這三部經，還是讀不懂《成唯識論》，因爲它講得深細。好在，現在我們《根本論》快講完了，預計大概再一年可以講完，因爲現在講得比較快，然後就開講《成唯識論》吧！不！我要先講另一部經，在增上班講，證悟了以後才可以聽，然後才要講《成唯識論》。（編案：後來沒講那一部經，因爲恐怕潛伏在增上班中的琅琊閣一族聽後將它洩露出去，所以於二〇二二年二月直接開講《成唯識論釋》，總計十輯兩百餘萬字，於每講完一輯的分量後即予出書；目前已出版《成唯識論釋》第一、二輯。）反正《成唯識論》，我現在卷七也還沒註解完，還差那麼一點點，下週就註解完了。其實一面註解一面講也行，但是得有個順序。《解深密經》法義深，所以不能提前講，我希望有更多的人實證了，然後來聽就可以勝解而現觀到很多法；配合《楞伽經詳解》、《楞嚴經講記》，然後配合增上班的課程，大家的進步速度就很快，眞的叫作一日千里。

可是三十年來弘法，我講了這麼多法，我說的如來藏裡面到底曾經有過什麼色？一色也無，就在無形無色當中，祂卻能出生一切色，正因爲有大種性自性。所以七種性自性都很重要，一法也不能缺。有人說：「《楞伽經》是大乘經、是僞經。」如果那是僞經，那麼 釋迦如來所傳的佛法就是不完整的；因為是應該說的法，而且很重要、非得要說的法就在那部經中。有人說：「《楞嚴經》是僞經。」那麼問題來了，那五陰區宇和五陰盡的境界是諸地菩薩之所應證，曾經在哪一部經講過？而這卻是可以體驗，並且在成佛之道的過程當中必然會出現的境界，他們把它剔除在外，佛法就不完整了。

所以我這個人很奇怪，人家說是僞論，我就刻意拿來講；《大乘起信論》不是被很多人說是僞論嗎？我就拿來講。人家說是僞經，我就拿來講。當然《楞嚴經》當年講的時候，偏重在明心與見性的部分來跟大家講解；可是要整理成文字的時候，那時我眞的費了一番苦心，有很多地方改寫。因爲要流傳到後世，不能只是爲了幫助大家明心與見性，所以得改寫，眞的花了我很多心神；但是當年宣講時主要是側重在明心與見性，來告訴大家那個道理。所以卷一到卷五的前半都在講如來藏、講佛性，但是有誰懂那個道理呢？沒有！既然沒有人把它註解出來，乾脆我來作了，所以我成就了這個功德。

那麼既然如來藏的境界裡面都沒有色法可得，爲什麼又說了那麼多法？你看，如來三轉法輪前後四十九年講了那麼多部經，都在講這個無形無色的第八識如來藏，而這個空性如來藏固然無形無色，卻能出生一切色，這才叫作厲害。而且色陰該怎麼出生，祂全都知道，你都不知道；因爲你那時還不存在，祂就在出生你了。所以祂叫作識，識就是了別，祂不是全然無知，因爲有識的功能，又有大種性自性的功能，所以祂能出生一切色，而祂的境界中「無有一切色」。

那麼祂的境界中「亦不見於空，無相亦復然」，這文字表面是說，祂的境界中沒有看見空性，乃至空相也沒看見，因爲祂不了別六塵境界中的一切法。而你意識證得祂以後，你可以用慧眼看見空性，而這個空性能生一切法，一切法都是空相。回頭再來看如來藏的時候，這如來藏根本就無一相可得，了無一相可得。可是你如果從無生法忍來說，祂有相，叫作眞如相，因爲眞如就是第八識的行相。所以從三賢位來講「無相亦復然」，就好像不見於空一樣，無相也看不見，沒有無相可見。

然後你反身回到現象法界來，五陰歷然，可是這個五陰跟如來藏不是一相也不是異相。你不能夠說五陰就是如來藏，你也不能夠說五陰不是如來藏，所以五陰和如來藏「非一亦非異」。如果你說五陰就是如來藏，那麼五陰將來壞滅時，如來藏不就斷滅了嗎？但祂永遠常住不壞。你如果說五陰不是如來藏，顯然五陰是可以離如來藏而獨自存在、獨自運作，可是明明又不行，因為五陰一直都生活在自己的如來藏裡面，所以五陰和如來藏非一亦非異，「無有一異相」。

接著說「非縛亦非解」，有人去見禪師求解脫，還記得四祖那個公案嗎？是他去見三祖僧璨禪師求解脫，禪師問他說：「誰縛汝？」說誰綁住了你？他一看，果然沒有誰綁住我，結果這樣就悟了、就解脫了，你看人家多利根，這樣就解脫、就悟了。可是也不能怪諸位，畢竟現在是末法時代，所以禪三過程中，我得要扮出好多的神頭鬼臉。其實本自無縛，何求解脫？依如來藏來看的時候，何曾有繫縛？被繫縛的是五陰，如來藏從來沒有繫縛。有人聽了說：「喔！那我知道了，如來藏是本來解脫。」可是等你住到如來藏的境界中、去觀察如來藏的自住境界時，如來藏也沒有感覺自己得解脫，何曾有解脫？所以說「非縛亦非解」。

那麼 如來就假藉言說爲大家說明這個道理，但是這一切的言說語言聲音畢竟只是聲音，而聲音無所入。請問諸位：「我講出來的聲音，是不是進到你的耳朵消滅的？」沒有啊！如果是進到你的耳朵才消滅的，那我要先點一下有幾個人，分成幾分都進去你們耳朵，然後滅掉？沒有啊！那自然就滅了，聲音是無所入的，這樣就叫作「律陀」。

關於這個「律陀」，咱們要稍微說明一下，我搜尋了電子佛典就是找不到其他的解釋了。有兩個定義，一個叫作拘律陀。拘律陀，有沒有聽過或讀過佛經裡面，有說一種樹叫作拘律陀樹，有沒有？然而拘律陀是誰？就是目犍連，因爲他的母親一直沒有孩子，他們住家附近有一棵樹，樹神蠻有名的，她就去求樹神。那棵樹叫作拘律陀樹，拘律陀樹的種子很小，小小的一顆，比芝麻大不了多少，可是長起來可以長到三十丈、四十丈，長很高，它是喬木。她去求樹神，生了這個兒子，就把他叫作拘律陀。拘律陀是音譯，意譯時有人就把它翻譯成目犍連或者叫作目連，就是 世尊神通第一的弟子。

這頌中的「律陀」，顯然不是講拘律陀，而是跟阿那律陀有關。爲什麼跟阿那律陀有關？你如果讀過我的《楞嚴經講記》，應該就會瞭解。阿那律陀出家之後放逸散亂都不用功進道，所以有一天 佛陀訶責他，他被訶責了以後很難過，成日裡羞愧不斷的哭泣，整整哭了七天，結果是怎麼樣？諸位都知道。可是他瞎了眼以後，如來教他天眼通，所以他天眼第一，結果他是無眼而見。他用天眼通也可以穿針線，只是 如來規定說沒事不准隨便用神通，所以他只好呼喚別人來爲他穿針。那時他身邊剛好沒有別人，只有 如來，而 如來爲他穿針，他沒看見，不知道是誰，所以他說：「**您是誰？我要爲您祝願啊！**」佛陀說：「**我是如來。**」結果他嚇了一跳。這是經中所載的典故。

所以阿那律陀無眼而見，他沒有眼根卻可以用天眼看見。在《楞嚴經》裡面，用這個來顯示眞如佛性直接的神用，說其實能見之性本如來藏的妙眞如性，不是眼識的作用。大家不懂，都認爲是眼識的作用，其實本來就是如來藏本有的妙眞如性，藉眼識運作出來的。五陰「**本如來藏妙眞如性**」，六塵「**本如來藏妙眞如性**」，六根、六識「**本如來藏妙眞如性**」，就這樣一直講，全部都是如來藏的「妙眞如性」，所以阿那律陀無眼而見。這裡說「一切諸言音，是聲無所入」，說這個叫作「律陀」。這個就是阿那律無眼能見的自性，這也是佛性的一種。

可是這個佛性「非言所能及」，你要用語言文字去說明清楚，很難吶！你看《楞嚴經》，從卷一講到卷五大約一半，都在講眞如與佛性，都在講如來藏有佛性。本來能見、能聞、能嗅、能嚐、能覺、能知，這六個自性加上意根能作主的自性，全部都是空性心如來藏所有，可是在三界中輪轉久了以後就區分開來，各自在所依的六根之中運行。但是你如果證得這個「妙眞如性」以後，特別是明心以後你又眼見佛性時，從佛性來看待這六種自性加上意根的自性，你就可以瞭解更多了。但是，「理則頓悟，乘悟併銷；事非頓除，因次第盡」。所以你要完全回歸到如來藏的佛性狀態六根互通，並不是那麼容易；你得要一個結解開了，再解第二個結，直到最後六個結全部都解開了，才能六根互通，那時就是成佛了，這才是識陰盡的境界。

所以說這個「是名爲律陀」，講的是什麼呢？是佛性的境界。其實眼識能見是因為你有佛性在，耳識能聞乃至意識能知，都因為你有佛性在，否則你這六識的一切功能都不成就。可是你如果剛見性，也不懂這個道理，你得要繼續進修，直到有無生法忍。所以，如來說：眾生隨順於佛性有四個層次，叫作凡夫眾生隨順於佛性、十住菩薩隨順於佛性、地上菩薩隨順於佛性、諸佛隨順於佛性。其實十地菩薩之中，諸地隨順佛性的境界也各不相同，但是都沒有辦法六根互通；因為六個結，可能有的人解開第一個，有的人解開第二個，這樣一直到佛地全部解開才能六根互通，因為佛性就在六根當中通流。

所以，明心了以後聽到我這樣講，應該想：「**我要趕快見性。**」對吧？應該這樣啊！怎麼沒反應？你沒有見性以前，根本不知道佛性在六根之中通流，每一根都具足，所以這就叫作「**律陀**」，也就是說，這就是佛性。所以阿那律陀為什麼無眼能見？《楞嚴經》講了好幾個例子，有的人無耳能聞，有的人例如牛呞比丘，他吃飯像什麼？不講，講了就有因果。所以不要覺得奇怪，因為這有因果，那他為什麼會成為牛呞比丘？因為他無量劫前嘲笑一個比丘吃飯像牛一樣，所以他的果報就是這樣。你看，這麼輕輕一句話，果報就在了。可是那些退轉的愚癡人大惡業都敢造，根本不知道那個果報。

這裡說「律陀」，所以這裡「律陀」的定義就是講佛性，因為 佛講的是阿那律陀的故事。那麼這個聲音其實就是如來藏的佛性，不知道的人說：「那我懂了，原來我有見聞覺知，我能知覺，這就是佛性。」說對了，這叫作凡夫隨順佛性，這不是眼見佛性的人所看見的佛性。但是我告訴諸位：「佛性不是言說之所能及。」就算你明心了，我再跟你講得怎麼清楚也沒有用；因為我講得很清楚，明心的人聽起來都能領會也都對，因為佛性就是如來藏的神用，聽起來都對，可就不是所眼見的境界。有人要是不信，去問問那些眼見佛性的同修們，眞的是如此。所以「律陀」不是容易理解的，你必須要先能如實理解《楞嚴經》，你才能夠宣說「是名為律陀，非言所能及」。一切言語之所不能到，乃至你明心了依舊不懂；聽起來都對，因為符合你的明心證量，卻不是眼見佛性。如果要談到諸地菩薩隨順的佛性，那就別提了。

接下來說：「究竟現於見，而說無盡法，得是三昧已，不著於言說；此智若現見，等說阿律陀；律陀同諸法，默然而演說；於此現見到，不從他因緣；是名爲正覺，緣覺不思議。」這告訴我們：你如果想要當菩薩緣覺，非得要眼見佛性不可。當菩薩阿羅漢還容易，當菩薩緣覺不簡單，你如果沒有眼見佛性，當不了菩薩緣覺的。

我們就來說一說「究竟現於見」，也就是說，這佛性是一切諸法的最究竟法，就像如來藏一樣，如來藏爲體，佛性爲用。可是你看見這樣一個究竟法，就在一切現法當中看見了，結果你卻可以爲人演說無盡法，因爲既然到了菩薩緣覺位，得有無生法忍。「法住法位、法爾如是」的道理已經懂了，所以從任何一法衍伸出來，都可以連接到無量無邊的法，因爲你知道這個法在整個佛法當中是哪一個位階，又歸屬於哪一個部分。而這個位階跟哪一些法相關聯，互相關聯錯綜複雜，你都知道了。這就是初地菩薩剛入地時的無生法忍，他必須要瞭解五位百法；瞭解了五位百法，知道某一個法是在什麼階位、什麼層次都知道了，互相的關聯又是如何也知道了，這才是初地的入地心。

這都是在現法當中的所見，不是靠思惟玄想得來的，因爲懂了以後就依五位百法次第進修，還可以懂得五位千法、乃至萬法明門等等，所以能夠說無盡法。在世間要找到一個能演說無盡法的人很難，但是諸位可以修學這樣的法，這就是福報。你要在末法時代遇到這個機會很少，但是遇上了，拼上這麼一世，要求個實證；一旦實證了，不說這一世沒有白來，你之前這一百世就沒有白來；只要這麼一世證悟了，未來一百世也不會白過。因爲有時候菩薩先來人間受生，等著一生補處菩薩來成佛，那一等可能是等幾萬年，因爲天界的時間長，那就這樣提前下來人間布局。所以想要值遇到一尊佛，都很不容易。因爲我們有幸可值遇一千尊佛，以前值遇過四尊了，後面還有九百九十六尊佛，這是何等的福報。這樣瞭解了以後，你就說：「我不但明心了，我接著要求眼見佛性，要進一步去現觀。」

所以當你明心又見性了以後，發覺「究竟現於見」，真的不是虛語，是現前可以看見。這時候也修學了五位百法，這百法明門通了以後，可以爲人演說無盡法。可是演說無盡法時，你是已經得到三昧的人了，你心中卻了無一法；平常如果沒事，你一句話都生不起來，就是這樣安住，這才是眞正懂得寂滅的人。這不是強壓著自己不起語言文字妄念，而是本來就會這樣，因爲你住在無生法忍裡面習慣了，自然而然就變成這樣，所以也不用辛辛苦苦去控制自心。當然在三賢位還是要繼續辛苦一下，要努力去轉依如來藏，轉依成功以後就到這個地步「得是三昧已，不著於言說」。今天講到這裡。

上週講到五十七頁的第三行「得是三昧已，不著於言說」，今天要演說：「此智若現見，等說阿律陀；律陀同諸法，默然而演說；於此現見到，不從他因緣；是名爲正覺，緣覺不思議。」那麼這裡說，這個智慧如果能夠現見，這就是平等的演說阿律陀。律陀，上週我有稍微解釋了一下。今天演述《楞嚴經》卷四的如來聖教來說明，請把補充資料放映出來，我先唸給諸位聽：【阿難！汝豈不知：今此會中阿那律陀無目而見，跋難陀龍無耳而聽，殑伽神女非鼻聞香，驕梵缽提異舌知味；舜若多神無身有觸，如來光中映令暫現，既爲風質其體元無。諸滅盡定得寂聲聞，如此會中摩訶迦葉，久滅意根，圓明了知，不因心念。】

我簡單的解釋一下，這樣才能眞的明白及了知什麼叫作「律陀」，「律陀」的意涵才會清楚。如來說：「汝豈不知：今此會中阿那律陀無目而見，」阿那律陀，有時候譯作阿那律。阿那律瞎了眼，如來教導他修得天眼，令他不但有天眼，而且可以見整個三千大千世界如觀掌中菴摩羅果。那麼 世尊又說跋難陀龍這條龍，沒有耳朵而他能聽；龍蛇類都無耳，無耳而能聽。這個殑伽神女，她是殑伽河的河神，她沒有鼻子，但是她能聞到水中的任何香味。驕梵鉢提異舌知味，驕梵鉢提就是牛呞比丘，他不住在人間，因爲他吃飯的時候會像牛一樣，如來怕眾生見了嘲笑他說：「你這樣像牛，也是阿羅漢喔！」怕眾生造口業會下墮三惡道，所以命令他到忉利天去住，別住在人間。那他爲什麼異舌知味？因爲他的舌頭是人身的舌頭、人間的舌頭，不是忉利天的舌頭，可是在忉利天用餐卻同樣可以領受忉利天那一些食物的味道。

舜若多神就是虛空神，虛空神是無色身的，他沒有色身，可是他能領受冷觸寒熱等等。而沒有色身，大家怎麼能看得見他呢？是 如來放光映照，令大家看見他，否則是看不見他的。因爲他的身體是風質，風大你看不見，但是你感覺到他存在。他是風質而沒有身體可言，可是他竟能領納冷熱痛癢等。至於諸滅盡定，證得滅盡定的那一些得到寂滅境界的阿羅漢們，他們都在楞嚴會上，其實都是菩薩。這一些現聲聞相的人，猶如楞嚴會中的摩訶迦葉，他其實很多劫以來，就已經是滅了意根。那麼滅了意根，並不是說意根滅了，而是說意根的受與想已經滅了。那受與想滅了，他竟然還可以了知諸法，所以他對法的瞭解是圓明了知，不是因爲意識等六心的心念所導致。

講了這麼多人的現象，如來在表示說：其實就是那個眞如、如來藏妙明眞精圓滿示現。也就是說這「律陀」，就以「阿律陀」作代表，講的就是這個眞如的神用；你的如來藏有各種的功能，其實你五陰身心的一切功能全都是如來藏的，因爲五陰這個功能不是本來而有；而十八界這些功能也無法攝歸到任何一法當中，所以只能夠攝歸到如來藏中，所以說六根、六塵、六識「本如來藏妙眞如性」。譬如眼識，眼識能見，可是能見之性不等於眼識。譬如說，眼識現前要有九緣，要有空、有明、有色、有眼根等九個緣，缺了一緣，眼識就不能見。可是，你能夠把這個能見之性歸給眼識嗎？不行；能歸給虛空嗎？也不行；能歸給色嗎？也不行；能歸給眼根嗎？也不行；這九個緣，你歸給哪一個都不行。也就是說，這個能見之性是如來藏的「妙眞如性」。眼識如此，耳鼻舌身識的功能莫不如此，都只能歸結到如來藏「妙眞如性」。最後你都無從歸起，因爲你歸給那一些法以後，那一些法只不過是所緣緣與增上緣罷了，至於六識互相之間的心所，那不過是等無間緣；所以最後也要歸於因緣，這是如來藏的功能性。

因此，如來說：眾生流轉生死就是這個如來藏的「妙眞如性」，好像劫波羅天供養的那一條劫波羅巾打了六個結，然後每一個結只管一個部分；那六個結就是六識、六根，大家只管各自的部分而不能通流。你如果修到了十地滿心過去後成佛了，識陰盡了，六個結就全部打開了。你解開一個結就看到、就證得一個部分的如來藏「妙眞如性」；六個結全部解開了就能全體起用、六根互通，而不是如來藏「妙眞如性」的一部分起用。

就比如說，我跟諸位講過色陰盡的境界，暗夜無光而且也停電，你又在房子裡面，就算在室外也看不見什麼，特別是你在房子裡；結果你什麼都可以看見，只是覺得有一層暗暗的籠罩，但是一切細微的地方，不論遠近你都看得清清楚楚。這就是說，你解開第一個結，你就有色陰盡的境界了；再解開第二個、第三個結，這是要悟後一個一個結藉著修行慢慢去解，不是一次可以全部解開。也就是說，當你全部解開的時候，那是由如來藏的「妙眞如性」直接起用，不藉六根、六識了。這個「律陀」或者「阿律陀」，指的就是這佛性的意思。

因此，你如果證得如來藏以後，首先會看到如來藏的功能在你六根中互通，六根中無有一根沒有如來藏的功能，這是我們所有證悟的同修都可以現觀的。如來藏在你六根中互相通流，但這還沒有眞正的起用，你還得要進一步見性了，才看見如來藏還有另一個層面就叫作佛性。所以，我在《平實書箋》裡面也講過，如來藏爲體，或者說眞如爲體，佛性爲用，但你不能把二者切割開。所以我作了比喻，說如來藏就像太陽，可是太陽有光，佛性就像太陽的光，如來藏就像太陽。如果太陽哪一天不發光，你就說那就是無餘涅槃。這個道理聽起來很簡單、很容易，可是你要眞實理解並不容易。

所以見性與不見之間差別很大的，你見了才知道原來這是如來藏的作用。同樣的道理，如來藏的作用不只是這樣。所以入地的菩薩，他眼見佛性時、他的佛性可以跟眾生心相應，它是有道理的。然後到達佛地的見性境界，那就是成所作智現前。成所作智，有很多人也許不懂，簡單的說，最簡單的說明就是：佛地前五識可以各自運作，不必像因地一樣，不必像等覺以下菩薩一定要八個識和合在一起來運作，祂們每一個識都可以單獨運作，而如來藏也可以單獨運作。這就是六根互通，識陰已盡的境界。所以，一切諸法包括我們身上這個能見之性、能聞之性，能嗅、能嚐、能觸、能知、能決斷、能作主之性，全都是如來藏的功能，只是藉著這六根六塵出生了六識來領受、來運行罷了。

如果諸位對這個道理有興趣，想要更深入理解的話，你去請購一套《楞嚴經講記》(順便推銷書籍了)，那裡面講得非常清楚。因爲你沒有一個辦法可以把這六種功能以及意根的功能歸給什麼法，你最後都是無所歸，原來它們都是如來藏的「妙眞如性」。所以同樣在理上實證了，可是各人所證的層次卻有差別不同。所以，這個「律陀」之性其實就是如來藏的「妙眞如性」。那麼當你把六個結打開了，隨著你打開的結多與寡，你的受用就不一樣。

所以有一些事情，在經上讀來的時候只能想像而無法了知，不要認爲說那是講神話，因爲你所不知的不代表它不能成立。就好像會外很多人說：「你們正覺很多人開悟了，到底悟個什麼？」然後你告訴他：「如來藏的自性就是悟得這個。」

當然你不會把如來藏的功能告訴他，那他怎麼想也想不透，終究無法實證，道理是一樣的。就好像說增上班的同修之中有見性的、有明心的，明心了以後，聽到人家又進一步見性的人之間互相講說佛性的話，都能聽懂，可就是一定誤會；怎麼聽怎麼錯，道理都是一樣的。所以只有愚癡人才會說：「**善知識講那一些都是神話，佛菩薩講那一些也是神話。**」就這麼一句話，業已經造了。他因爲自己不能證、無法想像，就認爲別人也跟他一樣不能證。

很多人在否定大乘，直到我們正覺出來弘法專講大乘經，否定大乘的人才漸漸消失。而且我還專講他們所認定的僞經、僞論，他們說是僞論，我就講「僞論」叫作《大乘起信論》；他們說是僞經，我就講「僞經」《楞嚴經》；結果證明是眞實的論、眞實的經。他們以爲我很膽大敢評論諸方，其實我膽子最小，我只敢說實話，我不敢說妄語。所以，如來藏的「**妙眞如性**」不是三言兩語可以講得清楚的，如果證悟的條件還不夠就把他拉拔上來，他悟後就可能退轉謗法下墮三惡道，反而壞事。所以，我現在禪三度人比較小心、比較謹愼，不是沒原因的，因爲我覺得很自咎：三十年來，害那麼多人退轉要墮三惡道。除非他們退轉之後，懂得在佛前對眾懺，懺後也還是有業要報，就是未來世仍然會有障道之惡，因爲他們的障道種子還在，沒有懺除淨盡。所以種子與現行之間的關聯，就是同類的關聯非常的強。不要以爲那是小事，有機會你們將來上《成唯識論》的課漸漸就會瞭解。

所以說同樣是證如來藏，境界不一樣。想想看，咱們七住位也是證如來藏，十住位眼見佛性其實還是證如來藏，入地了看見佛性也是證如來藏，乃至於佛地還是證如來藏成佛，可是爲何有這麼多的不同？因爲如來藏的一切自性、一切功能差別千頭萬緒，你沒有到佛地，不能具足了知。所以三地滿心的時候，在月黑風高的夜晚，而且門戶都緊閉，窗簾都關了，電燈也關了，什麼燈都沒有，一點點絲毫的光線都沒有，他照樣看得清楚，這就是色陰盡。那受陰、想陰、行陰、識陰盡的境界就不講了，你們去讀《楞嚴經講記》就會知道，那不叫作神話，那是諸地菩薩可以體驗的境界。所以 如來在這裡以「阿律陀」來簡稱爲「律陀」，說你這個智慧如果現見了，就可以平等爲大家宣說「阿律陀」，也就是那個如來藏的「妙眞如性」的各種自性與功能差別，所以說：「此智若現見，等說阿律陀。」

然後 世尊就說這個「律陀」其實同於諸法，會跟諸法同，只有一個法叫作如來藏，沒有任何它法可以同於諸法如來藏。「律陀同諸法」，剛才跟諸位解釋過了，就是說你的六根、六塵、六識、五蘊全部都是如來藏的「妙眞如性」，因爲你無法歸還給三界世間法中的任何一法，你只能歸還給如來藏的佛性作用，說這是如來藏的功能性。所以你的能見之性也是如來藏的功能性，你的能聞乃至能知、能作主之性也是如來藏中的功能性之一。但我這樣是不是把如來藏的功能說了？也不是，因爲我還是在講如來藏的自性而不是功能。

所以如來藏的境界不可思議，我們必須要修學到將來成佛了，才能具足了知。而你將來要成佛時，得有兩位脅侍的妙覺菩薩，以及等覺、十地菩薩、九地菩薩、八地菩薩，乃至下至十住、七住、六住，一直到十信位的菩薩，你都得有。所以你們不要看說：「如來那十大弟子看起來也不怎麼樣。」他們看起來不怎麼樣是因爲有諸大菩薩在，所以他們才表現得不怎麼樣。那十大弟子菩薩，諸位想想看，說法第一富樓那，他爲什麼說法第一？因爲他有四無礙辯。智慧第一舍利弗，爲什麼他能智慧第一？因爲妙智如雲，他是法雲地的菩薩，但不必示現給大家知道他的證量。這些都是有原因的。所以有的人看善知識，心裡面想：「不過也跟我一樣，一個頭兩隻手兩隻腳，你也沒有多長一個眼睛。」很多人不知道，那十大第一都各有原因的。

那阿難為什麼最先成佛？阿難不談，因為他跟 如來是同一輩的。那十大弟子誰先成佛？可是我告訴你，迦旃延卻示現跟一個凡夫沒兩樣。將來九千年後，你們還得跟著他，這些事情都不是你們所知，我也不方便講。所以有些人還在那邊猶豫遲疑：「這個法，我到底要不要護持到底，要不要學到底？」我看在眼裡就是覺得好笑，可是我也不放棄他；除非他出來毀謗正法，我就暫時放棄，未來世還是再攝受他。所以很多事情不是你們所知道的那樣，但是這個道理在告訴大家：如來藏不是那麼容易理解的。

所以不是悟了以後就可以跟蕭老師 say goodbye，因為蕭老師這個法不是只有開悟明心的法。所以我帶著諸位走到今天，我說因緣也差不多該成熟了，因此最近又提出來，不只是要一百零八顆明心後又眼見佛性的無形的念珠，現在還希望能有十個阿羅漢，在我臨走前可以看到。因為我覺得緣已經漸漸在熟了，有的人是性障修除非常好，有的人除貪，有的人除瞋，有的人智慧增長非常好，有的人福德增長非常快。我都看在眼裡，所以我覺得緣漸漸在熟了，因此又提出這一點希望。所以佛法不是那麼簡單的，只有那些不懂佛法的人才說：「佛法很簡單，我都知道了。」其實他完全不知道，他是個門外漢。

那麼因此說：能夠同於諸法的就只有一個法就是如來藏，如來藏遍於十八界中。假使今晚第一次來聽經，聽到這句話心想：「啊！賺到了。賺到了，因為我找到如來藏了，我這能見之性就是如來藏，我能聞之性就是如來藏。」其實不然，那只是道理上知道，跟你實證如來藏的時候相差何止千萬里。所以「律陀同諸法」，因為諸法都從如來藏中生，諸法都只能歸給如來藏的佛性。所以 如來不辭辛苦、不辭勞苦，一一的講六根、六塵、六識、五陰，先講這個眼根，眼根為什麼「本如來藏妙眞如性」，講完了又講耳根，耳根為什麼「本如來藏妙眞如性」；都講完了又講這六識之性，六識之性就是能見之性、能嗅之性，能聞、能嚐等等的這個了知性，說這些都是如來藏的「妙眞如性」。

可是好多人讀完《楞嚴經》，誤會的不說，一千個人中找到一個不誤會的人，讀完也還是悟不了，為什麼悟不了？因為那是意識層面的理解。所以自認完全讀懂《楞嚴經》而沒有證悟的人，他是懂得與一切諸法相同的叫作如來藏，只有這個法可以同於諸法，因爲祂跟諸法非一非異。所以「律陀同諸法」，這個「律陀」講的就是第八識如來藏。這個如來藏在哪裡呢？很多人爲了證如來藏，辛苦一世而仍不可得，最後抱憾而終。有的人因爲這樣，心裡很氣：「**如來藏你是個渾蛋！爲什麼都不跟我說你在哪裡？**」其實如來藏不是渾蛋，祂是你的大恩人，祂是你的拜把子。拜把子的人可能會背叛你，而祂從來不背叛你。而且假使有人那樣抱怨，我說：「**他抱怨錯了，因爲如來藏從來不說話，一向默然，可是不斷地在說法。**」祂眞的不斷地在說法，我沒有一句妄語，所以　世尊說祂「**默然而演說**」，祂從來不說話，可是不斷地在說法。

假使你把四聖諦修好了，成爲阿羅漢了，再把十因緣法、十二因緣法，逆觀順觀都觀好了，你可以這樣子現見。佛法都是現法中事，不是想像中事；全都是現前的法，都不是想像的。你要當菩薩緣覺，你必須「**於此現見到，不從他因緣**」，不是依靠別人跟你指導，你才證得，而是你自己可以證得。所以佛法都叫作諦現觀，因爲它是如實的現觀、正確的現觀，所以叫作諦現觀；因爲一般人可能也有現觀，但他們的現觀是錯誤的，不眞實就不能說是諦現觀。這一個「默然而演說」的「律陀」又名如來藏的佛性，你如果對於這個如來藏、佛性可以現前親眼看到，不是靠別人幫忙你證悟的，你就有資格說：「我眞的叫作正覺。」所以你們增上班的所有同修都可以說：「我在正覺，我每天住於正覺的境界中。」人家聽到了說：「你本來就住在正覺，因爲你都在正覺同修會。」這時候你要跟他講：「我不是講正覺同修會，我說的是我住在眞正的覺悟境界中。」所以正覺這個名號還眞不可以隨便取，咱們還眞取對了。

因此，如來作個結論：「緣覺不思議。」一切的緣覺都曾經現觀十因緣與十二因緣，現觀十因緣之後自然就知道萬法唯識，因爲名色是從那個識生出來的。名色既然是由另一個識所出生的，而名之中就有七轉識了，色是五色根加上六塵，這一切都是那個識所生，那個識會是第六意識嗎？因爲意識只是識陰六識之一，而那個識出生了名色，就是那個識出生了意識，怎麼會說那個識還是叫作意識？所以有些人腦袋像糨糊，他不懂佛法的概念。

所以說，當他把十因緣法修好了，就知道另外有一個識出生我這個五陰身心，因爲物不能生心，能生我這個心的一定是識。他就有這個推理而得的智慧，但是無法現觀，而這個現觀是要親證如來藏才能現觀的。還沒有成爲菩薩緣覺之前，儘管他是個緣覺，他也只是推論上知道有一個識出生了我的五蘊身心。可是菩薩緣覺不能這樣，菩薩緣覺得要親證這個識，而且諦現觀「律陀同諸法，默然而演說」，他必須眼見佛性而有這個諦現觀才行。

所以諸位看看，六地菩薩他的無生法忍要修什麼？要再觀修因緣法。所以五地修完因緣法，六地還修，那到底因緣法淺還是深呢？深啊！所以阿難尊者有一天想想說：「我知道了，這個因緣法，這個很淺、很淺啦！」沒想到 佛告訴他：「你千萬別這樣講，因緣法甚深極甚深。」要能這樣實證的緣覺才是不可思議的。那麼接下來要進入下一品了。

經文：【「阿難！如是菩薩摩訶薩現知明無明，知行無行，知識知識相，知名色知名色相，知六入知六入相，知觸知觸相，知受知受相，知愛知愛相，知取知取相，知有知有相，知生知生相，知老死知老死相，修習現見，名辟支佛。」爾時世尊而說偈言：

現見無明，而無所知，亦無成就，如水中影；
明亦不動，不著於法；若不著法，是名明相；
無明如空，一切法相，到於現見，是名緣覺。
若說諸行，非內非外，亦非從佛，而起於行；
是行假名，決定非有，無生無滅，猶如虛空；
到此現見，菩薩無畏，是名正覺，緣覺難思。
知一切法，皆如幻化，明知幻已，是名現見；

不如實知，是識行處，是相分別；知識法空，
識智非智，一切不著；若知於法，識如幻想。
名色因緣，皆有爲相，無決定體，亦無成就；
離於六入，說六入相，言說音聲、體性皆空；
觸無因緣、從六入生，分別是觸、如幻皆空；
是觸無體、從妄想生，觸無眞實，亦無住處；
現見於觸，知無觸相，成就厭離，名辟支佛。
若證於受、不堅如泡，性相皆空、究竟無實；
斷於愛結、得無愛法，得盡諸欲，是名緣覺。
分別於取，空無所有，如熱時炎，無有成就；
無有作想，生想亦爾；知生體性，空寂無有；
得離於老、亦不畏死，無所成就，不受後有；
現見此法、無所依止，以緣覺聲、實修菩薩。
阿難！汝今當知，是即如來等正覺爲諸菩薩摩訶薩方便說辟支佛。】

**講義：**〈重釋二乘相品〉是第五品了，這意思是說重新來解釋二乘相的諸法。對一般學佛人來講，「二乘相的諸法有什麼需要重新再解釋的，不過就是四聖諦、八正道、十二因緣。」他們的想法是這樣。至於大乘法呢，「大乘法就是一切法空，因爲《般若經》講的就是一切法空，最具代表性的就是《金剛經》，要不然你去看《心經》，《心經》也是講一切法空，所以大乘、二乘，我都懂了。」以前諸位都聽過人家這樣誇口。可是咱們正覺弘法講了三十年，到現在還在講，而且講的法義層面不同，還沒有講完呢！所以千萬不要說：「佛法很簡單啦！我學半年就懂了。」其實他根本不懂。因爲大家都不懂，所以才容許正覺這樣繼續弘法，而他們只能閉嘴，只能偷偷去買正智出版社的書來讀。所以「二乘相品」也不容易如實理解，世尊才要重新再解釋一遍，那我們來語譯一下：

**語譯：**【世尊說：「阿難！像這樣的菩薩緣覺是菩薩摩訶薩，他在現法當中了知明與無明，了知行與無行，了知諸識也了知諸識的行相，了知名與色也了知名與色的行相，了知六入也了知六入的行相，了知觸也了知觸的行相，了知受也了知受的行相，了知愛也了知愛的行相，了知取也了知取的行相，了知有也了知有的行相，了知生也了知生的行相，了知老死也了知老死的行相，並且是修學熏習而在現法當中親眼現見，這樣稱之爲菩薩辟支佛。」這時世尊就以偈頌這麼說：

現前看見了無明，然而竟是無所知，也沒有智慧成就，猶如水中的影像一般；有了明而明竟然不動，不執著於諸法；如果能夠不執著於諸法，這樣就稱爲明的法相；

無明猶如虛空，一切的法相，到達了現法中親自看見的時候，這樣的人就叫作菩薩緣覺。

如果爲人演說行的法相時，說明行不在內也不在外，也不是因爲隨從於佛，然後才起於種種的行；

這個行只是假名，決定是不存在的，但是行無生無滅，猶如虛空一般；

到這個現前看見的時候，菩薩心中無所畏懼，這樣就稱之爲眞正的覺悟，這樣的緣覺境界難可思議。

了知了一切法，全部都猶如幻化一般，有智慧而了知幻化以後，就稱之爲現法中眞實的看見了；

不能如實了知，這就是識所行的地方，而這個不如實知的行相就是分別；了知識這個法是空，而識的智慧並不是智慧，於一切都沒有執著；如果了知於法，這時候就了知識猶如幻想一般。

名與色的因緣，全部都是有爲的體相，沒有決定眞實的體性，也沒有任何不壞的成就；

離開了六入，而爲人演說六入的行相，所演說的言說與音聲、它們的體性其實都是空性；

觸並沒有因緣、是從六入而產生的，當這位菩薩緣覺爲人分別演說這個觸的時候、其實這個觸猶如幻化而都屬於空性；

這個觸沒有眞實體、只是從虛妄想中出生罷了，觸沒有眞實，也沒有住處；現前看見了觸，了知觸是沒有法相的，成就了對於觸的厭離，這就稱之爲辟支佛。

如果親證了受、了知受不堅固猶如水泡，這受的法性法相其實也都是空性、若要說到究竟它其實不是眞實法；

斷除於貪愛而產生的結使、得到了無愛之法，因此能夠滅盡諸欲，這樣的人就稱之爲緣覺。

對於取有種種的分別，分別之後就了知取也是空性、並無所有，取只是如同夏天的時候遠處沙地上的熱炎一樣，沒有眞正不壞的有可以成就；

既然沒有作的想法，生的想法也是像這樣；如是了知了生的體性，知道生空寂而不存在；

於是可以遠離於老、也不再畏懼死亡，沒有一法是眞實成就的，因此他就不再領受後有；

現前看見這樣的法、心中無所依止，以緣覺身分而發出來的演說音聲、而他其實修的是菩薩之道。

阿難！你如今應當知道，這個就是我釋迦如來等正覺，爲諸菩薩摩訶薩以方便善巧宣說辟支佛。】

**講義**：這樣聽過語譯，比較瞭解了，這跟你從經文的文字上直接去領納的不一樣。那我們現在來解說，菩薩摩訶薩身爲阿羅漢或者緣覺，都要知道「明」與

「無明」，要解說「明」之前先得說「無明」。「無明」簡單的說就是不知道、不懂，但是佛法中說的「無明」有其一定的定義。有兩種「無明」是必須斷除的，然後有一種「明」是必須實證的。兩種無明：第一就是不能了知我、我所不眞實，這個「無明」可以藉著聲聞菩提來斷除；第二種「無明」就是不懂一切諸法由第八「識」所生，換句話說，這個「無明」就是不懂得有一個第八識可以出生色法、出生七轉識，這就是第二個「無明」。「明」，就是你親證了這一個識，而證明 佛說的二乘菩提解脫道都是如實語，這就是「明」。

沒有人這樣解釋過「無明」與「明」，但我說的是事實。譬如末法時代的佛教界，爲什麼以前那麼多宣稱開悟的聖者，也都宣稱是阿羅漢，結果正覺弘法以後一個一個都「入」涅槃去了，爲什麼？一定有原因啊！這個原因就是他們不懂「無明」也不懂「明」，所以到現在爲止，那些釋印順的門人，他們那個門派到現在還在主張「大乘非佛說」，還說「**《阿含經》講的解脫道比大乘經講的法好，大乘的法不如二乘法**」，聽說還出書流通。這個業造了以後，諸位想想看，她來世會在哪裡？因爲這是「無明」非常深重的人，一定落入六識論中，連二乘解脫道都證不得。「無明」非常深重的人，來世就不需要讓她去思索什麼叫作「無明」、什麼叫作「明」，那她生在哪裡最適合？地獄最適合，因爲一天到晚要逃難就不必思索了。所以由於不懂二乘菩提的苦集滅道，特別是對於滅的眞實義，她完全不懂；乃至於正覺演說了以後，她還不能接受。這是第一種的「無明」，所以她不懂得我、我所虛妄，一天到晚口說無我、無我所，可是心中想的、口中說的以及她的身行，都在我與我所當中，表示她的無明沒有滅。第一種「無明」把她牽繫離不開，就變成繫縛，然後成爲纏；纏比煩惱嚴重，纏就是繫縛住了，把她一層又一層綑住了，她根本脫不開，叫作纏。

第二種「無明」，就是不懂名色等一切法都由識生。學佛或者學解脫道都必須要先信受一個大前提，就是一切諸法都由一個識所生；因爲只有心能生心，物不能生心。所以我們的名色要由另一個識來出生，要先信受這一點。要這樣講：「雖然我不修大乘法，所以這個識，我沒有機會實證，但我相信這一點。」要相信這一點，才有可能實證二乘解脫道。那麼要信受這一點並不容易，要有善知識開示說物不能生心，所以我們這個色身不可能出生我們的覺知心。我們的覺知心是心而不是物，而能出生心的一定是另一個心，所以只有識能生心，不是物能生心。

因此推尋十因緣，由老病死憂悲苦惱往上推尋，是因爲有「生」；「生」是因爲「有」而有，「有」因爲有「取」，一直往上推到「名色」的時候，說「名色」是怎麼來的？「名色」一定是另一個「識」生的，唯有心能生名與色，因爲色也不能生色，只有心能生色；並且色也不能生七識心，只有心能生七識心。如果他懂這一點，這兩個「無明」就滅了。因爲第一個「無明」就是不懂滅諦，現在他懂了。懂了滅諦，就知道什麼叫作苦集，否則他對苦集的道理始終是想像、是思惟的，他無法現觀。

「集」其實粗可以粗到很廣大易見，細可以微細到極難見，爲什麼細的部分永遠看不見呢？永遠都落在我所上面，說不要貪錢財，不要貪眷屬，不要貪財產，不要貪什麼等，這樣你就可以得解脫；可是他們依舊沒解脫，因爲對於細的集不懂。不能如實瞭解細的集，是因爲沒有善知識教導，而善知識教導他們時，是不是講完了第一遍，他們就能親證？也不一定。所以縱使善知識第一轉法輪把四聖諦講完了，滅諦的道理他也懂了，如何滅的八正道，他也學了，可是他依然沒有辦法獲得法眼淨。

可是有的人利根，初轉法輪時就成爲阿羅漢了。如來的那五個大弟子，第一次度得的五個出家人，那老大叫作憍陳如，如來去到鹿野苑爲他們說法，第一次說完四聖諦，憍陳如就成阿羅漢了。可是其他四個人要二轉四行法輪，四聖諦要再講第二遍，就是勸他們修證，有的人就可以得法眼淨；再講第三遍，讓他們確實檢驗果然如此，才能成爲阿羅漢。所以能不能實證四聖諦，跟善知識有關係，也就是說他能不能把滅諦眞的講清楚。因爲你要眞的把滅諦的道理講清楚，得說眞正的滅是：「梵行已立，所作已辦，不受後有。」

「我生已盡」很多人會接受，可是講到滅諦「不受後有」，有幾個人能接受？想想看，我們把這個滅諦的道理說得很清楚，以《邪見與佛法》流通二十年了，可是佛教界有哪一個道場接受了？你們看，海峽兩岸哪一個道場接受了？一個也沒有。可是你們願意接受，那你們到底是聰明還是笨？（有人答：聰明。）聰明喔！可是我看起來好像不聰明欸，因爲世間聰明人都求有，而你們卻是要來求無，因爲滅諦就是「不受後有」，盡未來際不再有「名色」，結果你們接受了，看來很笨咧！可是看來笨笨的人，其實才是有智慧的。所以我有時候聯想到說，你們大家跟著我學，來世會不會像我小時候那樣什麼都笨笨的。因爲我打從小時候就被我二哥這樣敲腦袋，用這樣的拳頭敲的；這樣一敲，敲完一次腦袋就是一個包，都罵我：「你爲何這麼笨！」說我好東西不會留著自己用，都拿去跟好朋友分享。

可是你要眞懂滅諦，心中無所求。所以我的同學們有人發願當工程師，有人甚至於發願說他要當總統。但我這個人從小胸無大志，我就想這一世平平淡淡的過完就好了，沒有求著想要幹什麼。大概是因爲多劫以來熏習那個滅智熏習慣了，所以五六歲、六七歲的時候，常常站在店鋪前靠著牆壁、看著馬路；那時候馬路還是碎石路，倚在那邊發呆，也沒有想什麼事情，心中空無一念，就這樣靠著牆壁在那邊站著。然後媽媽在家裡呼喚，一時沒聽見，後來聽見了，趕快跑回去就挨罵了：「你到底站在那邊幹什麼！」也不曉得怎麼回答，因爲也沒幹什麼。

滅諦熏習久了，習慣於這樣，所以也沒什麼煩惱；挨罵？挨罵就挨罵吧！就這樣過。這就表示說，其實有那個「明」的種子在。因爲滅諦親證了就是「明」，反過來說的「明」，這跟大乘法講的「明」不一樣。在二乘法當中，你把蘊處界實有的「無明」滅了就叫作「明」，因爲你懂得解脫之道。你懂解脫之道，就是有「明」，「明」就是有智慧，但這個智慧不是世間法中求有的智慧，而是解脫道中的智慧，所以先要對四聖諦的滅如實了知。如實了知而願意接受，不代表你就能證得阿羅漢的境界，最多就是得法眼淨的初果人。然後你要藉著八正道去實修，八正道實修完了，實證滅諦的境界就是「不受後有」，這就是「無明」斷，就是二乘菩提之中的聲聞菩提的「明」。

如果你能夠再進修十因緣法，推之到「名色」之所從來，原來是另一個識，雖然猶未能證這個識，無妨，你仍然是斷了那個「無明」，你就有智慧，就是「明」；遇見一般人，你可以說：「我們的名色之所從來是另一個識，不是我們的六轉識或者七轉識中的識；我們的色身是這個識所生，父母親只是提供那個資源給我們，提供那個環境給我們，而由我們的如來藏來出生。」那就表示緣覺菩提的「無明」你已經斷了；斷了「無明」，你就有「明」。那麼來到大乘法中，大乘法說的「無明」就是對實相不理解；如果你對實相理解了，你就有「明」。可是實相不是一般人能理解的，那要有 佛來人間爲大眾說明，然後菩薩繼承了 如來的一切法，套一句成語叫作承先啓後。

所以菩薩要作的工作就是承先啓後，從 如來那裡去接收法，接收了以後要傳給後學。這個「無明」就是對一切諸法之所從來無所知，稱爲「無明」。這個「無明」，如果有諸佛菩薩爲大眾宣說就可以斷除而實證「明」。宣說了以後，首先從理上去理解：原來一切諸法都從空性如來藏所生，如來藏又叫作阿賴耶識、異熟識；原來是這一個識出生了我們的名色，然後我們有了名色這個我，才會有其他的我所。於是開始努力求斷我見我執、求斷我所執，這就是大乘法中第一個部分的「無明」斷除。這「無明」斷除了就有「明」，表示他具足修學大乘法的資格了，修學大乘法的條件成熟了，接下來就得要求悟。

那麼到底求悟，這個悟是要悟個什麼？以前佛教界眾說紛紜，你的悟也對，我的悟也對，他的悟也對，但三個人的所悟不同樣，全部都對，所以佛教界一片和諧，在這一片和諧之中就被密宗滲入了。結果出了個壞人，就是正覺同修會的蕭平實出來否定天下大師，說他們都悟錯了；悟對的只有一個人，叫作蕭平實。而他創立了正覺同修會，所以正覺很多人悟了，會外其他人都沒悟。讀了這些書，心裡越讀越氣憤，覺得豈有此理：天下人都悟錯了，就只有你悟對了。所以他們忿忿不平，才會有網路上好多不實的汙衊言語。可是天下本來就不是百萬將軍一個兵，永遠都是一個大將軍可以率領百萬兵，不會有百萬將軍率領一個兵，可是他們都沒想通這個道理。

我們有「明」就能指出他們的「無明」：「無明」就是於滅諦不如實知，繼續追求我與我所的境界；至於大乘菩提的無明就是不知道根本識的所在，這個能生名色的識到底在哪裡？不知道。有的人比較聰明：「**那我來看看禪宗公案**，因為禪宗祖師**都是證悟者；他們那些公案把整個過程具足寫了下來，那我來研究那公案，應該是可以證悟的。**」沒想到研究來研究去，「**啊！原來都在行住坐臥中，都是前進三步、後退三步。**再深問的話，**又站著不動了**，這到底什麼道理？」也搞不懂，結果參究了一輩子，都落在行當中，這就表示他沒有斷「無明」；「無明」未斷，「明」就不能出生了。

所以你看這「明」與「無明」多麻煩，害死多少人，一直在門外徘徊找不到無門之門。那麼因此說，大乘法中的「無明」是函蓋二乘法的「無明」，因爲如果沒有把二乘菩提的基礎打好，對於佛菩提來講，根本沒有實證的機會。你如果二乘菩提的基礎打好了，現在只剩下無始無明，無始無明就是對諸法的實相無所知。但是等你這一悟了，就能諦現觀：「**果然我的五陰身心名色都從這個識來，這個識叫作如來藏，又名阿賴耶識。**」這時候可以諦現觀，「明」就生起了。「明」才一生起，就好像你把燈打開了，燈一亮，「無明」馬上消失，所以說千年暗室、一燈能照。當你把這燈點亮了，暗了一千年的房間就亮了，再也沒有黑暗了。所以這個「明」與「無明」的了知不容易，因此很多人落在「無明」當中，他的身口意行永遠不離「無明」。那你說菩薩摩訶薩成爲緣覺，要了知「明」與「無明」才能爲眾生宣說，不然他憑什麼當菩薩緣覺。

那麼知道「明」與「無明」就會懂「行」以及「無行」，那我要問諸位：「**你們今晚來到正覺講堂聽經，到底是有行還是無行？**」這邊說有行也是無行，另一邊說非有行非無行，看來你們眞的有學進心坎裡。一般人都落在有行跟無行當中，可是我們要先瞭解行與無行；你從家裡出門來到正覺講堂一定有行，行是五陰的行；如來藏無形無色，憑什麼說祂有行？所以你必須要說無行。可是當你說個無行的時候呢，冷不防師父一杖子打過來罵：「什麼叫無行？無行，你還能來到正覺講堂喔？告訴你，一切行莫非如來藏行。」「可是如來藏無形無色，怎麼能行？」這話才剛講了出來，師父一棒又打過來了，那到底怎麼回事？

所以你說行也不行，說無行也不行。因爲如果沒有如來藏，不說身行，連意行、口行都不存在。可是如果要說：「原來這一切之所行都不是五陰的所行，都是如來藏的所行。」這話才剛講完，師父一棒又下來了，因爲如來藏無形無色，那你說是如來藏的行，明明是五陰的行，你沒有五陰能行嗎？可是如果說是五陰的行，沒有如來藏，你能行嗎？早就是死人一個了，哪還有行？所以到底是有行還是無行？這兩方面你都得了知。無行爲什麼是無行？有行爲什麼是有行？而有行的時候，這個有行爲什麼是無行？而無行的時候，爲什麼又說是有行？這裡面有四句分別。

這四句分別要講起來可就絡絡長了，留給諸位自己去觀行。要能夠了知這四句分別，你才是眞正的了知行，也眞正的了知無行。了知以後你就說：「原來一切行與無行，跟如來藏、五陰之間的關係都非一非異。」因爲沒有如來藏就沒有一切行，可是如果沒有五陰也不會有一切行，而你在一切行當中，不論是身行口行意行，一切行當中如來藏都無所行，而無所行當中一切行卻都是如來藏之行，你說這事情要怎麼了？所以我從現量上講出來以後，有的法師讀不懂就說：「一個簡簡單單的佛法，被你蕭平實這麼一說以後，就變得複雜萬端，我還能理解嗎？」（大眾哄堂大笑…）別笑得那麼開心嘛！我書中爲他們詳細說明了以後，他反而嫌我說得太複雜。

就好像有人上了飯館說：「我要一碗飯。」結果老闆好心幫他加了好多免費的好料在上頭，他說：「我只要白飯，你給我這麼多菜幹什麼？」表示這是個愚癡人。所以說佛法不簡單，可是佛法又很簡單。因爲你要瞭解那個行相，無明有無明的行相，明有明的行相；然後行，行到底本質是什麼？你其實不能夠說有什麼行，否則行就是眞實法了。結果行其實只是一個複合體，由五蘊和能生五蘊的如來藏複合混雜在一起，然後運作出來的一個結果，所以行不存在。

接著說「知識知識相」，識有八個識，這一個能生的第八識，祂出生了名色，所以就不把祂包含在十二因緣的「識」裡面。這個「識」字要分清楚，在十因緣法的觀行當中，最後知道名色從識生，那個「識」叫作阿賴耶識，因爲名色中就有七個識了，六根中的意根是心，叫作第七末那識，識陰六個識也是心，所以名總共有七個識。十二因緣講的「無明緣行，行緣識」，是在說明行爲什麼會不斷的出生；行的出生當然要緣於六識才能有行，可是由於這個行會不斷出生一定有它的動力，它的動力就是因爲有六個識的「無明」而不斷的作虛妄分別，因此行就不斷出生，所以行緣於識。

如果不是有行，這六識也不能運作；如果不是因爲六識不斷的運作就不會不斷的有行，這是有互相關聯的。所以要了知識，並且了知識的行相，並不容易。雖然說識有時只講識陰六個識，不談意根，可是這六個識的行相還眞不容易具足了知。《成唯識論》有一半在講六個識的行相，所以不是容易了知的事。諸位如果想要了知，下週再來。今天講到這裡。

《不退轉法輪經》上週講到〈重釋二乘相品〉第五、第一行「知識知識相」。那麼「識」，一般人知道是六個識，但我們大家知道有八個識。這個六識或八識，到底哪一種說法才正確？諸位都知道是八識；但是我的所知，佛世正法時期過了以後，就常常都在爲究竟有幾個識的事情，在跟人家辯論處理，一直都是這樣。在龍樹和提婆菩薩的時代，這兩位祖師也是一直爲這個事情在作處理。龍樹爲這個原因寫了《中論》，不過他的《中論》講得很婉轉、很含蓄，就是以言外之意來顯示有八個識，所以六識論者便能曲解《中論》而彼此和平共存。但是提婆以種智來講時，就講得很清楚分明，六識論者便無生存的空間，所以那些聲聞法中的佛門外道眞的受不了，因爲他們認爲龍樹那《中論》也是依六識論來講的，依六識論也可以講得通，但依提婆說的種智來講時他們就不通了，因此那些人就把提婆給刺殺；好在提婆還留下幾部論，這就沒問題。至於之前的馬鳴，也是爲了八識論與六識論的釐清，所以他寫了《大乘起信論》。

後來中土或者天竺，就是玄奘菩薩了。玄奘從天竺開始，也是爲了建立八識論；然後回到大唐時譯經說法，也是建立八識論。接下來，潙山靈祐、克勤圓悟、大慧宗杲也是一樣，篤補巴、多羅那他也是一樣，現在我們這一世也是一樣。所以有的人有增益執，佛說八個識，他偏說有九個識，說那才是 佛講的。有的人有損減執，佛說有八個識，他說：「沒有，佛說的最多是六個識。」所以這增益執與損減執還眞難斷，而我們每一世弘法時就這樣一直都在處理這個事情，來到這一世一樣在處理同一件事，所以說五濁惡世末法時期的眾生眞是無明深重。這一世最後我們還不得不寫了《阿含正義》，證明阿含諸經講的也是八識論。你看這有多困難，所以就一個第八識始終讓眾生弄不清楚，可見「識」眞的很難理解。

那諸位來到正覺同修會修學了以後，知道每個人都有八個識，除非他生來眼盲或者生來耳聾，那就少了一個識或兩個識。正常的人都是八個識具足，那八個識各司其職。我們上週說過有八個識，但是八個識的行相各不相同。這八個識正因爲祂們的自性不同，所以行相就不同。其實一切諸法都有它的行相，如果沒有行相，那就是所顯法，不是所生法。所生法一定有它運行的法相，所以所生法是有作用的。所顯法，譬如說六種無爲法，它們都是所顯法，它們沒有作用。

譬如說，本住法阿賴耶識祂有作用、有行相，祂運行時的法相幽隱難知，只有眞悟的人才會說祂的行相其實非常明顯。可是一般人怎麼想也想不通，「因爲祂既然叫作識，識就是了別；既然能了別，我應該可以知道。」這就是一般人的想法。問題是，祂的了別不在六塵境界內。由於祂不了別六塵，潛藏在十八界中運行，所以說祂的行相很幽隱，就是祂很難看得見，隱就是隱藏的隱。幽隱難知，是說祂了別的行相太微細、太暗昧，所以你不知道祂。

可是你證得祂以後，善知識跟你提點一下：「那你說什麼叫作眞如？」你這一反觀，馬上回想起來：「啊！原來是講這一個第八識的行相。」因爲第八識在運行的過程中，祂會顯示出一個法相叫作眞如，所以在《成唯識論》裡面說：「**眞如亦是識之實性，故除識性無別有法。**」說眞實而如如的這個眞如，它就是第八識的眞實的法性，除了第八識的識性可以稱爲眞如，以外就沒有別的法可以稱爲眞如了。可是你要怎麼看到祂的眞實與如如呢？一定是祂有在運行，而運行的過程顯示祂是眞實而不可壞的，祂永遠都是如如不動的，所以你可以看到祂的眞如法性，你就說：「喔！原來這樣就是證眞如。」所以一切識都有祂的行相，第八識由於有運行過程的法相，你才能說祂叫作眞如。

所以眞如無爲是什麼？就是這個識的無爲法自性，它叫作眞如。而眞如你不能拿它來用，它只是一個狀態讓你看見說它就是這個法性。所以眞如不能拿來作什麼，而阿賴耶識可以作什麼，因此兩者是不一樣的。但你不能夠說眞如跟阿賴耶識不相干，當然更不能像二〇〇三年那一批退轉的人說「眞如出生了阿賴耶識」。那就好像說花很美麗，那花的美麗能拿來作什麼？拿來吃、拿來種、拿來煎煮炒炸都不行，就只能看著說它美麗。可是如來藏譬如花體，花體有作用，花可以生長、結果、有種子，重新播種，甚至你可以拿來煎煮炒炸把它吃了。花有作用，可是美麗沒有作用，你不能拿美麗來賣，或是拿美麗來作什麼事情，都不行，美麗是花的所顯性，沒有功用，只能欣賞。

同理，眞如就是阿賴耶識的所顯性，所以它是無爲法；所顯性就是所顯法，你不能拿它作什麼。就好像證得第四禪的人說「我證得不動無爲了」，但是這個不動無爲，只是因爲證得這一個第四禪的境界，住在第四禪境界中而顯示出來的第四禪的法性。所以第四禪有它的功能，但是不動無爲沒有功能，因爲它是第四禪所顯示出來的一個狀態，它是所顯法，所以它沒有功能，不能作什麼；但第四禪有它的功能而可以作用，道理就是這個樣子。所以眞如就是第八識的行相之所顯示，現在諸位聽了知道：「喔！這是第八識的識相。」

那麼第七識呢？第七識的特性是恆審思量，由於這個思量性，而且每一剎那都掌控著意識，因此意識不論作什麼都逃不過意根的掌控。所以，意識如果心中有個念頭一閃而過，連語言文字都沒有，意識心想：「那個念頭的想法是說，這事情的道理應該是這樣，但我故意把它想成另一種，用來騙意根，看看騙不騙得過。」結果是不行，因爲意識就是在意根的掌控中，只是意根擁有的一個了別工具，所以意識起那麼一個念，意根也都知道，因爲祂審，這就是意根的特性。既然有這個特性而且能思量，思量就是說祂在作裁決。意識思惟完、觀察完，說這個該作、這個不該作；那意根依著自己的遍計執性去下決定，不會完全聽意識的。

所以，我常常舉那個香腸攤子的事情來跟大家講，有沒有？有的人學佛以前很喜歡玩，看到人家腳踏車後面的架子掛著很多香腸，還有個大碗，碗公裡面有三個骰子，一把抓起來一丟，口中喊著：「十八啦！」那如果他跟老闆這麼一丟，老闆丟出來的點數比他少，他就可以吃一根免費的香腸，就是老闆賠錢；可是如果老闆贏了，他要稍微貴一點點跟那個老闆買香腸，老闆就靠這個賺錢。有的人學佛之前喜歡玩那個，學佛之後說：「我受三歸五戒了，現在不應該吃那個。」然後眼睛就故意轉到旁邊去，可是腳卻往那個方向去了，還是一把又抓起來玩了、吃了。然後回家就悔責：「我到底這樣有沒有犯殺戒？」因爲如果你不吃，那屠夫就沒得殺，因爲有吃所以有殺，那環保界有一句話說：「因爲有買賣所以會有殺戮。」道理是一樣的。後來是經過一次兩次、三次五次，終於把它戒掉，表示什麼？表示意識知道這是不應該的、不該作的，可是意根就下決定就去作了。

所以，從意根的這一些行相，配合其他部分的行相，說意根一定有遍計所執性；有時候則是意識不知事實眞相，就產生了遍計所執性，例如大法師們都說離念靈知就是眞如佛性。因此說，意根的行相、末那識的行相就是遍計所執性。那麼意識的行相乃至眼識的行相，諸位就瞭解了；所以眼識辨別顯色青黃赤白黑等，但是青色之中是什麼樣的青，黃是什麼樣的黃，黑白間的光影又有哪些差別，那一些細相就歸意識所了別。包含耳識、鼻舌身這五個識都一樣，都只了別五塵上的粗相；然後意識依著這五識的了別，祂再作細相的了別；至於這五塵上面附帶了什麼法，那就全都是意識所了別，跟五識無關。

因爲這樣的特性，所以五識緣於五塵，所依根也各不相同，其他的部分就歸意識所了別，因此前五識只緣現量，不緣比量境界。這五識自己沒辦法去思惟判斷，所以善惡性或者無記性等，五識都得要追隨意識。可是意識因爲能作很多的判別，所以意識不但通三性，而且祂有見分、自證分，還有證自證分；五識就沒辦法有證自證分了。這就是從三賢位的觀行來說的境界，當然入地後每一識都有四分，那是另一個層面，我們就不談它。

所以識的行相，讓你去了別它們有所不同；有所不同，你能夠全部把它分別清楚，就說你知道「**識相**」。所以，想要具足了知「**識相**」，只有一個辦法，沒別的辦法，就是你要親證，把意根親證了，把阿賴耶識也親證了，然後去觀察：「**啊！原來這八個識運作的法相都不一樣。**」這時候，八個識可以分清楚：這是如來藏，如來藏專門作什麼；這是意根，意根專門作什麼；這是意識，乃至這是眼識，專門作什麼，你都可以分清楚。如果你對這八個識分不清楚，你就是不知「**識相**」，稱爲眞妄不分。

所以，爲什麼我們原則上都讓大家至少要打三次禪三才證悟，因爲你縱使眞的找到了如來藏，可是你把如來藏跟七轉識混在一起弄不清楚，那智慧就不好，智慧不足，很容易被惡知識的邪見所退轉；這時就算你知道如來藏了也沒用，智慧很差；所以一次又一次考，至少得上山三次，這是快的人。像往昔那樣一次過關的，現在不放行了；因爲如果放行了，我是自己找碴。找我自己的碴，何苦來哉！所以這樣考過了以後，「喔！原來八個識了然分明，一點混淆都沒有。」這時候，你就可以觀察八個識的行相各不相同，因此就可以說：「我眞的了知識相。」所以「識相」的了知不容易，得要實證才行。

接著說「知名色知名色相」，名中的六識在人間的出現得要依附於色，如果沒有先出生了色，名就不可能在人間出現。色通常是說五色根，因爲對一般的學佛人來講，說五色根就夠了，若再跟他講六塵，他會覺得很迷亂，也太深，覺得你說得太複雜、太麻煩了，他也不想聽。所以，我們通常到上禪三殺我見時才告訴你說：色陰有十一法就是五色根加上六塵。講到這裡，我要先問諸位：「名色是全部自己的或者有一部分是外面的法？」（有人答話，聽不清楚。）對！這個觀念要先建立起來，名色全部都是自己的，不包含外面的法。那外面的六塵，我們待會兒再來談，因爲後面還要講這個六入相、觸相。現在先說名色都是自個兒的，無關於外法，這表示你所觸知的六塵是你自己的六塵，不是外面的六塵。外面的六塵不歸你這七識所接觸，待會兒再說。你既然有自己的六塵，加上五色根，不就是十一個法了嗎？這就是名色中所講的色。

你這一世的這個色－五色根加六塵－並不是從前世帶來的。如果是從前世帶來的，你就不用藉父母來出生了，不必投胎，直接轉過來此世就好了；可是如果直接轉過來，意識顯然是從前世轉過來的，那還會有隔陰之迷嗎？所以在人間每個人，都不會像孫悟空那樣從石頭就蹦出來；都是有父母，因爲一定要經由入胎才能出生這個五色根。這五色根具備雛形了，有很簡單的功能時，才會有很簡單的六塵出現；然後才會有很簡單的六識伴隨著意根出現，那是什麼時候呢？就是入胎滿四個月以後的事了。諸位想想看，嬰兒剛出生，什麼都不懂；可是回想一下，你們爲人父母，孩子胎動是什麼時候開始的？滿四個月以後。有的人要到五個月後才會開始胎動，表示他的直覺不好，但是他出世以後可能會長得很好；這個道理要懂。那有些很敏銳的人入胎，四個月滿足就開始胎動了，母親就不太好過日子，因爲他到六七個月時常常會踢媽媽的肚子。如果他都很乖，我告訴妳：他出世以後對妳也會很孝順，因爲他心性很調柔，調柔是因爲不是很敏銳；要不然就是另一個可能，他就是菩薩再來，只有這個可能。

那麼現在這樣知道了。這一定先入胎取得五色根，五色根有了雛形以後，才能有最基本的、最簡單的、最模糊的六塵出現，然後六個識才會出現，但是功能很差。那在五個月、六個月時，他覺得在母胎裡面還不錯；可是到十個月，他本來可以動一動，一直不斷的動，到十個月時動不了，動不了就出生了；因爲他很煩躁，所以這個大腦裡面就開始運作，因此開始產生化學反應，母親就把他生出來，就這樣子。說起來很簡單，但這是十個月的過程。

所以一定先要有六塵才能出生六識，可是六塵的出生一定先要有五色根，五色根具備了基本的功能以後，加上意根就有六根了，所以六塵才能出生。六塵出生了以後與勝義根相應，所以五勝義根與意根觸了這六塵以後，意識等六識才能出生，這樣才算有名，便是六識出現了以後加上意根，意根是心而不是色。所以釋印順說意根是腦神經，那叫作胡言亂語。那麼這樣有七轉識，就是名；加上五色根和六塵，就是名色具足了；這五色根的發育具足了，就可以出生了；那麼這就是名色的由來。

名色的內容具足了以後，接著有名色相，名色的法相是什麼？眼如葡萄，耳如荷葉，鼻如懸膽，舌如偃月，身體呢？只是個肉桶。這樣五扶塵根瞭解了，五勝義根就是頭腦；但這只是五色根，另外一根是心、無色根，叫作意根，第三轉法輪諸經說祂叫作末那識。那麼這五色根，眼根專管面對色塵，這就是色的其中一部分的行相，所以眼根不會用來聽聲音，眼根只會看色塵。那麼耳呢？面對聲；鼻面對香，舌面對味，身面對觸；所以這五塵由這五色根各司其職，這就是色相。可是色相，剛剛說過還有六塵就是色聲香味觸法，這其中的五塵就由這五色根來應對；但外面這五塵進來的時候附帶了法塵，這時候我們先說嬰兒的時期，不談成人學各種藝術、形而上學、佛法等；那是純粹的法塵，現在先不談它。

現在只說一個嬰兒，這五塵攝受進來的時候，裡面就附帶有法塵，那個法塵就歸意識所了別。所以這樣看來，這個名跟色是互相有所依也別有所緣的。由於眼根觸色塵出生了眼識，但要先講一個前提，這眼識不是由眼根與色塵共生，而是眼根觸色塵的時候，由如來藏在觸的地方出生了眼識，不是釋印順講的由根塵共生。那麼同樣的道理，耳聲、鼻香、舌味、身觸，乃至意法因緣生意識。由意根末那識接觸那五塵上所附帶的法塵，所以意根就運用意識來瞭解法塵的內容，那麼這樣在瞭解法塵內容的時候，這五識就去瞭解那五塵的內容。所以色法中的六塵行相是被了別的，這樣你才算眞的知道六塵與六識的行相。

而五色根加上意根是作爲六識的所依，面對六塵生起了六識而了別六塵。你要如實現觀，能這樣現觀才能夠說你眞的知道「名色相」，否則名色從何而知？你要能夠現觀，而且這個現觀還得是諦現觀，因爲有時候很多人的現觀是錯誤的。所以眞心、妄心分不清楚的人，他那個現觀不叫作諦現觀，他的現觀不完全正確；不完全正確，悟後修道就有問題。

這樣就是知道名色，也知道名色相了，接著說：「知六入知六入相。」六入，大家都知道就是色入、聲入，香、味、觸、法入。「六入相很簡單嘛！有什麼需要了知的？」一般學佛人大約都是如是想，其實六入不簡單呢！談到這個六入，還是不離十八界。最近我們增上班的課程就談到十八界，因爲十八界的緣故，所以就有一百零八品（或說八十一品）思惑要斷。

但是要跟諸位談這個六入相之前，我得先說明：每一個人各有自己的十八界，所以你所看見的六塵是你所看見的，是你自己所有的六塵，跟別人的六塵不相干，但是十八界有內有外。諸位大概沒聽過這個說法，十八界眞的有內有外。因爲有內有外，所以內十八界、外十八界，合起來就是三十六界。這三十六界有過去世的三十六界，有這一世的三十六界，也有未來世的三十六界，所以這樣就是一百零八個。所以，如果有人說：「**我斷了這十八界的貪愛，可是對於未來世的十八界還有一分分一絲絲的貪愛。**」那他就不是阿羅漢了；因爲未來世的十八界，他還有貪愛，表示他仍然有後有。所以，斷這一百零八品的思惑也不容易，那個部分我們就不談它。

拉回來講六入相，剛剛提點了諸位說有內十八界、外十八界，可是說白了，外十八界也是你的十八界，跟別人無關。這樣是不是腦袋裡生起了一個比腦袋還大的問號？對啊！這個說法沒有聽人講過，今天你聽我這麼講，有點奇怪。那咱們就來說一說，譬如色塵，一般人的想法都說：「**我們這麼多人坐在講堂中看見您蕭老師，所以我們所見相同啊！**」對吧？你們現在不敢說「對」了喔？是啊！一般人都說：「**對啊！我在現場，我跟他一樣看見啊，所以我們看見是一樣的啊！**」

可是那個一樣，是一般人說的一樣，從法上的現量來說是不一樣的。

我舉個例，譬如說你們男眾坐東單，女眾坐西單，中間不談，說兩邊這樣比較容易瞭解。如果我在這裡不動，東單的男眾看見我是左側面，西單女眾看見我是右側面，怎麼會一樣？那又隨著鄰座位子有些不同，就有一點點、一點點的差別。所以你所見到的色塵，不同於別人所見到的色塵，你不要以爲說：「**我見到的就是他見到的，他見到的色塵就是我見到的。**」其實不一樣。

可是問題不只是這樣，因爲妳們女眾在那邊看見我的右面，而你們男眾在那邊看見我的左面，但其實你們都沒有看見我，因爲你們只看見如來藏變現給你們的內相分色塵，你們何嘗眞的看見我？都沒有看見啦！這時候如果是第一次來正覺講堂聽經，心裡面一定起了一個作意：「**您胡說八道！我明明就看見您。**」其實你沒有看見我，看見我的是你的如來藏，可是你的如來藏又沒有看見我，因爲祂不了別色塵。那麼如來藏藉著眼扶塵根看見或攝取了外面的色塵，這個色塵投射到眼球後面的視網膜，那個影像是顚倒的；不是正立的，而是顚倒的；可是你們看見我，有看見顚倒了嗎？沒有啊！你們看見的我是正立的而不是顚倒的。

這表示你們不是看見你眼睛視網膜上的影像，而是這個視網膜的影像投遞到你的勝義根管視覺的區塊，如來藏在那裡變現了內相分的色塵，而你的眼識一直活在內相分的色塵境界中，所以就無所謂正坐或者倒立了，永遠都是正的。所以你睡覺的時候身體躺橫了，可是你作夢的時候還是正立的，沒有跟著身體就橫了，因爲你永遠活在你如來藏變現給你的內相分境界中。假使有人今天是第一次來聽我講經，他一定很驚嚇：「**眞的會是這樣喔？嚇死人了！我怎麼沒有看見？可是我明明看見，這到底怎麼回事？**」驚慌起來了！不用驚慌，留下來好好學，久了就會知道。所以你所見不是你的所見，了知這個道理才知道什麼是你的所見，這就是《金剛經》的公式。

那麼這樣看來，色入其實都是外色入，外色入是由如來藏藉著眼球去攝受的，然後如來藏藉著這個外色入在勝義根裡面變現出內相分的色塵，這個色塵與勝義根中的眼根相觸了，如來藏在那個部分出生了眼識，然後你才終於藉眼識可以了別色塵。所以勝義根中的色入，那叫作內色入，不是外色入；但是這個內色入跟外色入一模一樣，完全不失眞。這樣子外色入、內色入，同樣的道理，耳鼻舌身意、聲香味觸法，同樣有外入與內入之分。所以，這六識生起之後所接收的六塵，到底是內入還是外入？是內入，絕對不是外入。但是你如果要了知外入，這得等你悟後才能如實了知，否則你聽了就只是一個理論；但是證如來藏的人，聽我這麼一講，他就可以產生諦現觀。

那麼現在有個問題，這六識既然了知的是內六入。那外六入，是誰了知？一定也要有了知者，那是誰了知？如來藏不了知六塵，那到底是誰了知？還是那六識了知啊！六識藉著內六入的了知就了知了外六入，那你說是不是有內十八界、外十八界？對啊！這時候有人又生起一個問號：「不對欸！可是意根又只有一個？」但是我告訴你，世尊早就解釋過這個問題了，說「如意默容十方三世一切世間出世間法」。所以意根在睡著無夢時也在執取一切法，醒來時更是藉著六識全部都抓，所以每個人具足外六入、具足內六入。也許有人又想：「不對啊！這可能是您根據大乘僞經講的吧，在二乘菩提裡面哪有說這個？」可是我告訴你：「眞的有，因爲在《阿含經》裡面早就有說內六入、外六入。」

二十來年前，有一次我們游老師的姊姊游芬蘭問我（那時候我剛弘法不久，當時正覺同修會還沒有成立），那一次是在石牌一個師兄家裡地下室，上課前她問我：「**老師！有沒有外相分與內相分？**」我對嘴就說有，當時我也沒讀過啊！但是我的現觀是有，我對嘴就回答有，她問我什麼道理，我就解釋給她聽。那是二十幾年前，同修會成立之前的事，應該快三十年了，可是當時我還沒有讀過經典中的根據。臺南有個道場幾個法師也來學，學了以後，他們對正覺叛變了，就寫文章貼網說是我自己編造的法，說經中根本就沒有講內相分與外相分，這是蕭老師創造的。我不想理他，因爲我如果每一個人都要回應，那我回應不來，哪有那麼多時間爲他們奔忙。

後來我們臺南共修處，一位小潘師兄看不下去了，就寫文章解釋那個道理，貼了網以後，他們就閉嘴了。有時候想想，人眞的不好度，所以有的人說：「**我寧可布施給狗，也不要布施給人；因爲人會嫌你布施這個不好、有什麼問題；狗不會，狗就是直接就吃了，而且還會跟你搖尾巴。**」但我這個法是依據現觀講的，而我的現觀是智諦現觀，不是錯誤的比量。後來有一天我重讀《阿含經》，發覺《阿含經》中早就講過了，都說有「內六入、外六入」，我都忘記了；既然有講外六入、內六入，那內六入所見不就是內相分的入嗎？不然內六入是見個什麼？

你看，凡夫法師在我幫他證悟以後信不過我，他就用我講的話去電子佛典搜尋「內相分」三字，結果搜尋不到就說：「沒有！沒有！」可是他不知道 如來早講過了外六入、內六入，而我是依現觀而說的，不一定跟 佛所講的名相一樣。所以這個道理都要懂，不是只有大乘法才講內六入、外六入，二乘經典裡面就說過了。這兩種六入，你都懂了，就是「知六入知六入相」。當然更詳細的部分，我就不能講，因爲這牽涉到佛菩提的密意，我能公開講的就是到這個部分。

接下來「知觸知觸相」，有的人也許想：「這個還不簡單？」我就說他太單純，單純的意思是什麼？就是容易受騙！所以一般人說：「這個簡單，這個哪裡需要到菩薩緣覺才了知。」其實這個不簡單，因爲觸有不同的觸，不能一概而論。譬如說，在增上慧學裡面說十因十五處，歸納爲十因；然後又說十因四緣五果，這些都是互相涉入的；我們現在不要談到那麼複雜，譬如說八個識，你眼識觸色塵，眼識觸色塵這就是觸，如果眼識不觸色塵，焉能了知色塵？所以一定有觸。眼根觸色塵生起了眼識時也叫作觸，眼識了別色塵時也是有觸才能了別，這兩個觸一樣嗎？當然不一樣。耳觸聲乃至意觸法，這個觸當然也都不一樣。

特別是意根觸法的時候，意根是對色聲香味觸裡面的法一一都有接觸的，祂不單單觸法塵，也能了知顯色的差異性，但卻是藉著意識及五識來了知，了知五識所不知的部分。這個觸又不一樣了，這跟五識的觸顯然不同，也和五根的觸不同，所以觸的範圍很廣，才會列入因緣法中的一支。可是意識要能了知法塵，得要意根有觸五塵上的法塵才行，否則意識不能出生，所以意識這個觸又不一樣了；可是意識有觸是因爲意根先對法塵有觸，意根這個法塵的觸和意識的觸又不同。

意根也不單單觸這一些，因爲意根默容十方三世一切諸法，所以意根的所緣很廣，包括上一世的臭骨頭埋在墳墓堆裡，祂仍然有所緣。這一世你在人間，意根還有別的所緣；所以你看見某甲時非常樂和，因爲感覺他就是很親的親人，但不知道是怎麼回事；然後一天到晚就想幫助某甲，其實是因爲意根感應到他，他是往世你的兒子；你就不斷幫忙他，可是不知道爲什麼那麼喜歡他、幫忙他。所以意根的所緣很廣，現在不談它。既然意根有那些所緣，顯然祂有觸，祂的觸是不一樣的。我也跟諸位說過，我以前是發了願求生極樂世界的，結果有一天，看見極樂世界我那一朵蓮華，那個蓮苞還眞漂亮。可是那個蓮苞很漂亮，終究只是蓮苞而沒有開花，但是那光是很漂亮的，那個叫作青色青光，眞的很漂亮。我不是紅色紅光，表示我這是很理智的光，但很漂亮。那爲什麼我能看見？因爲意根有所緣。當然後來就不見了，因爲發願要繼續住持正法，於是就不見了。

那表示意根的觸是不同的，既然是這樣，那如來藏有沒有觸？有沒有觸？（有人答：有。）有？怎麼觸？冷暖痛癢喔？不！如來藏有境界觸，除了境界觸以外，如來藏能「了眾生心行」，表示如來藏與七轉識之間，如來藏與五色根之間，如來藏與六塵之間都有觸，才能產生關聯，如果沒有觸就沒有關聯；可是明明是同一個有情，當然有關聯，有關聯就是表示有連結，一定有觸。可是如來藏這個觸，你得要悟後慢慢去觀察，你得要知道如來藏的作用以後才會知道。所以單說一個觸，內涵也是很多的，只是看有沒有機會說明它。我們在增上班也沒有講過這個道理，今天在這裡就是這樣簡單的爲大家說明一下。雖然是簡單的說明，一定也有人想：「哎呀！您怎麼講到這麼複雜。」其實不複雜，這都是可以現觀的。

那既然有觸就會有觸的行相，所以你睡到天快亮了，首先眼皮上有一點亮亮的，可是你還沒醒來，六識還沒出現，意根就先攀緣了，意根繼續緣於那個明相。然後開始外面有的人作早晨的生意，他們可能很早就起床在奔忙，於是就有車子的聲音，意根也在緣；可是你六識還沒出現，你還沒醒來，這都是意根的觸的行相。在意根有這些觸的行相之前，都是阿賴耶識繼續在運作著，可是阿賴耶識接觸外六塵時並不了別這外六塵，祂的了別是另外一種狀態。但阿賴耶識了別意根的行相、了別五色根的行相，所以阿賴耶識的識相很難了知，才說祂「幽隱難知」。

那麼這一些觸的行相，逐漸的累積到某一個程度以後，意根說應該醒來了，於是意識出現了；意識出現了，一時不分別五塵，所以馬上又繼續喚起了五識，五識就開始了別，因此意識知道說：「喔！天亮了。」意識知道天亮了，於是意根才下了決定：「起床吧！」然後就爬起來了。所以觸有各種觸的行相，但阿賴耶識和意根的觸的行相始終都在，不曾一剎那間斷過，你得要能夠這樣現觀。

接下來說：「知受知受相」。受，通常說是三種：苦受、樂受、不苦不樂受。不苦不樂受又名捨受，可是因爲有苦受就會有憂受，有樂受就會有喜受，所以有時說苦樂憂喜捨五種。但是既然有受，受也有兩個層次，六識有受，那意根有沒有受？也有啊！意根有捨受，可是如果意根陪同六識共同存在時，意根跟著意識就產生了五種受。那阿賴耶識究竟有沒有受？有沒有受？（有人答：沒有。）沒有喔？（有人答：有。）有喔？有什麼受？（有人答：捨受。）是捨受，所以你痛，祂不痛；你苦，祂不苦；你樂，祂不樂；你喜，祂不喜；無始劫以來，每一剎那都是捨受。

那麼既然有受，表示祂有作用，沒有受就沒有作用。祂有捨受，所以祂面對六塵境界的時候，也不了別那是苦樂憂喜捨受，祂就純粹一味的捨受而不了別那是捨受；不了別時那究竟是什麼受，所以祂面對外六塵一體容受，不論是苦樂受，祂都把外六塵如鏡現像一樣清清楚楚的示現給你這六識了知；所以祂有境界受，但沒有苦樂等五受。這境界攝受進來的時候，祂沒有苦樂可言，所以祂不會認知這個境界是痛苦的境界，不要讓我的五陰受這麼痛苦好了，我把那個痛苦減一半，那個境界就把它變得不那麼痛苦，給他少苦一點。祂不會這樣，因爲對祂而言，祂就像鏡子一樣，有什麼外面的影像來，祂映現出來就這樣。所以境界受是祂的受，境界受之後由七轉識去領受了以後，特別是前六識領受了以後，才有苦樂憂喜捨受，所以受也有不同的狀況。

因此受陰如果從無生法忍來講，要先說境界受，可是境界受不會影響眾生的心態或者他的應變，因爲無關苦樂。既然無關苦樂，就不會採取任何應對的作爲，就會只像鏡子顯現影像一樣，而鏡子不會產生貪厭所以不作取捨。可是那個境界受進來以後，如來藏變現出內相分的時候，六識領受時一定有苦樂嗎？也不見得。因爲六識剛領受的時候，那叫作率爾心，是第一剎那。率爾初心還沒有第二剎那的時候，祂無從比較，祂不知道這是苦、這是樂。就好像說，你被某一個東西撞到，你知道被撞到，可是你還不知道痛，有點類似這樣，知道痛是後面的事。所以第一剎那領受到那個境界還無法了知苦樂，要再領受第二個剎那，但第二個剎那領受還不會知道；然後第二剎那領受完了，把第一剎那、第二剎那作了比較，第三剎那叫作決定心，第二剎那叫作尋求心，到第三剎那才能夠比對出來說這是苦受、樂受；至於憂受與喜受，那已經是意識的事了，所以受也有差別。因此如來藏領納境界受，而六識心領納了境界受中的苦樂憂喜捨，所以有時說受有三種，有時說受有五種。好，這樣就知道受相了。

接下來說：「知愛知愛相。」人活在世間為什麼會有貪愛？因為有受，這是互相關聯的。因為無明所以有行，行所以有識，有識所以有名色，有六入、有觸、有受，有受就有愛。一般都說：「因為人間的境界可愛，所以才會貪愛。」這可不一定。人類背地裡還貪愛某些苦受，怎麼說？如果一直都是很幸福的日子，幾十年過下來之後，有一天他想這樣不太有味道，他要去當流浪漢、去過那種露宿街頭的日子，跟人家乞討的日子。因為他覺得那麼富裕的生活，他過膩了，想要去經歷那種流浪漢的日子，也許他會跟你編造個理由說：「因為我這樣心裡沒有負擔啊！」他想的是很好，說心裡沒負擔，因為他想：「我主持一家公司好辛苦欸！」可是他終於放下公司去當流浪漢，結果不到一天就回來了，因為太苦了！所以他趕快又回來當董事長，就是因為受。

可是人對苦樂憂喜捨都有貪愛，所以對於受產生貪愛，不論哪一種受；有時候是因為理智所以貪愛苦受，有時候是因為他有被虐狂。對啊！有的人生來就是有被虐狂。有時候一對夫妻幸福的日子過著很好，可是，就是一天到晚要吵一吵，如果不吵架，他們覺得生活平淡無味。對啊，所以有的夫妻就是三天一小吵、五天一大吵，然後吵到受不了、分開住了，分開住又想念對方，於是又回來同住。這個大概是無可避免的事！所以因爲受的關係，他才產生了愛。那有愛就會輪轉生死，因爲有愛就會有取，現在先不談取。

愛的範圍也很廣，因爲能領受，現在不說樂受或苦受，我說因爲能領受，所以對名色有貪愛。對名色有貪愛，學法之後呢，貪愛的範圍更廣；原來貪愛的範圍是牽涉到心所法，如果沒有心所法，你能夠有受嗎？能有觸嗎？能有愛嗎？都不可能欸！可是八識心王的心所法各不相同，所以意識貪愛種種法，不單是樂受的法，苦受的法祂也貪愛；那五識就貪愛於五塵，那意根到底有沒有貪愛？有啦！意根的貪愛最厲害，總是依意識的了知而產生貪愛，意識就被意根牽著走了，所以叫作遍計所執性。

但意根通常都是被意識的虛妄分別騙了，所以修行還是得從意識下手，去瞭解這個到底對或者錯，該或者不該，然後熏習再熏習，最後變成串習；串習之後，意根就被意識改變了。所以惡人會越來越惡，因爲他串習惡法；好人會越來越好，也是串習善法。可是如果遇到了邪法，他會串習邪法，那就漸漸變壞，都因爲串習。所以串習的緣故，產生了愛相，不管學好學壞都叫作愛。譬如說一貫道又名天道，爲什麼叫天道？因爲他要求生理天，說死後生到老母娘那裡去，那叫作理天，要永遠當她的孩子過著幸福快樂的生活。那不跟一神教一樣嗎？所以它有被一神教影響。然後直到正覺弘法以後，一貫道開始改變。改變以後，漸漸的沒什麼信徒了，因爲多數的講師們、經理們，都在讀正覺的書也就改變了。改變以後，他們自己就消失了，因爲他們沒有自己的教義，總是竊盜佛教的教義，後來就不得不投入佛法中而回歸往世修學的佛法了。

所以「愛」，是什麼法都愛，因爲什麼法都愛，所以才會有「取」，所以愛的範圍很廣。那這七轉識都有愛，請問如來藏有沒有愛？沒有啊？（有人答：有。）有人說有啦！對！你講的對，否則這如來藏爲什麼要叫作阿賴耶識。阿賴耶的意思就是貪愛而去執藏分段生死的種子，所以才叫作我愛執藏。如果你證阿羅漢果就不叫阿賴耶了，就只叫作異熟識。證阿羅漢果之前，又名異熟識，又名阿賴耶識，這就表示祂也有愛，祂愛執取這一些分段生死的種子，所以祂不斷的收藏生死種子。既然八識心王各都有「愛」就會有「取」，「取」到底取什麼？當然有取的內容，取有四種：見取、我語取、愛取、戒禁取，（有人說：欲取。）欲取就是愛取，愛取就是欲取。

人都有見取，認爲自己這個看法是對的，聽到別人說出另一種看法跟自己不同，不能接受，於是兩方開始辯論；辯論到後來吵架，就不談誰的見解對，看誰的拳頭硬（大眾笑…）。眞的這樣啊！我這個人，從小因爲往世熏習因明學，所以小時候跟我四哥兩個人常常會談論一些事情，然後我會提出我的看法。我的看法跟他不同，他講不贏我，後來就把我脖子掐住，因爲他很生氣，大概想：「這個弟弟少我五歲，竟然我講不贏他。」很生氣，捏捏捏，不自覺的要把我掐死。後來是我外婆看見了，拿黑糖缸上面有個木蓋，拿起來丟了出來：「你要把他掐死喔！」他才放手跑掉，我如今還是印象深刻，可是不影響兄弟感情，我們現在感情還是非常好。其實我對每一個兄弟感情都很好，所以我們家有的兄弟之間老死不相往來，但我跟誰都好，因爲我不記恨，這就是我的個性。但他當時爲什麼要掐死我？因爲他當時很生氣，氣到受不了，因爲他認爲自己的見解對，不容許弟弟挑戰，這就是見取見。

所以這個見取，見取的見解產生了以後會有一個現象，就是唯識學裡面說：「見取見，以鬥爭爲業。」有見取見的人，他會跟人家爭到贏，爭不贏時就要鬥你。但是見取就是輪迴的原因之一，凡是堅固的執著於某一種見解而不捨棄，然後不容挑戰，他跟人家議論時就是要議論到贏，絕不罷休，因爲這個緣故就表示對我所的執著很強烈，他落在我所裡面。

我剛說的愛取其實就是欲取，正式的名稱叫作欲取，對於色聲香味觸有欲。有的人貪愛美景，有的人貪愛飲食等等，在欲界裡的眾生最重的貪愛就是淫欲，這都叫作欲取，就是對這五塵有貪愛。既然對這五塵有貪愛，就離不開男女欲，離不開色聲香味觸。有的人說我們要提升心靈，講究什麼身心靈的健康；其實都是騙人的，因爲都不離五塵。有的人比較好一點，他專門學形而上學，例如哲學，要提升心靈而想要不涉及五塵，但他是落在法塵中，因爲他再怎麼提升他的身心靈，結果還是在意識的境界中，頂多就得一個好名聲說他意境深遠，也還是意識，不離意識境界。

所以在欲界中都不離欲取，因爲你一醒來就落在五塵中，色聲香味觸分明，那你說：「那我怎麼辦？我要怎麼修行？我沒辦法離開五塵。」對啊！你當然沒辦法離開五塵，但是你可以到觸爲止就好了，不要接著生愛著。因爲菩薩在人間行道本來就不離五塵，否則你怎麼存在人間。所以對五塵，你儘管用，不生貪愛就行，可是不要像密宗那樣狡辯說，「我在雙身法的第四喜時都沒有貪愛」，其實那是具足的欲界貪愛。

見取、欲取、我語取，我語取也跟見取見有關，他說過某一句話，後來人家跟他說：「你這一句話有問題。」他就跟你爭論：「我沒有問題。」爲什麼沒有問題，一大堆的歪理都可以講出來，你根本講不贏他，叫作我語取。以前的佛教界就是這樣，你不可以挑戰他；你若挑戰他，他就跟你論個沒完沒了。所以以前佛教界氣死了正覺：「因爲正覺說出來的法跟我都不一樣，雖然他沒有說我不對，可是讀了正覺的書就會知道我不對。」（大眾笑…）非常的生氣啊！可是氣也沒辦法，所以有的人就在網路上亂罵，聰明人匿名罵，不聰明的人就具名罵；具名罵，我們就得回應。所以我們出了好多書，應該明年也會針對琅琊閣出書，因爲他現在有具名了，雖然那叫作假名，至少也有具名。那麼既然有我語取，固執己見，那他也會跟人家鬥爭，這也是屬於見取見的一部分。

那麼有的外道施設了不如理作意的戒條要求大家遵守，就規定弟子；譬如說以前大陸那個元音老人心中心法，他要求弟子們每天至少要坐一座，一座兩個小時，然後說要連續坐六百座，每天都要坐，不能間斷。如果一天坐兩座四個小時，第二天間斷了也不算數，一定要每天坐，連續六百天、六百座，保證可以開悟。因爲連續坐六百座，在他的想法是說就可以證得離念靈知，那就是開悟。弟子們要遵守這個戒法，受持他這個戒法以後，如果違背了，跳過一天、兩天沒坐，那就是犯戒，犯戒要下地獄。正戒就是這樣，持守有持守的功德，違犯有違犯的過失果報；但他這個戒不如法，如果他的弟子哪一天違犯了，因爲過年長輩來了，沒辦法打坐那怎麼辦？所以那天就沒坐，沒坐會不會下地獄？其實不會下啦！因爲他施設那個戒是依於戒禁取見而設立的戒，所以那個戒沒有法界中的因果，不會下地獄。

又譬如一貫道說：「你點了玄關以後，不可以洩漏密意。」尤其是那五字眞言，警告你說：「你如果洩漏了這五字眞言，你死後就下地獄。」好了，那我現在來洩漏（大眾笑…），這五字眞言叫作「無太佛彌勒」。我現在講出來了，大家都聽見了，可是我將來下不下地獄？諸位都知道不下地獄，因爲那個外道戒沒有法界中的因果。所以，如果今晚有一貫道的道親來聽經，就知道可以放心了，因爲那個沒有法界中的因果。他們施設那個戒，是依戒禁取見而施設的，所以表示他們有戒禁取，而他們取那個戒禁是錯誤的。

又譬如說像密宗，密宗進入實修階段的人要受十四根本墮的戒，有沒有？那是雙身法的戒。如果佛弟子要去受他的十四根本墮，就要先捨掉菩薩戒，出家人還要捨掉聲聞戒，他其中有一條規定：你如果一天沒有修雙身法，死後就下地獄；你如果每天都有修雙身法，那叫作持戒清淨。諸位聽了覺得好笑，但他們就是這樣規定，你只要每天修雙身法，你就是持戒清淨。所以達賴喇嘛西藏宗教基金會的董事長達瓦才仁，在法庭上說他們都是持戒清淨。他們接受新聞媒體的採訪，也說他們都是持戒清淨，公開宣稱不會像正覺說的那樣。可是他的持戒清淨定義跟我們不同，正是正覺說的不清淨；而他們施設那個戒是依於戒禁取見而施設的，所以那個戒無效。所以你如果從密宗來，今天第一次來聽我講經，你可以放心了，今晚不必修雙身法，不會下墮地獄。我說眞話，我說話我負責，因爲那個是不如理的戒條，是依於虛妄想而產生的戒條，犯密宗戒而不修雙身法，不會下墮地獄。這樣就是四種取，這四種取只要取了其中一種，那就是輪迴生死了。同樣的，從無明到取這裡都一樣。喔！我想起來了，中華民國有史以來最骯髒的選舉快要結束了，週末要去投票了。我也說過，身爲菩薩最在意的就是正法能否久住。如果身爲菩薩，對正法能否久住不在意，繼續要去影響同修們說：「你們應該投給另一個人，不要投給這個人。」另一個人是會使大陸停止同胞們來臺灣，他繼續在影響諸位，請問他是否以正法久住爲念？不是，諸位都知道不是，他是依這一世的所見而去影響諸位。依這一世的所見去影響諸位，是不是落在見取當中？就是落在見取當中。我這個話已經講得夠白了，因爲身爲菩薩唯一的掛念就是正法是否久住，否則佛菩薩憑什麼讓你證悟。

特別是證悟的人，如果還在影響誰，說要投給另一個人，還說：「老師講的，是老師講的。」那就表示他不是菩薩了，表示他落在見取當中。你如果依正法是否久住來考量，不管選給誰，你都沒有這四取的問題。可是如果是從自己這一世的所見來說，那就是落在見取當中，而菩薩應當生生世世以正法為念，因為只有正法能真正的利益眾生，這無關見取。所以有一天，有人來反應說：「外道在責罵世尊說，世尊您都與外道諍。」世尊說：「外道與我諍，我不與外道諍。」因為世尊是說實語，說實語就不是諍，不實語而要諍論到贏才叫作諍。你如果以正法為念，不是以這一世的世間相為念，你就不是諍了，那就不是見取，懂這一點了喔？

我們正覺寺興建大約要花三十幾億，但不勸募，請大家不要聽我說了就去勸募，我不是勸募。那是為大陸同修建造的，因為大陸統戰部不允許我們去，那我們就請大陸同修們過來。我的計劃提前曝光，如果你們選上了那個會中斷兩岸交流的人；選上了，我蓋正覺寺幹嘛？我花那麼多錢幹嘛？要瞭解這一點。諸位護持了這麼多的款項來蓋這個正覺寺，不要白蓋了，變成跟你護持正法的本意相違背了。所以要以正法為念，避免落在見取當中，見取也會導致生死的輪迴，這順便跟諸位講一下。

所以如果有欲取、有見取、有我語取，也有戒禁取，那他的取就四種具足。四種具足，想要證阿羅漢果是沒機會的，要證緣覺果更沒機會。這樣諸位知道四種取的內容，那就知道四取的行相了。有時候知道四取，可是不小心，那四種取的行相突然出現了，要能夠警覺趕快拉回頭，否則阿羅漢果、緣覺果是沒有機會實證的。

這四取知道了，也知道四取的行相了，接著要知道眾生爲什麼會有後有，因爲落在這四取裡面的時候，後世重新再出生的那個種子就存在了，這叫作後有。後有當然不是現在就現行，但是它會存在，死前就會現行。後有的內容其實也蠻多的，有的人愛下棋，有的人愛拉 violin，有的人喜歡 piano，種種狀況，有的人還有其他的各種娛樂、各有貪著。有那一些貪著，包括四取在內都一樣，因爲四取就函蓋一切的貪著了，那就會有後有。

有的人很喜歡保護動物，有沒有？並且喜歡跟牠們生活在一塊，反而不太喜歡跟人類一起生活。他覺得動物單純，「我養狗，牠不會咬我，可是我對人好，人還會對我不好；我對他九十九次的好，第一百次對他不好，他就一輩子恨死我。」所以他不喜歡跟人在一起，一天到晚跟動物在一起，然後養成了跟動物溝通交流的習性，作夢也夢見動物，來世他就很有可能去當動物，這就是心性的問題。以前英國有人養一頭猩猩，可以用手語溝通，後來那頭猩猩還曾經去上班。眞的，牠自己可以買票搭公共汽車到一家酒館上班，牠會跟人家斟啤酒、收錢等等，只是不會講話，只用手語。我說，牠來世就有可能當人。

所以這「後有」雖然無形無色，可是「後有」很厲害，就因爲這四取的關係，就產生了未來世重新再受生的種子，這個「後有」就是那個種子。所以每一個人各有不同「後有」的內涵，有的人每天很喜歡打坐，那他如果發起初禪，來世就生到色界天去。只有菩薩不會因爲禪定而生到天界，世間人會因此而生到天界去，因爲他貪著那個境界，那已成爲他的「後有」。所以「後有」的內涵很多，但是你也要知道「後有」的行相。如果你一直都很喜歡某一種娛樂，或喜歡另一種法，或喜歡某一種什麼，那就是「後有」了，「後有」的種子已經在了。

所以當個菩薩不容易，要在人間行走遊戲人間，其實不是遊戲，而是被眾生糟蹋。其實你可以到色界天去，可是你繼續來人間是爲什麼？爲正法久住，爲利益大眾。你如果心心念念爲正法久住、爲利益大眾，你就不落在取裡面，就沒有「後有」，因爲你的一切行相不曾沾上「後有」，你是依願再來受生，所以你死的時候是正知捨壽，然後入胎的時候也是正知入胎，這就是菩薩異於眾生的地方。那麼這樣你就知道自己有沒有「後有」，如果你對於世間法還有喜樂，那就是有「後有」。至於喜樂於什麼，那就要自己去觀察：我對什麼還有喜樂？這個還有喜樂，那個還有喜樂，有很多種喜樂，就是有很多種的「後有」。如果你對於那一些都沒有喜樂，只有正法，那麼證阿羅漢的日子就近了，證緣覺果的日子就近了，這就是「知有知有相」。

知道有「後有」以後就知道會有生了吧？對不對？生，也許有人想：「生，我都忘了怎麼生的。」事實也是這樣，所以有時候還得要提醒一下，可是這個提醒，要留到下一週再來講。

《不退轉法輪經》我們今天要從〈重釋二乘相品〉第五、第一段的第三行開始講。但是開講之前先跟諸位聊一下：這選舉完了應該要歡喜接受，所以現在的狀態怎麼樣以及未來的展望如何，就應該要瞭解。選舉完了就應該所有的人和合在一起，因爲蔡英文是八百多萬票選出來的，創紀錄的票數，因此就應該停止一切不和氣的行爲，大家團結起來一致對外，應該這樣。現在的狀態是怎麼樣，我不要講太多，稍微提一下就好，大家有個底就好。現在的年輕人都支持臺獨，跟以前的臺獨不一樣，以前的臺獨打嘴砲，誰都不肯付出生命去打仗的。但現在的年輕人不同，他們很強烈的想法就是不要跟大陸統一，這就是現在年輕人的狀態。那麼既然是這樣，因此他們不計較任何代價。

所以你看，很多的事情都應該要辦、要處理的，但他們都可以不理，就是要支持主權的獨立，這就是現在年輕人不同於以前的那些老臺獨，跟老臺獨不一樣之處。諸位對這一點要認清，這正是現在的局面。所以現在蔡英文就代表了整個臺灣的民眾，不管你選贏選輸，你都要接受這一點，因爲支持她的人遠超過支持韓先生的人，所以這就是民主可貴的地方。選過了，我們就要放下，全力支持她。全力支持的原因，是因爲現在她是唯一合法的，可以和大陸談要不要統一的事。如果要統一，什麼條件統一；如果不統一，要獨立，什麼條件獨立；現在她有全權，其他人無權。如果其他人去談，可能就涉及反滲透法，所以現在是執政者有這個權力。她既然這麼高票當選，我們就全力支持她，這是我們應該要作到的事，也才是我們的民主素養。（編案：此是二〇二〇年選舉後所說。）

未來的展望，要統一好像不可能了，爲什麼？因爲自從學校的課綱改了以後，現在年輕人接受的是新的課綱，不像我們老一輩跟中國還有血脈的連結，他們年輕一輩不是這樣的。他們可以忍受一切，寧可餓肚子也要支持主權的獨立。所以現在大陸唯一能作的一個事情，就是三點：改革、開放、民主化。否則要跟臺灣統一沒有機會了，而且這個事情還要快。改革，是說共產黨要退出政府，不要由共產黨繼續掌控著政府的部會或者中央層級。開放，是現在的「國進民退」要倒過來，改爲「民進國退」。民進國退還有個好處，將來任何的行政效率都會更好，也會更有經濟效益，不會老是浪費與貪污。這民進國退是第二個部分，這就是開放。

第三個、大陸一定要趕快作的就是民主化，我的設想，如果我是共產黨，我要趕快作，十年內要完成，才能持續保住政權；最多一年規劃，第二年開始就進入訓政時期，訓政時期就是訓練大眾，那個叫作什麼？民主的 ABC，叫作民權初步。要趕快教育，一年教育，這一年中要趕快教育民眾。一年教育完了，馬上就實施地方選舉，鄉鎮市長的選舉，縣長的選舉，要趕快作；作上五年，加上一年的教育，這樣就六年過去了，剩下四年的時間實施各省省長的選舉，十年到了就進入憲政時期，連中央都是由民眾來選。選舉，也許可以像以前的國大代表制，也許可以像臺灣直選，這要趕快作。如果十年內作不到，統一就沒希望了，因爲臺灣的年輕人，每年大約一百萬人進入社會，他們有投票權，每年一百萬人，他們跟大陸沒有聯結了。

也就是說，臺獨的勢力每年增加一百萬人，你怎麼樣都沒辦法。這就是大陸趕快要作的事，大陸如果十年能夠作到這些改革、開放、民主化，我也贊成統一；但是如果他作不到，就不是我贊不贊成的事，客觀上是根本就不可能。這就是未來的展望，但是我想共產黨是聽不進去的。所以只有等待另一個可能，那個可能我就不能講了，以目前的局面看起來是緊張的。

所以正法未來至少兩、三年是還不會有什麼大進展，好在我們正覺寺也不是兩、三年可以蓋好，最少要三年半以上，就等等看吧！但是年輕人既然作了這個抉擇，他們要有準備，苦日子還會繼續，要有這個準備，除非將來國際局勢有所改變；這就是我今晚跟諸位所聊的天，而且這是已經很清楚擺明在眼前的事。那就像以前廢核四的時候，我看到了時就說：「臺灣的福報到此為止，接著要走下坡了。」果然就是走下坡了，就是走入臺灣失落的三十年。但是我們沒有辦法影響，我也說當年李登輝提名連戰來跟宋楚瑜競爭，我說：「臺灣的發展到此為止，不會再發展了。」那走下坡的開始就是廢核四的時候，二十幾年前我跟以前的總幹事叫作鄭勝正去貢寮看一塊地，要蓋禪三道場；那時候還在找地，在回程的車上我跟他這麼講，而他不信，但現在證明是如此。

但我還是有那麼百分之一的希望，只有百分之一；共產黨能聽進這番話趕快進行，那年輕人看到說大陸也民主化了，這時民進黨才有機會談統一的過程，否則沒機會。目前的局面看來，兩岸是越行越遠，臺灣海峽越來越寬了。從共產黨的想法認為臺灣問題是內政，但是臺灣問題早就國際化了；已經國際化了，這不是他們自己決定說這是內政就叫作內政。很多國家嘴上說：「對！這是中國的內政。」背地裡所作的事情都不是內政，都變成國際化，不曉得共產黨聽不聽得懂我這一句話，但是我的看法就是這樣。

諸位等著十年後來檢驗我今天說的話，最多十一年，局勢會改變的。但也無可奈何，現在的局面正是這樣，而這個局面是不可扭轉的，因爲每年有大約一百萬的年輕人踏入社會，那麼這個局面是不可扭轉。選前我當然要鼓勵諸位：「**我們正法一定會贏，大家要去投票。**」盡其在我，爲了正法總不能先認輸吧！要盡其在我，那就像以前我們在印度的時候，最後一直退，退到印度南方，在印度南方沒轍了，只好投胎到中國來，這也是無可奈何的事；因爲正法永遠都跟一般的眾生心不相應，只能跟菩薩們相應，而菩薩們在人間永遠都是少數，這是很無奈的事。諸位今晚聽過了，心裡有個底就好，十年後或十一年後再來檢驗我今天的所說就好。（編案：後來美國對中國發動貿易戰……，全球局勢已經全面改觀，證實了平實導師的說法與進程。）

回歸《不退轉法輪經》，今天要從第三行的「**知生知生相**」開始說。生，一般人的說法，總是說某某人生了個兒子弄璋，某某人生了個女兒弄瓦，所以那叫作生，但那是一般世俗人的想法，從佛法來講，入胎受生的時候就已經叫作生。換句話說，中陰身滅了，已經入於胎中，那就叫作生。因爲生有一個過程，並不是入胎了，今天入胎，明天就生了；它有個過程，所以剛開始就是羯羅藍，現代的名詞叫作受精卵，然後細胞開始分裂，在子宮裡著床，從母體再攝取地水火風來製造這個身體，這製造身體的過程就叫作生。

所以如果有人問：「你是誰生的？」你說：「是我媽媽生的。」意思就是說，你是怎麼從無到有，這個從無到有的過程就叫作生，所以生是有那個意涵。那我們學佛也要知道生有生的法相，也就是說它進行的過程到底是什麼樣的行相，那個生進行的過程法相，你得要知道。也就是說，至少你要知道一個大概，如果詳細的講，就要像佛在經中講的，第一週如何、第二週如何，這樣講到出生。但是你至少要知道本來沒有，就只是前世的中陰身去入胎，入胎了以後中陰身消失、六識滅了，只剩下意根和如來藏住在羯羅藍之中。

住於羯羅藍之中開始發展，快的話四個多月，慢的話五個多月，這個勝義根已經具備了雛形，扶塵根也具備了雛形，所以很粗糙、很模糊的六塵現起，就有很簡單的六識生起；生起之後也沒什麼作用，然後又消失入眠了。所以入胎後前四個月、五個月，大部分時間都在睡覺；到了五個月以後六識出現的時候多一點，因爲這五扶塵根、五勝義根發育都有進步了，但是大部分時間也仍在睡覺。這時候有睡眠了，這樣一直到達十個月滿足，意識的功能比剛出現的時候好很多，覺得這個地方不能容身了，以前可以伸伸手、伸伸腳，現在不行了，所以有時候覺得不太舒服，蹬蹬媽媽的肚子；現在十個月滿足，連蹬也不行了，只好出生。所以他自己就會影響到母體開始把他生出來，這就叫作生。所以生有它的過程，生的法相，你也必須知道，這樣大概說完了生和生的法相了。

「**知老死知老死相**」，有生即有死，只有本來不曾有生的，祂才不會死；有生一定會死，而在生到死的過程中，有一個狀態叫作老。那麼關於老，到底人是從什麼時候開始才知道什麼叫作老、行動不便等？不！那個觀察還太粗糙。其實從知道老的時候，最早是什麼時候呢？當你看見年輕人時，你就說：「**啊！我終於知道什麼叫作青春。**」當自己正在青春當中，永遠不知道什麼叫青春，直到壯年時才知道什麼叫作青春，也得要眞的老了才會知道什麼叫作壯年。

所以有的人六十歲知道什麼叫作青春，我這個人七十歲才知道什麼叫青春，我是比人家晚了。所以現在看見三十幾歲、四十歲的人，說你們還眞的青春，可是他們年輕人自己不知道什麼叫青春。所以當你知道什麼叫作青春的時候，表示你已經失去青春，那就是你轉入壯年或是老了。這時候你身體也許還可以，但是畢竟你老了。那麼老了，接下來就是諸位剛剛想到的，視茫茫而髮蒼蒼，皮皺了，肉衰了，筋骨也硬了……，老化現象就開始出現，那麼步伐蹣僂，走路不爽快了。

其實人不是到六、七十歲才老，我記得養孩子的時候，孩子還在讀國小（我那老三還在讀國小），那時候我還可以玩雙槓，臥踢、前空翻、後空翻都行，都沒問題；可是過了四十歲，這個後空翻就不敢再作了，前空翻還可以，這表示什麼？表示不那麼年輕了，這就是壯年了；其實是那時候就有老的現象了，只是心理上不服老，所以跟老拼著過日子。但是日子一天一天的過了，終究拼不過老，所以現在七十五、六歲了，也不能不服氣。老，如果繼續進行，進行到後來就是晚上躺上床睡不著；白天沒事幹，也沒什麼體力，沙發上一靠就睡著了。所以老人家去運動都怎麼樣？天還沒亮，他們就出門了；因此才會有一些冒失鬼，天快亮之前撞死了老人家。就是這樣，這就是老，最後如果生活不能自理，那就說「死之將近矣」，表示死也快要到了。

這個老，知道了，死呢？死，其實也有它的過程，但是這個過程因為牽涉到佛法密意，所以我們不能講太多。即使想要講詳細一點，在增上班都會受到警告，護法神都不讓講的，所以我們增上班有時講到一個階段接到警告了，只好停下來就沒繼續講下去，因爲那牽涉到佛法的密意；正是因爲有些人信不具足，仍可能退轉，就不能讓他們聽到，以免惡意傳播出去。但是從世間人來講或者從意識來講，我們可以比較簡單的來作說明；就是說，醫生總是看病人呼吸停了、心跳停了，就說他死了，醫院的標準作業是怎麼樣呢？一旦息脈俱斷，醫師宣布死亡了，然後護士趕快就來，床單包一包把他裹起來，立刻推到太平間去。

以前我們所看到的，那些護士的動作都蠻粗魯；現在雖然沒那麼粗魯了，但其實處理還是不對；除非他有信仰，特別是佛教的信仰。如果是道教的信仰，一定要幫亡者換壽衣；如果是在夏天倒也還好，若是冬天換壽衣，特別又是在中國北方，要把他脫光、扒光了，然後把他擦拭好了，最後才穿上壽衣，到底亡者冷不冷？脫光就冷了，還用濕的毛巾抹一抹，那更冷。這時候，人家意識還沒有離開，意識還在，當然很難受。所以最好是知道要死了，如果自己動不得，就請家人趕快先幫忙換衣服。那如果以我來講，我不用換衣服，我穿這一套就可以了，爲什麼要換?聰明人是這樣。

那麼道教信仰就是要趕快換衣服,這時候亡者可苦了,特別是那個亡者是行善的人,他不是造惡業。造惡業的話,死的時候不管怎麼苦,半個小時、一個小時,他就不知道了,因爲從頭部先捨,頭部捨了就什麼都不知道,六識消失了,管他怎麼冷、怎麼換衣服,都由他去,不理了;因爲他想理也不能理,自己身體都動不了,六識也開始消失了。可如果他是行善的人或者是一般人,一般行善的人是心臟最後捨,有智慧的人是頭部最後捨,這時候他捨身的過程就長了,因爲同樣的八小時,捨身過程中,行善而且有智慧的人是一直都清清楚楚知道自己在捨身的;他是怎麼知道的,我們不公開說,這不能公開講。可是當人家幫他脫光衣服了,擦他的身體以及爲他換衣服,如果是冬天又是中國北方,那個苦有得受。

所以學佛的人對自己的身後事還要懂,並不是息脈俱斷就離開了,這時候他頭部後捨,所以一直到七、八個小時之內,他都還有意識在;他只是不能表示意思,但所有的覺受都還在,因此冷熱他都曉得。所以學佛的人臨命終時有能力就自己先沐浴、把衣服換了,去到中陰境界時就穿得比較齊整、比較有威儀。不換衣服也無所謂，因爲咱們穿唐裝、穿僧服，何必換？本來就蠻有威儀了，這就是學佛人對自己捨壽後的事應當了知。

那麼如何捨身的過程，我們增上班課程有錄下 DVD，那時就有說明，雖然微細的部分不能講，我沒細講。那麼這一些要瞭解，就是說正死位是息脈俱斷之後算起六到八個小時之後，這是依一般行善而有智慧者來講，八個小時之後才算是正式的進入正死位；正死位是沒有六識的，所以就像睡著無夢那樣的狀態，什麼都不知道了。要到什麼時候才又會知道呢？有人死後幾個小時、有人死後八個小時，中陰身生起了，六識才在中陰身出現，這時才發覺說有個人躺在那裡：「**原來那是我躺在那裡，原來我死了。**」一般人不知道，迷迷糊糊，但菩薩要知道死的過程。

這就是說，其實人息脈俱斷的時候並沒有眞的死，因爲他的識陰六識還在，他的受器還在，只是動器不能用了；所以他的身體不能動就不能表示意思，可是他的受器領受的感官功能還是在，因此他的領受感官還在的時候意識就還在，就表示你不能說他已經死透。從世俗法來講，說他這個時候已經死了，但死有一個過程，那過程還沒有完成之前，不叫作死透；一直到他意根帶著如來藏離開色身，這時候才叫作死透。

所以人家在他命終去爲他助念的時候，要爲他作開示時應當先問家屬，這個人這一生是行善多還是造惡多，或是不行善也不造惡，然後你還要判斷他如來藏捨身之前的那八個小時之中，到底他的六識還在不在；他的六識是會存在整個八個小時，或者只會存在一個小時？如果造惡業該去畜生道、餓鬼道，頭部先捨，不用一個鐘頭，他就無所覺知了；他無所覺知的時候，你跟他開示有用嗎？跟他唸佛有用嗎？沒用！他如果是個一般人，從腳底開始捨身到心臟離開，那這樣他至少還有五、六個鐘頭是清楚的，因爲他得要把下腹也捨盡了，頭部才會開始捨，然後最後合在心臟這裡離開。

因爲一般人入胎最先有的就是心臟，所以捨壽的時候也是最後從心臟離開，那你就知道他至少有五個鐘頭意識是在的。既然這五個鐘頭意識在，你跟他助念以及跟他開示就有用處了。如果是造惡的人一個鐘頭以內就要開示、就要助念了，否則過後對他幫不上忙，因爲他的六識已經不在了，就等於他在睡覺的時候，你跟他說法，沒有用處。這個道理要懂，但是懂歸懂，要實施不容易，因爲你去助念的時候總不好問他家屬說：「他這個人這一世有沒有造惡業？」不好問啊！所以照常例就是助念吧，其他不用講了，開示就開示，助念就助念，不用問了，就當作他是行善的人這樣辦；這就是世間法中的無可奈何。

那麼這樣知道老、知道死，也知道老死相了，作個結論說：「修習現見，名辟支佛。」說從了知明與無明一直到最後了知老死相爲止，這樣就是身爲一個菩薩辟支佛所應該要修學、要熏習之後還要可以現見，就是親自觀察，不是思惟想像的；要能夠現見，現見就是如實了知，都是現法中的所見，不是思惟比量的所得，這樣「修習現見」了以後才叫作辟支佛。所以菩薩辟支佛對十二因緣的了知，不像菩薩阿羅漢那樣，他要具足菩薩阿羅漢的所證，然後依第八識眞如的實證而具足因緣法的所證，這樣現法中的「修習現見」了，才叫作辟支佛。想想看，要當菩薩辟支佛還眞的不容易。

那麼講到這裡，世尊就以重頌再講一遍：「現見無明，而無所知，亦無成就，如水中影；」這是說菩薩辟支佛現前看見無明，一定要先現前看見無明，然後才能夠知道明。那麼我們前面講過說無明有兩種，現在不作重講。可是菩薩辟支佛現前看見無明之後，竟然是無所知，這從二乘菩提來講是不通的，因爲現見無明的時候就表示有明，有明就有智慧，怎麼會「無所知」呢？可是菩薩辟支佛不然，因爲現前看見無明之後，表示他了知無明之所從來。

一般人的想法是說，無明就是什麼都不知道，爲什麼無明還會有一個所從來的呢？其實如果沒有眾生就不會有無明，所以無明之所從來就是有情，因爲有情所以有無明。可是菩薩辟支佛「現見無明」的時候，他是依自心如來第八識而見的，所以當他破了無明之後、斷了無明之後，他所住的境界是第八識眞如的境界。這第八識的境界「無所知」，第八識不會了知任何一法。

以前佛教界都是要修自己、證自己，所以說要把握六識自我，要當自我；可是咱們正覺說不是，修行當然自己要修行，但修行之後所實證的是另一個心，祂叫作如來藏阿賴耶識，又名眞如。然而證阿賴耶識以後還是六識自己修行，智慧是自己所有，但阿賴耶識不會有智慧，所以「無所知」。你證得這個不會有智慧的阿賴耶識以後，你很有智慧，這樣才叫作明；可是你有明，阿賴耶識卻「無所知」，祂既沒有明也不會有無明，明與無明跟祂都無關，祂的境界是「無所知」的，所以祂不會有智慧。那麼這個狀況下，你能說你的道業成就了嗎？你證悟第八識如來藏，轉依祂的眞如法性而住，祂的境界中沒有任何成就，成就智慧與解脫的是你五陰，這時候五陰有一分叫作五蘊了，不再全部叫作五陰了；所以成爲阿羅漢以後就不再稱作五陰，都說爲五蘊，因爲不被五陰所遮蓋了。

可是菩薩辟支佛證得如來藏，而在現法中這樣現見的時候，發覺所謂的成就其實沒有成就，因爲成就了道業就是證知自己的如來藏，可是證得自己的如來藏時又「無所得」，哪有什麼成就？然後你有明、有智慧了，轉依如來藏以後，這個智慧也不存在了。所以說看來是斷了無明，其實「無所知」也「無成就」；所以你所謂的般若實相智慧猶如水中影，說它有時卻又沒有，說沒有時它又有。因爲你可以爲人家解說，那就是有智慧、有明、有成就；可是這智慧從哪裡來？從如來藏來，而你轉依如來藏以後，如來藏沒有智慧，檢驗也眞沒有，所以「如水中影」。

接著說：「明亦不動，不著於法；若不著法，是名明相；」明就是把無明捨棄了，滅掉無明了；滅掉無明的時候就叫作智慧，所以有解脫的智慧，也有實相的智慧。但是這個時候有智慧了，你卻不會動轉自心，不會執著於任何一法，因爲當你轉依如來藏眞如的時候無一法可得，無一法可得時才是眞正的法。這時候不執著於「法」，這裡講的「法」是什麼呢？上從如來藏下至世出世間一切法。所以證悟如來藏以後有無生法忍了，是不是他一天到晚執著於法？不會的，因此以前有人私底下說：「啊！平實導師對法很執著，導師有法執。」這表示她對佛法沒有學到心裡去，如果有學到心裡去的時候就不會這樣講。因爲得無生法忍的時候，平常沒事他什麼事也不想，心中是無有念也無有想，這才是得無生法忍的境界。那麼在三賢位還會有念、還會有想，所以有時想起這個，有時想起那個，放不下煩惱，這是三賢位中的凡夫位。但是轉依之後住於三賢位之中，就開始捨棄世間法的煩惱。

那麼世間人住在人間，活著、活到五六十歲了還會貪什麼？貪孔方兄啊！如果悟後還繼續在貪孔方兄，表示他的轉依沒有成功，他的轉依是失敗的。那轉依失敗的人就會藉正法的修證去謀取世間的財利，而這種事情自古至今屢見不鮮，不是末法時代的現在才這樣，古時候就已經這樣，也就是說其實他轉依沒有成功。轉依沒成功的時候心就繼續攀緣外法，藉著所證的正法內容去謀取世間的利益。

這就是轉依不成功，因爲他執著於法；不是執著於佛法，而是執著於世間法。但是轉依成功的人，即使是三賢位也會一分一分離開世間一切諸法的執著，這就是轉依成功的人，那就是無私無我去爲正法久住而作任何事情，這就叫作「不著於法」。如果他顯現在外的是不執著於法，這才能夠說「是名明相」，這樣就是有智慧的法相。如果他繼續執著於世間的這一些財利等，他就是仍然有無明。他沒有轉依成功，那就不是明相，要叫作無明相。

接著說：「無明如空，一切法相，到於現見，是名緣覺。」所以從證悟的人轉依如來藏來看無明的時候，其實無明是不存在的。因爲你從如來藏來看無明的時候，沒有無明可說了。如來藏的境界裡面沒有明也沒有無明，祂是離兩邊的。無明是五陰身心的事和如來藏無關，所以說「無明如空」。可是這個空，如果不解釋說祂猶如虛空一樣，你要把祂解釋爲空性的話也可以，就是說無明猶如空性，因爲無明到底存在哪裡？在如來藏裡面，你整個五陰身心都在如來藏裡面，無明當然也在如來藏裡面。

所以有時候菩薩論中會說：阿賴耶識是生滅法，阿羅漢位滅除。《瑜伽師地論》

有說過，還記得吧？《成唯識論》也說「阿賴耶識，阿羅漢位捨」，那爲什麼說要滅阿賴耶識？那是滅阿賴耶的識性，不是滅阿賴耶識這個心體。阿賴耶識有兩個名稱，另一個名稱叫作異熟識，成佛時也要滅除，只滅異熟性而不滅第八識心體；就是說祂有變異成熟的體性，所以每一個有情的阿賴耶識又叫作異熟識。因此一期生死結束的時候，祂就開始變異成熟轉到下一世去；轉到下一世去，是另一個時間不是現在，所以異時而熟。那下一世是否繼續當人呢？不一定，所以異地而熟；因爲也許生到天上，也許生到三惡道，也許仍然生在人間，但生到另一個地方去，不會在原來的家庭，異地而熟。那麼異時而熟、異地而熟，並且他的前後世五陰身心也是變異的，所以一定是變異成熟；所以來世的五陰不會是這一世的五陰，祂有這個異熟性，所以祂叫作異熟識；但是又名爲阿賴耶識，因爲祂會集藏分段生死的種子。有了分段生死的種子，當然就是輪迴不斷，每一世都不會斷滅，一世又一世不斷的去輪迴。當你修到阿羅漢位，這個阿賴耶性就斷除了；阿賴耶性滅了，只剩下一個名稱叫作異熟識，這時候就叫作滅阿賴耶識。所以滅阿賴耶識的意涵是只改其名不改其體，還是同一個心體，所以不能誤會。

那麼既然無明猶如空性阿賴耶識，所以如果沒有阿賴耶識就不會有無明，沒有阿賴耶識就不會輪轉生死，對吧？對啊！事實是這樣。可是月溪法師不懂就說：「喔！那我懂了，我要把阿賴耶識找出來，一槌把祂搗碎。」香港已故的月溪法師不就這麼講嗎？可是問題來了，他捨壽的時候，那四句偈其中一句很能籠罩人，叫作「遍滿虛空大自在」。一般人一聽，都說：「哇！這一定是悟境很深的人。」但問題是，他有找到阿賴耶識嗎？沒有啊！因爲他如果找到阿賴耶識的時候，就知道不能滅這個心，是要滅祂的阿賴耶性而不是滅心體。所以一般人不懂就信了，因此法鼓山聖嚴法師也就跟著講：「阿賴耶識是不好的心，所以要把祂滅掉，滅掉了才叫作開悟。」那麼恭喜諸位！你只要證悟了都叫作阿羅漢，因爲你滅了阿賴耶性了。

然而他說的不是如此，他說的是要把阿賴耶識這個心體滅掉。所以問題又來了：「那你有沒有找到阿賴耶識？你沒有找到祂，怎麼滅掉祂？又怎麼開悟？」譬如說，給某甲一個任務：「你去把某乙殺掉。」他要殺掉某乙，前提條件就是要先找到某乙，可是他沒有找到某乙，就來跟老闆覆命說：「老闆！我已經把某乙殺了。」

你信不信？當然不信！因爲月溪與聖嚴都沒有找到阿賴耶識，那要怎麼滅？可是找到阿賴耶識的人就知道：這個心體是自己的所依，所依是不能滅的；所依若滅，自己就斷滅了。就算你想要斷滅，你也不可能把祂滅掉，因爲祂性如金剛，火燒不著，刀砍不到，毒藥也無從下起，所以說是金剛心，那你說要怎麼滅祂？聖嚴法師還說要滅掉祂才能開悟，但他又沒找到這第八識，怎麼滅掉而說爲開悟呢？

所以說無明猶如空性如來藏也說得通，因爲無明在五陰中，而五陰住在如來藏裡面。從這個方面來講也通，或者說無明本來就好像虛空一樣，它不存在，因爲無明到最後一定會滅；每一個人都會走上佛菩提道，無明最後都會滅，而無明猶如虛空。無明不是一個具體存在的東西，你能把無明拿出來嗎？不能。就是對實相不了知、對解脫不了知，稱之爲無明；所以「無明如空」，你拿不出一個東西叫作無明。

那麼在這樣的狀況下，你看清楚無明的狀態，然後就知道「一切法相」。因爲菩薩辟支佛是實證如來藏的，這時候可以於一切現前的諸法當中，親眼看見這一切諸法都從如來藏中出生。所以一切諸法從如來藏出生的時候，只有直接生、間接生、輾轉生的差別，沒有一法不從如來藏中生，所以這時候就是「一切法相，到於現見」，你已經到了現見的程度了。因此，從明與無明一直到老相、死相，你全部了知了，「一切法相，到於現見」，這時候就稱爲菩薩緣覺（辟支佛）。

「若說諸行，非內非外，亦非從佛，而起於行；是行假名，決定非有，無生無滅，猶如虛空；」先講這兩行，再講後面四句結論。如果菩薩辟支佛爲大眾解說諸行，身口意行全部或者局部，這一切的諸行「非內非外」。行到底從哪裡來？有人心裡想、有人嘴裡默默地講出來，你們說得對啊！可是問題來了，如來藏無形無色，作麼生說個有行？所以身行，那是五陰之所行，口行、意行一樣是五陰之所行，如來藏無形無色，怎麼能說如來藏的所行？當然有人會這樣解釋說：「因爲有如來藏，所以我能夠有身口意行；因此這一切當然歸於如來藏，所以這身口意行都是如來藏之所行。」這樣解釋也通啦！可是沒有五陰，如來藏要怎麼行？若是沒有如來藏，五陰又怎麼行？到底行是裡面的如來藏所行，還是外面的五陰所行？眞說不準，你講哪一樣都有問題。

所以說諸行的時候一定要告訴大眾：「諸行，非內非外。」因爲如來藏無形無色不能有行，可是如來藏如果離開了，這五陰就死了，五陰還能有行嗎？而行看來都是五陰所行，可是有時候菩薩卻告訴大家：「一切行莫非如來藏。」《大般若經》也如是說，那究竟又怎麼說的？所以，如來藏眞的跟五陰和合在一起才能有行，然而「諸行，非內非外」，所以有人說：「因爲如來藏才能有行，一切行莫非如來藏。」也有人老是在猜，他讀了公案老是在猜：「我知道了，你們正覺悟的就是動作啦！」他這樣猜，因爲他從公案看來都是行來去止、進前三步、退後三步。那問題是，如來藏無形無色，怎麼可以說那些行是如來藏呢？其實動作還是五陰中的事。那是五陰中的事，我跟你保證絕對是五陰。

那麼這裡 世尊也很清楚告訴大家：「亦非從佛，而起於行；」這裡講的佛就是自心如來，就是第八識如來藏。佛明講了，也不是從自心如來這個如來藏而生起了行，那請問到底行從何來？這還眞難猜；因爲猜世間法遲早總會猜得到，但是你想要用猜的來瞭解佛法，猜不到。佛也跟你明講了：「不是從如來藏而生起了身口意行。」所以這行還眞難講。因爲如來藏對六塵既不了知，你這個身行、口行怎麼會從如來藏來？又不行了。所以禪宗有一句話警告大家說：「毫釐有差，天地懸隔。」只差那麼一點點，那就像天地差那麼遠一樣。所以眞實的證悟都得要經過錘鍊，否則都只懂表相，那就無法於諸法中現見，所以諸行「**非內非外，亦非從佛，而起於行**」。

這個行只是個假名，行並不存在，因爲行只是一個過程。行只是過程，從這裡到那裡；或者譬如說心行，從這一秒到下一秒、到幾秒後的心行；口行也是一樣，所以行只是個假名，由身口意和如來藏和合在一起才能出現行。而行是個假名，決定是不存在的，你如果說行是眞實有，那麼行就變成有色之法。可是行依於色法、依於心法而出現，出現的時候剎那生滅不斷變異最後消失，所以「**決定非有**」。可是這個行「**決定非有**」，卻又是「**無生無滅**」，因爲從如來藏的立場來看身口意行的時候，行一直都存在。

例如你正打坐入定，行在不在？爲什麼在？因爲身行還在，你還在心跳、還在呼吸。有人說：「**那如果他證得滅盡定的時候，行總該滅了吧？**」表面上看來是滅了，因爲心跳、呼吸也都停了，但其實還是有行，因爲身行還在，意根還有一部分行也還在，還在就不能叫作無餘涅槃。所以行對一切有情而言，永遠都在而不會消失。既然本來都在而沒有消失，當然就無生了，無生就無滅。所以這一世有行，死了以後又去入胎，剛入母胎一個月內有沒有行？請問你意根還在不在？在，在就有行。在母胎中如來藏有沒有行？也有啊！祂不斷的在製造這個身體，那就是祂的行。那你說，這個行到底有沒有滅？沒有滅過！也許有人想：「那死的時候不就行滅了嗎？」死時意根也還在，而如來藏正在捨身還是行。捨身完成，應該行就滅了吧？不，祂還正在製造一個中陰身，所以行「無生無滅」。你看，一個行說了這麼多，可是菩薩緣覺都得要了知這個行「無生無滅，猶如虛空」。

所以「到此現見，菩薩無畏，是名正覺，緣覺難思。」因此，證得如來藏的人轉依如來藏之後，開始有些不怕死了，因爲知道自己不會死，只是換個色身而已，哪裡有死過？一世一世就這樣輪轉下來沒有死過。如果有無生法忍，那更不怕死了，就是爲正法、爲眾生該作什麼就去作什麼，把自己的方向建立出來就去作了，不管死不死的事。所以我弘法到現在，有不少人罵過說：「蕭老師膽子好大！」說我不怕死，我說：「不，我很怕死！」可是該作就去作，不管什麼死不死的。所以，我們最早破釋印順，寫了《眞實如來藏》；後來破月溪法師，寫了《護法集》；

當時大家都為我擔心，可是我不擔心，小心一點就是了，逃過了就是我的，沒逃過那就轉到下一世去也沒死，就是這樣啊！

所以如果能夠很清楚的看到整個十二因緣流轉的過程，你說有什麼死不死的，永遠都死不掉啦！以前還求死，去求證阿羅漢果不就是求死嗎？對吧？求死了以後結果不死了，回過頭來當菩薩死不掉。所以上帝，我也敢罵，一神教徒都說是天上天下唯一的眞神，可是我說他是假神，因為他連自己的五陰都不懂了。你看，我罵他，罵得多厲害：「**連五陰都不懂就是凡夫。**」我不怕上帝來處罰我。這就是說，你要證得這個如來藏，你有了無生法忍，而且你懂因緣法，你就知道每一世都是這樣。

到這個「**一切法相**」全都現見的地步，身為菩薩緣覺，心中無所畏懼，該說的說，該講的講。例如今天一上座先跟諸位聊天，我也講得很保守，但不是因為怕死而是必須要這樣作。如果共產黨要找我麻煩也不必，因為我是為他好，對吧？我是為他好，否則未來死時後果難料，也無法統一。那我說：「**選舉過了大家要轉依如來藏，要和合在一起團結一致對外。**」那是為民進黨好、為蔡英文好。因為我現在就是支持她所鞏固的民主，這樣還不夠好？難道我要反對民主喔？對吧？這就是說，審度情勢爲正法、爲眾生該怎麼作的你就去作，該說的你就說，無所畏懼，這樣才能叫作無畏。

如果哪一天共產黨或者蔡英文拿了刀子架在我脖子上，我還是這樣講。如果蔡英文拿刀子架在我脖子上，我說：「我支持妳，還不夠好？我全力支持妳，妳要好好去跟共產黨談。」那共產黨拿刀子架在我脖子上，我說：「我是爲你好，你不是想要統一嗎？現在的局面就是這樣，你要作的就是民主化等事情。如果你作不到，統一不可能達成，人民心中的臺灣海峽會越來越寬，這就是事實。我把事實講了，是對你好啊！」所以這就是無畏。但你無畏不是盲目的無畏，而是要看清楚那個局面是怎麼回事，然後作出對眾生最好的決定，再把它說出來。這樣建議了以後，雙方去作，對眾生好，對正法的未來也好。所以要當菩薩阿羅漢、當菩薩緣覺都不容易的，你要能夠看清楚一切。那麼到這樣現見的地步，十二因緣的一一有支，你都看清楚了，你成爲這樣的菩薩緣覺，於一切法皆無所畏懼，這樣才能說你是眞正的覺悟，而這樣的緣覺是難可思議的。

「知一切法，皆如幻化，明知幻已，是名現見；不如實知，是識行處，是相分別；知識法空，識智非智，一切不著；若知於法，識如幻想。」菩薩緣覺得要了知一切法，全部都猶如幻化一樣。一切法包括什麼？包括五陰身心以及伴隨著五陰身心而有的諸法。一般人的想法是：「五陰很簡單，就是色受想行識。」但這只是略說，單說色就有很多法；乃至受想行識，最後的識也有很多法。說到識的時候一定包括心所法，心所法就有五種遍行、別境，善十一以及根本煩惱、隨煩惱、不定心所，這五十一心所也是法。因爲這一些法的關係，結果就有二十四個心不相應行法可見，後面還有六個無爲法，這些都叫作法。

可是這一些法本來沒有，本來不曾存在，後來就出現了，誰變出來的？是如來藏。比如你的色陰，五色根加上六塵，總共十一個法，這十一個法本來有嗎？沒有；可是如今有，本無今有，一定是變現出來的，那是誰變現的呢？是如來藏。所以唯識百法中說：第一能變識叫作如來藏阿賴耶識，可是單有如來藏不能有更多的法，所以要有第二能變識遍計所執性的意根，還要有遍計所執性的第三能變識意識，再加上前五識共六個識和合顯示依他起性，要這樣諸法才能具足；可是第二能變識、第三能變識，也是從第一能變識的如來藏所變生的。所以一切法都如同幻化一樣本無今有，是由如來藏所變化出來，變化出來之後不斷的在變異當中，剎那生滅不曾停過，最後終歸要消失，所以叫作「幻化」。

既然都知道是「幻化」的，就叫作「現見」。一般世俗人不能現見的，二乘聖者也不能「現見」如來藏出生一切法，唯有菩薩證悟如來藏，才能「現見」而「知一切法，皆如幻化」。可是「知一切法，皆如幻化」，是一切證如來藏的人都能「現見」嗎？也不盡然，所以古來有很多禪師是無法「現見」的。我們現在禪三的勘驗標準就是提升到要能夠「現見」，所以才會有那麼多考題，因爲不想再有人退轉。那麼這樣子很清楚的知道一切諸法都是幻化了以後，就可以稱爲是諦觀。諦觀就是「現見」，就是於現前的諸法中如實看見了，才叫作「現見」。所以佛法不是想像的，佛法不是玄學而是義學，因爲它有眞實的義理。所以佛法都是實證的，這樣叫作「現見」。

可是如果不如實知一切諸法都是識所行之處，他就落入諸相的分別當中。也就是說，你既然是菩薩緣覺，就要如實知一切都是識的行處。這個識的行處，有人要把它解釋作六識的行處，當然也可以，勉強講得通。可是問題來了，當他解釋作六識的行處時，請問他是不是都落入一切法相當中？他不能跳脫於一切法相之外。如果不是落入色陰的法相就是落入識陰的法相，不然就是落入受想行陰的法相當中，所以這個識得要解釋作空性如來藏。

十二因緣中所說的「行緣識」其實是講六識，為什麼這裡要把識解釋作第八識如來藏？也就是說，你必須要知道識所行之處，知道六識所行之處，請問諸位：六識所行之處是什麼？如果不是依止於如來藏，六識能有所行嗎？六識根本就消失了。所以識的行處其實就是如來藏，因為六識不能自生、不能常住、不能運行，只有依於如來藏才有六識的行處。當然六識的行處遠不只依於如來藏，因為還要有意根、五色根加上六塵，六識才能有行處，而這一切所依及所緣都從如來藏來。所以要知道六識的行處其實都緣於如來藏，緣於如來藏之後你就是如實知六識的行處。當你如實知六識的行處以後，就不會落入一切諸法法相的分別當中，你的所見一切諸法的法相都是如來藏，因為你的所見是六識行處的全部所依就是如來藏。現前看見一切諸行莫非如來藏，而六識的諸行只是一個法相，你看見了六識背後是如來藏在運作。

那麼這樣看清楚了以後，就知道六識這個法其實也是空。如果離開了空性如來藏就不會有六識，而六識的運轉最後都歸於空性如來藏。這是很清楚可以了知的事，也是每一個證悟的人都可以清楚印證的事，因爲你晚上一睡覺六識就斷了，六識就歸於空無了，可是因爲背後有一個常住的法，所以明天早上六識又現起了，這就是識的行處。而你知道這六識其實終歸於空，不論祂歸於空無或者歸於空性如來藏，同樣都歸於空。這樣了知六識法之空以後，你就知道了識智並不是智。因爲你這六識現起後就有智慧了，可是這六識現起以後的智慧，其實你轉依如來藏以後根本沒有智慧可言，如來藏的境界中沒有明與無明，又哪來的智慧。

所以你這樣轉依以後，一切都無所執著。無所執著的人會去求名求利嗎？不會啦！因爲求得來也只是暫時而有，給你一整個地球好了，你能擁有多久？死了全都沒了，所以有一句話說：「**我給你整個天下，你只要給我命就好。**」你要不要呢？不要了，因爲沒命就什麼都沒了。可是命能活多久？有限啊！所以說，了知到這個智慧是因爲證得如來藏而有的，可是從如來藏的立場來看智慧的時候，智慧又不存在。而你必須要轉依如來藏的，否則你證悟也沒用。證悟之後轉依如來藏，結果智慧就不存在了；當智慧不存在的時候，你卻解脫了。度眾生的時候，你又有很多智慧可以爲眾生說明，所以這時候「**一切不著**」，沒有什麼可執著的。

所以這裡就說「**若知於法，識如幻想**」，這裡的法是指什麼？那三個字，大聲一點！（大眾答：如來藏！）對，如果你知道法、知道如來藏，因爲一切法莫非如來藏，所以法就是空性如來藏；如果你知道了空性這個法，你就知道原來這六識猶如幻想。悟前不知道，都說：「**我這六個識是眞實存在，所以我要把握自我，我要當自我，這樣我就是開悟了。**」原來他不知道「**識如幻想**」。可是當他知道法如來藏的時候，從如來藏來看這六識時，只不過是幻化出來的；每天晚上睡覺滅了，半夜裡尿急起來，又幻化出來了，尿完了回去睡覺後又滅了，到天亮時又幻化出來；死後六識歸於斷滅，下一世又幻化出來，六識就是幻化的。如是從實證者的立場來看，這六識眞的是幻化的；因爲不是常住不壞的法，所以如來藏每晚把祂斷滅了，每天早上又把祂幻化出來。既然是這樣，那麼與六識有關的一切想法都猶如夢想一樣，就像作夢的時候想東想西，一旦醒過來，什麼都不存在了，人生在世一生何嘗不然；所以這一世用心計較，乃至取得天下洋洋自得，到死了以後都是像作夢一樣仍然是一場空。

而菩薩就在這樣一世又一世作夢的每一場人生大夢，全都歸於空性，修到最後成佛，這就是菩薩的所行；所以爲眾生、爲正法該作的就去作，不計較利害關係，只計較對眾生有利無利，對正法有利無利，只計較這些；所以明知不可爲而爲，也是菩薩道。比如說 世尊來人間成佛，祂難道不知道正法住世只能五百年，像法一千年、末法一萬年，最後正法還是歸於空無？那麼來人間幹嘛？最後還是歸於空，乾脆不要吧！是不是這樣？不是這樣，雖然最後歸於空，還是要來，因爲對眾生有利，對眾生有利就得來。

而佛法爲什麼最後歸於空？換個話題吧！世間各種宗教，什麼宗教會延續最久？符合世間法的宗教會延續最久；所以跟你講長生不死，這一類的宗教就會延續最久；因爲長生不死是眾生最喜歡的，如果告訴你說：「你要滅掉，證涅槃。」眾生聽了說：「我不要。」所以佛法很快會滅。你看，我們出來說法三十載，說了多少法，把涅槃道理講到很清楚了說：「涅槃就是滅諦，滅諦就是不受後有。」可是如今有哪一個佛教道場接受了？那些大法師們讀過我的書都知道這個道理，可是他們心中不想接受，他們想的還是名與利。所以佛法是最難使眾生接受的，但佛法卻是最究竟的，而且是天上天下唯一究竟的正理，也是永遠都不會改變的正理，所以每一個人最後都會走上這一條路。既然遲早都要走上這一條路，晚走不如早走；這樣想通了，才能如實的付諸於實行，否則不會如實的付諸於實修。

那麼既然知道「**識如幻想**」，而這六識在人間取得的財色名食睡，能帶去未來世嗎？能帶到永遠去嗎？不可能，一世就是一世的因緣，所以死的時候跟大家 say goodbye 然後就走了，因爲這是必然要經歷的過程，每一世都這樣。也就是說，既然「**識如幻想**」，那麼世間所得的一切財利等事莫非如是，因爲這六識不存在了，那就沒有什麼所得可說了。

菩薩應該依如來藏來看待一切法，所以知法是最重要的事；行菩薩道的人終究要知法，如果他還在十信位修行，那就等他；等到他十信位滿足了，進入初住位了，教他先修福德，就是要修布施，六度的第一度；看他布施修得好了，教他要去受戒、修持戒行；持戒行好了，教他要忍，忍於戒、忍於眾生、忍於法，務必要忍，不忍就修不下去了。就這樣次第引導他來到般若，好好學般若。諸位每週二晚上來，坐在這裡聽經到底在學什麼？就是學般若，因為我講的是以般若來函蓋解脫道。這般若學好了，有一天想想：「我得要親證。」親證不容易，但是得求，親證的過程就叫作加行位，要學四加行；然後有一天終於一念相應慧生起了，就是開悟般若了。

這時轉依空性心如來藏，現見一切諸法都從這如來藏妙法而生，現見「識如幻想」，這時候就有一分解脫德，解脫德就是這樣來的，跟二乘法不一樣。二乘法是滅掉自己而得第一分的解脫，叫作「我生已盡」的初果人；可是菩薩不但得證初果，還得證實相般若，也就是證眞如；從第八識眞如來看待六識的時候，「現見」六識是幻化的。從五濁惡世的人間來講，這六識最多一百歲，少出多減，很少有人能夠出過一百歲，大部分都少於一百歲，然後就消失了。既然這樣，求一世的功名、一世的利祿全都帶不走。那麼證悟般若時就有實相智慧，當然就是有一分的解脫，這就是解脫德而且兼有般若德。

接下來說：「名色因緣，皆有爲相，無決定體，亦無成就；」先講這四句。名與色的產生都有因緣，如果沒有因沒有緣、有因無緣、有緣無因，都不可能成就名色，所以名色是因緣生。在《中論》告訴大家，名色不是共生，名色也不是自生，名色也不是他生；名色是因緣生，不能無因唯緣而由根塵共生，故說不是無因生；所以要有如來藏為因，要有父母、四大作為助緣，還要加上業力或者無明，名色才能出生。既然名色是藉因與緣和合而出生的，當然是有為相，因為有生之法一定是有作用，有作用就是有為；而且不是無漏法，所以是有為。因此說名色是藉因緣法而出生的，全部是有為的法相。

名色沒有決定不壞之體，因為不論什麼樣的有情，上從非想非非想天，下至阿鼻地獄，或者有名無色、或者名色具足，都是有為相；有為之法必滅，所以沒有決定不壞之體。既然不是決定不壞之體，這名色能成就什麼？譬如說，有的人說：「**我努力奮鬥，所以我成為一家大公司的董事長。**」像比爾蓋茲，他算是最成功了吧，可是未來死了以後也會是付諸東流，那時一切都不歸他所有，那他到底成就了什麼？也許寫了一本書說：「**我尋求開悟之法，我證得了。**」就像賈伯斯寫的那本書，但他有開悟嗎？並沒有，只是密宗的假開悟啊！

譬如說，諸位來到正覺同修會，現在進入增上班了，當然是有開悟，有實相般若；可是將來走了以後，又成就了什麼？也沒有成就。即使現在生前應該有成就，因爲「我是增上班的學員」，但問題是，你轉依如來藏的時候，如來藏的實相境界中你有什麼成就？如來藏中無一法可得，你到底成就了什麼？也沒有成就。所以這名色看來成就了很多法，其實全都沒有成就，全都是如來藏成就的；而如來藏的境界中沒有解脫或智慧的成就，所以既「無決定體」，「亦無成就」。這樣看待名色的時候，臨命終時還需不需要哭哭啼啼？不需要了。所以我們有的增上班同修捨報時、或者說捨壽時就跟大家揮揮手說：「來世再見。」然後就走了。這不是很灑脫嗎？因爲他知道沒有死，都住在如來藏中罷了，死後只是回到如來藏，來世又從如來藏中出生了，所以沒有成就，也就放心了。

接下來說：「離於六入，說六入相，言說音聲、體性皆空；」這六入，眾生之所以執著自我，正是因爲有六入。如果沒有六入，這個名色就沒用了。那麼六入—色聲香味觸法—總共六種入；可是爲眾生宣說六入的時候卻說要離於六入，這才是菩薩緣覺。六入的內容先爲眾生說明了以後，眾生知道說：「原來有色入、有聲入乃至有法入，這就是六入。」他懂了。可是你爲他宣說六入的時候講完了，最後就告訴他六入其實不存在。因爲六入就是有色入、有聲入、有香入乃至有法入，可是這六入是誰給你的？你要跟眾生說明這一點，說六入是如來藏給你的。你這六識所以能有六入，如果沒有如來藏給你六塵，就不會有六入；所以六入的本質還是如來藏，應該說一切法存在的本質就是如來藏；所以你要離於六入來爲眾生演說六入相，說六入都是如來藏給的。

眾生聽了當然會有疑惑：「明明我覺得六入就是在外面的，所以你看這風光多美好、景色多漂亮。」你卻要告訴他：「這風光景色也是如來藏給你的。」他當然不相信，你就要解釋給他聽，就像我以前解釋給諸位聽的一樣。如果他有智慧，聽完後懂了、信受了：「喔！看來是這樣。」雖然他還無法證明，可是他也不得不接受你的說法，因爲你說的在理。這就是「離於六入，說六入相」。

那麼解說六入的時候，你還得要讓他知道「言說音聲」的「體性皆空」。當我正在告訴你這色入乃至法入，全部是如來藏給的；實際上你沒有眞正的接觸到外六入，所以你這個內六入其實還是自心中法。可是當我這樣爲你解說的時候，我這一些言說、這一些音聲，也只是一個過程，這個過程都是行，不離於生住異滅，所以這個體性也是空。

以前一般人都會想：「六入眞實，因爲我撞著了就是痛，我衣服穿少了就是冷，哪裡是假的？」他們不信，可是你若是從道理上去說明給他聽，讓他瞭解，當他聽完如實勝解了，譬如說：「眼識的所見，爲什麼不是外色入？因爲外色入的影像在你的眼球裡面是顚倒的。」他聽了想：「對喔！那我看見的明明不是顚倒的，就表示我不是看見外色入。」他信了這一點，那你就告訴他：「聲香味觸法入，亦復如是。」他也就信了，除非他是個愚人。這就是要讓他瞭解六入並不是眞的六入，所以說「離於六入，說六入相」。最後附帶告訴他：「我告訴你的這一些音聲，你既然懂得聲入是假的，是如來藏給的，那當然這些言說音聲的體性也是空性。」

今天講到這裡。

久違了，我們上回講經是一月十四號，現在已經六月十六號了；這樣是過了五個月又兩天沒講經，相隔這麼久，所以要問訊諸位：「少病少惱否？身心輕利否？眾生易度否？」（有人答：不好度。）不好度喔？我也有一點同感。但是疫情停課期間這五個月來，也並沒有白費，所以每天鍛鍊身體以外，該作的事繼續作，因此利用這五個月，我把《成唯識論略釋》改爲「釋」，就是正式改爲註釋了。現在卷十快註釋完了，到今天中午爲止是一百零四萬五千多字，未來還會再增加（大眾鼓掌…）。因爲後面這兩卷我寫得很快，是因爲這兩卷很熟悉。由於後兩卷唯識位的法義老是被挑戰，所以常常援用而已經很熟悉了。所以我每天大概寫差不多六千字，尤其這後面十幾天，除非有事情打擾。那麼寫完之後，卷一到卷五要作補充；也就是說，有一些《成唯識論》所講的內容要幫它補充。

就像以前我們二〇〇三年那一次法難，在法難之前他們說：「**蕭老師！您是我們的導師，我們依您說的爲主。**」後來不了！他們要當法主當不成，不是我不給他們當，而是親教師們認爲他們不夠格、他們智慧不夠。後來他們就離開，用《成唯識論》來質疑我所說的法義。他們剛開始也沒有文字資料，也沒有其他的資料，又禁止追隨的人把他們亂說的法義講出來，所以咱們不知內容也就不理他；等到他們印出東西來了，或者寫文字來了就有根據，我們再處理。

結果處理之後，他們說：「**我們現在不以《成唯識論》爲師，我們現在改以《釋**

摩訶衍論》爲師。」所以我就破了《釋摩訶衍論》，因爲那正好是聲聞凡夫僧寫的大乘論，有很多錯誤。我們卷一到卷五，以前都是用略釋的方式，就是簡單解釋的方式寫的；這十卷最後一卷剩餘的部分，大概十天內就會完成了，爲了預防將來又有這樣的人，所以就要從卷一開始再作一些資料補充以及解釋，就成爲正式的釋論，改名爲《成唯識論釋》。那麼預計大概一百二十萬字會完成，我的預計是這樣；以防有人再用同樣的理由來對正法提出質疑，但我想這個預防計畫不會成功，因爲未來世仍然會有愚癡的狂慢之人繼續質疑。

就好像琅琊閣、張志成寫的東西，他們寫的那一些東西，其實我們以前二〇〇三年都辨正過了。〇三年後曾經有位親教師也落入同樣的地方提出質疑，我們在《涅槃》書中也辨正過了，可是顯然琅琊閣、張志成他們沒讀懂。最近他們說：「**正覺的法很多錯誤，網路上有很多人都已經講出來你們錯誤。**」表示他們認同網路上那一些凡夫寫的文章觀點，意思就是這樣。可是網路上講的那一些，爲什麼沒有人敢印成書來流通呢？因爲明眼人一看就知道法義不對。而且被我們辨正以後，他們琅琊閣等都無法提出理由把正法改變過去，就表示我們說的才對。所以到今天爲止，琅琊閣他們一群人對佛法是依舊誤會，仍然落入部派佛教六識論邪見中。但是我要說一個最簡單的道理，其他的道理，諸位就不用理會。

譬如有一個人看見自己家中同修或子女、兄弟姊妹，他們在正覺開悟了，質疑說：「**可是他們沒有初地的證量，這怎麼叫作開悟？**」諸位聽懂這句話嗎？他們的意思是說，開悟了就是初地，「**可是我的家人開悟後沒有初地的證量，那怎麼叫作開悟？**」這個問題，也是以前二〇〇三年就討論過了，那時他們說：「**開悟了，就是證佛地眞如。**」後來又下降，降了二大阿僧祇劫，說開悟就是證初地眞如。我們又說明初地眞如是什麼樣的狀況，他們跟著又改口說：「**我們現在歸零，從頭開始，半年後要證初地眞如。**」結果現在過了十幾年，二〇〇三年到現在快二十年，已經十七年了，也沒看到他們有誰證初地眞如。

因此在《成唯識論釋》裡面，我就特地把各個階位的眞如，譬如說十地的十眞如，三賢位的十住眞如、十行眞如、十迴向眞如，我都作了註解，免得到時候又說：「**您以前都沒有講這個。**」那麼當張志成提出來說：「**我的家人說開悟了，可是他們並沒有初地的證量。**」那表示他不懂佛法，因爲 如來早就講過了：「**開悟**

就是般若正觀現前。」律經中說：般若正觀現前是第七住位，不是初地。他要求人家證得第七住位的證量時要表現出初地菩薩的證量，這是不可能的事。原來他是誤會一場！

反過來說，他也等於在指責說：「釋迦牟尼佛您講錯了，因爲開悟就是初地，不可能是第七住位。」佛在經中說：「開悟時是第七住，見性才第十住。」他的意思等於指責釋迦如來講錯了，這是謗佛！所以這個問題是我們二〇〇三年就討論過的事，他現在還是讀不懂，或是完全沒有讀，所以又提出相同的問題來質疑，說開悟一定就是初地。好在他沒說開悟就是佛地，因爲《六祖壇經》講「一悟即至佛地」，那多棒啊！我也成佛，你們也成佛了。可是那顯然是大妄語，因爲六祖是方便說，不能把方便當作是眞實說。

接著說，開悟的時候爲什麼不是初地？既然張志成自稱他懂《成唯識論》，指責我講錯了；別的地方不談，單說論中所載見道這個通達位就好，眞見道若就是通達位，通達位是初地，但是見道的通達位必須具足兩個內容：一個眞見道，一個相見道。這兩個部分都完成了才是通達位。眞見道就是上禪三第一次觸證到如來藏，承擔下來不退轉，轉依成功了就是真見道，這時有根本無分別智。隨後進修就是相見道，因爲這個時候只是般若正觀現前，位在第七住，接著要眼見佛性到第十住位，再接著十行位、十迴向位都要修，所以這是相見道位第二個部分，全都是在眞如處於各種境界中的行相上去作細觀。

可是第二個相見道又分爲兩個部分，第一個部分是非安立諦的三品心，第二個部分是這三品心完成之後，要再加修觀行四聖諦，要證得安立諦十六品心與九品心。那三品心修多久，我們不談它，把它省略過好了，因爲那三品心其實是從第七住位邁入第八住開始以後，要修到十迴向位才能完成的，現在先不談它。單談安立諦的十六品心，那是要證阿羅漢果的，想想看我們會裡現在有幾位阿羅漢？會外呢？三百年來沒看到誰證得阿羅漢，連我見都沒斷。顯然單單最後這一個安立諦的十六品心就不是短時間可以完成的，而他們認爲說非安立諦的三品心跟安立諦的十六品心，都是刹那無間只要幾天、幾個月就完成了，所以這樣證悟就是初地。可是一般學人光是安立諦的十六品心，已經要花幾百年了；不說幾百年，說我們弘法一開始就講《成唯識論》了，現在也有二十來年了，誰具足證得這十六品心了？我們有個同修很有來頭的，但是他也從來不提，我也不方便提，等他將來死的時候自己再講吧，他也不敢公開說自己已經證阿羅漢了。

接著說，這個眞見道、相見道以及最後的相見道第二個部分的安立諦十六品心、九品心，這一些在《成唯識論》的文字中是說心心無間可以完成。現在問題就出在心心無間這幾個字，我先要教導大家：「心心無間不是一剎那又一剎那，這樣前後只有幾剎那的心心無間。」這就好像等無間緣講的道理是一樣的。也就是說，譬如說你前年找到如來藏，但是你從來不懷疑，中間容許有很多事情不斷插進來，你必須不斷地去處理別的事情，然後你又回來思考這個問題，但是從幾年前到現在，你不曾起過一念懷疑說：「這個可能不是如來藏吧？」沒有起過一念的懷疑，這樣才叫作心心無間。不只是前年到現在都無所疑，乃至於前幾劫到現在一直都沒有懷疑，一直都認爲這就是如來藏，這樣即使經過幾劫下來，也叫作心心無間，這樣叫作無間道。所以張志成誤會了《成唯識論》的文字表義，就產生了「眞見道後幾個剎那就完成相見道而可通達」的邪見。

那麼《瑜伽師地論》裡面也說過，說眞見道是無間道，也就是心心念念沒有間斷，不曾懷疑過；如果起一念懷疑：「這可能不是如來藏，不是眞如。」那就是有間，就不能稱爲心心無間了。那《瑜伽師地論》裡面也說過，說無間道之後，相見道位都是要「緣先世智」。如果上過增上班的同修應該還記得，我當時有特別強調一下：「相見道位都是要緣於先世的智慧，不是單單緣於這一世的智慧，還要緣於往世眞見道的那個智慧以及相見道的智慧，這就是先世智。」那請問：「這樣心心無間會是幾個刹那就完成嗎？」顯然不是！

還有其他很多的理由，可以證明《成唯識論》不是那麼容易理解的。所以，如果有人未證第八識眞如而自稱他懂《成唯識論》，我說他不可救藥。如果他自認爲眞的懂，可把《成唯識論》註解出來給大家瞧一瞧，利樂大眾，自己也修很大的福德，有什麼不好呢？可是爲什麼不敢註解出來？老實說連讀都困難，連斷句都困難，還能夠眞的懂《成唯識論》喔？

所以，如果有人自稱他懂《成唯識論》，所「悟」的眞如卻不是第八識心的眞如法性，我說這個人不可救藥。但是我還要吩咐諸位的一點是：「不管他怎麼說、怎麼講，他跟他的家人是兩回事。」請諸位要這樣看待。因爲家人是家人，他是他；他有問題，家人不會有問題。就好像說，你在以前其他道場的同修出問題了，但是你不會有問題；也許你的家人出問題了，你不會有問題，所以不能等視齊觀。不能說：「他出問題了，那他的家人也一樣，都有問題啦！」不能這樣想。因爲各人造的業，各人自己承擔。他的家人沒問題，我跟諸位保證他的家人沒問題，所以你們不要看到他的家人就想：「你有問題！」不要這樣想，好不好？這是兩回事。

那麼也有老師告訴我說：「那琅琊閣、張志成的文章刊登那麼久了，老師您也不處理。」我說：「我會處理，但不急，等他寫多一點，然後我們辨正了以後，足夠出一本書，我們就來處理。」我就告訴他說：「我們也藉這個機會淘汰一些福德不夠的人。」淘汰這個事情，從無量劫前有佛教以來就已經是這樣。如果沒有經過這種淘汰的過程，下墮後再回來人間，他還得再重新去經歷一次；所以藉這個機會淘汰一些福德不足的人也是很好，因爲我們不能趕人。我們一向都說：「來者不拒，去者不追。」所以來的人，如果我們要把他趕走，人家也會說得很難聽，而且我這個人一向不趕人。古時候就這樣，不是現在才這樣。

那麼藉這個機會，把那些福德不夠的人淘汰掉也很好。而且我們從三十年前弘法到現在，每次發動法難的都是福德不夠的人，三次法難檢討下來都是這樣，所以淘汰掉也好，免得以後惹出更大的麻煩來。也許有人想：「也不一定每一個人都會犯這樣的過失吧？」那不然，我問問諸位：克勤大師也就是佛世的舍利弗，他的福德夠不夠？夠啊！可是他曾經墮落沒有？墮落過了！《菩薩瓔珞本業經》說他無數劫前證悟，沒有善知識攝受，所以「一劫、十劫」乃至千劫「之中無惡不造」，墮落無量數劫。你想：他那麼有智慧的人，往昔也曾墮落無量數劫才回來人間。那我蕭平實想一想說：我大概跟他也差不多，也墮落過。那麼因為墮落過吸收了那些經驗，再也不敢自大，所以就是依照經論如實的講解、如實的傳授，不逾越分寸，就是這個道理。

那麼他們還有一說：「正覺都要求人家要修福，難道不修福就不能成佛嗎？我這裡都不用修福，直接修證般若。」這個問題也提得好，可是佛陀的尊號裡面有個尊號「福慧兩足尊」。就好像一輛推車，它得要有兩個輪子，如果另一邊的輪子掉了，它還能推嗎？除非是大力士，但也會推得歪七扭八，一會兒就累癱了。而且到正覺同修會裡來修學佛法努力修福，修了那些福以後，我能把他的福搶了嗎？

從世間法來講，那些錢都沒有落到我口袋裡來，而我也無法暗中把他的福搶到自己身上來，因為福作了以後是由他的如來藏記存，我的如來藏搶不了他的福。所以修福是為各人自己修的，不是為什麼人修，所以修了福以後不可以跑到佛前說：「世尊啊！我幫您修了多少福啊！」不能這樣講，因為你修福是你的，世尊的福沒有增加，那是為了你自己的道糧所需而修。所以菩薩五十二個階位，每一階位都各有應該修的福德。那麼欠缺這些福德的支持，他證道的資糧就不夠；這個觀念也請大家要建立起來，修了福也不會跑到我身上來，後世受報的時候是自己領納那個福報，不會由我來領納。

那麼這就是疫情停課休息了五個月，我今天見到諸位，特地要說一說。如果覺得自己不想被邪見影響而淘汰掉，那就要信正法。最後一點我要吩咐的就是說，有一群人總是喜歡把週二講經聽到的就去跟他們退轉者講，然後週三或週四，他又寫了邪見的文章登出來，這當然是共業。那麼哪些人會去告訴對方，大概我也心裡有數，但我先講在前頭，不要將來捨報的時候說：「你蕭老師當初都不告訴我。」我現在有講了。老實講，不是只有現在才講，因為弘法三十年來也講夠多了。

我想說的就是，由於這個眞見道的心心無間，所以稱爲無間道，這個道理要講清楚；乃至於到達通達位，那是以通達位來包含眞見道與相見道。所以唯識五位裡面：資糧位、加行位、通達位，沒有見道位，只有通達位；然後是修道位、究竟位。這個通達位就函蓋眞見道以及相見道，而相見道有兩個部分，第一個是非安立諦的三品心，另一個是安立諦的九品心、十六品心。這二個都修完了，就會成爲阿羅漢，必須成爲阿羅漢發起聖性才有資格入地；如果不是阿羅漢，只有一種人，就是頂品的三果人，完成非安立諦以後可以入地。三果有七品，頂品的三果人才能入地，那是留惑潤生；如果是阿羅漢入地就叫作起惑潤生。

所以，如果有問題時不跟你的根本上師講，然後寫了文章在網路上去貼、去質疑，這樣想要成爲阿羅漢，什麼時候能成？成不了阿羅漢就入不了地。又出來主張說一悟就是初地，那不是自欺欺人嗎？這表示什麼？表示他不懂佛法。今天我把這個唯識位中最重要的關鍵點告訴諸位，諸位就懂了：**第一次開悟絕對不是初地，開悟只有第七住位**。這是 佛陀聖教量說的，不是我蕭平實發明的。

我也依照 佛陀的聖教量來告訴諸位：如果你沒有把安立諦九品心、十六品心修完成並且轉依成功，那就不是阿羅漢；不是阿羅漢就不可能入地，光有非安立諦三品心也入不了地；這個道理諸位要記得。所以年前我才跟諸位講，我說：「我還希望再看到十幾位同修證阿羅漢果。」現在有希望了，因為有的同修已經到了梵行已立的階段，但是梵行已立之後，要先把非安立諦三品心作好。所以這個部分也順便跟諸位分享，因為這算是好消息。當然人家會說：「你們正覺全部都錯了，阿含也講錯了，中觀也講錯，什麼都錯。」那就讓他去錯，我們不錯就好。

回到《不退轉法輪經》〈重釋二乘相品〉第五。那麼過年前一月十四號，我們講到五十九頁第四行講完了。今天要從第五行開始：「觸無因緣、從六入生，分別是觸、如幻皆空；是觸無體、從妄想生，觸無眞實，亦無住處；現見於觸，知無觸相，成就厭離，名辟支佛。」「觸」沒有因緣，因緣法中就是要有一個因，還要有其他的緣，才叫作因緣法。「因」當然是第八識如來藏，《成唯識論》裡面說祂叫作眞如，或者《大般若經》裡面有的地方也說祂叫作眞如，所以才說：「眞如雖生諸法，而眞如不生。」就是這個道理。

但是在因緣法中是以前法為因，來成就流轉法的緣，合名因緣。那麼觸是藉著因和緣在六入當中生起，請諸位回想一下十二因緣，觸擺在什麼地方？它跟六入連結在一起，對吧？就是因為有外面的六塵入，然後如來藏變現了內相分的六塵入，有內相分的六塵入以後，才能夠有六識生起。六識生起後，接觸到了六塵時就叫作觸，所以這個「觸」是心所法。「觸」既然是心所法，所以你摸不到那個觸，觸心所法無形無色故。

在五位百法裡面說有五遍行，五遍行這五個心所法是遍行於八識心王的。每一個心都有五遍行心所法，叫作「觸、作意、受、想、思」，但這是剛剛清醒位的情況，是從睡眠位中剛醒來或者從悶絕位剛醒來的時候，要叫作「觸、作意、受、想、思」。這個觸也可以把它轉到作意的後面來，因為你在清醒位常常會起作意想這個、想那個，所以是「作意、觸、受、想、思」。可是如果你是剛醒來的時候，那是觸先而作意後，因為你意根先觸到法塵，所以意根喚醒意識，意識就觸到了，然後起作意又喚醒五識接觸六塵，所以那叫作「觸、作意、受、想、思」。

換句話說，「觸」是個心所法。這個心所法是表現說你八識心王觸到了某些法，所以叫作觸，無形無色，摸也摸不到，看也看不見，但你可以證明確實是有觸才能夠了知那六塵。所以說觸是從六入而生，假使沒有六塵入，這六識心對六塵不會有觸的，因此要去分別說這觸「如幻皆空」。如果沒有六識心，觸就不存在。如果沒有六入，觸也不會存在，所以觸是因緣假合而有的，因此說這個觸沒有自體性。沒有自體性就是說它不是有一個常住的眞實法，它是藉眾緣和合而產生的法，所以觸沒有眞實體，只是從虛妄分別想而產生。

不說心所法，單說你一醒來以後，吃飯要不要觸？走路要不要觸？任何一切行都要有觸。即使你取了一支筆，你手上也有觸，可是觸存在嗎？不存在，是因爲你的手去執取筆，所以說你有這個觸，因此它只是個心所法。那麼這樣子了知觸是從妄想所生，爲了要表示說我拿到這一支筆的感覺如何，所以從這個觸來作說明，因此一定要經由分別妄想才有辦法去說明這個觸；但實際上觸沒有眞實，也沒有住處，因爲你拿筆的時候，手上有觸，可是你腦袋中沒有觸嗎？也有的，只是你把它忽略而已；而你每一寸皮膚也都有觸，但你把它忽略了。

這還只是說外觸，接著還有內覺的部分；你五臟六腑也有觸覺，只是你把它忽略罷了。所以這個觸不眞實，它也沒有一個住處，當你睡著或悶絕了，觸就不見了。可是從更深細的層次來講，觸其實還在，不然你怎麼能醒過來等等。我們現在不在講那個唯識五位，所以不用講到那麼深細。

那麼從這個地方來說，你觀察清楚了，就可以現前看見這個觸它並沒有觸的法相。老實說，一般修行人之所以不能證解脫果，是因爲他們貪著於觸，所以打坐不好好打坐，想東想西所以不斷觸法塵；一點點小小的聲響，他馬上張開眼睛，回過頭去看到底怎麼回事？在外面道場都這樣，一有聲響，大家都張開眼睛來看，等到弄清楚時心裡想：「喔！沒事沒事。」然後又繼續打坐，這就是執著觸，所以修定不成功。修定不成功，想要斷我見就沒機會了。即使你把斷我見的道理告訴他了，他聽也聽了，可是沒有辦法轉依，因爲見道要有定力作基礎，所以他不是眞正的見道者，可是他會自以爲見道了。因此，觸沒有觸相，它只是個心所法，知道了就知道了，放過它，不理它，盡量不要有觸。可以離開觸的時候，你就不再接觸五塵，不接觸五塵的時候，你就可以進入二禪等至位了。這個道理，諸位要懂。那麼如果修學十二因緣來到了觸這一支的時候，弄清楚這觸的本質，於是「成就厭離」，對觸這個法就厭離，不想再有觸。那麼從這裡去斷的話，十二有支斷了，也可以成就辟支佛果，所以說「成就厭離，名辟支佛」。

接下來說：「若證於受、不堅如泡，性相皆空、究竟無實；斷於愛結、得無愛法，得盡諸欲，是名緣覺。」證阿羅漢果或證緣覺果，一定要捨離法愛與定愛。如果對於定境有貪愛，他就沒辦法證得解脫果，最多只能到三果，阿羅漢果與緣覺果都不可能證得。所以對於受與愛都要詳細觀察：觸之後，因為有觸就會有領受；有領受的時候，對好的領受、順心受就起貪愛。那修定的人是對於修成的定境有貪愛，所以當他有定境的時候，比如說他證得未到地定或者初禪、二禪等，可是他沒有般若智慧，每天就是要上座去打坐，你如果讓他去出坡、去作事，不讓他打坐，他就發脾氣。表示他對那個境界受產生貪愛，於是接著就會去執取，那就落入三界愛中不得解脫了。所以如果對觸瞭解以後，要再去證實一件事情：一切受都是無常，一切受都是苦，一切受空，一切受之中都無有眞實我。應該要這樣去觀察受，然後證明：這個受不堅固，它猶如水泡一樣。

現代人比較難看見，我們以前小時候沒車子可搭，都要步行，有時候走到小小村道中，要從這個村去到那個村，都是走河邊的路，有時看到河道裡面的河水會有漩渦，漩渦的中心點就有一群的水泡在那邊轉，有時候這個滅了，有時候那個新生起。就像這樣，受如水泡不堅實，不論它的自性或行相都不眞實，它只能夠待一會兒，一下子就過去了；更短的是下雨產生的水泡，在地上看起來有一個水泡，不到一秒鐘消失了；所以說受的「**性相皆空、究竟無實**」，所以它畢竟空無，不應該說這個能受的就是我。

那麼進一步就由受連結到貪愛，因爲有順心受，所以就會產生貪愛。那麼這樣的愛也是一種結使，它就像一個結，就像五利使、五鈍使一樣，把人給繫縛不得解脫；因此，要把貪愛諸受的結使斷滅，得到無愛法。能「**得無愛法**」，這個境界到底好不好？諸位一定說好。可是你要說好之前，先要想想自己：「**我是不是眞的喜歡斷除愛結？**」那你就要先去考慮：「**斷除愛結以後，我的心境是怎麼樣？**」要先這樣想。

我也跟諸位講過很多遍：聲聞阿羅漢的心境是灰色的、沒有彩色。我講過很多遍了，他們一心一意等著入無餘涅槃，等那個時間到來。所以即使是俱解脫的阿羅漢可以隨時入無餘涅槃，他也沒有想要入，他還是等；等到捨壽的時間到來，他才入。那捨壽之前的這一段時間，他的心境是灰色的，他怕被六塵所吸引，只要被六塵吸引了就不成其爲阿羅漢了。那你想斷除愛結以後是那樣的心境，到底你受不受得了？縱使你受得了，你的家人也受不了，會跟你抗議啊！你老婆可能說：「你現在都不愛我了，都是只想你一個人得解脫。」可能妳老公會這樣想。好在咱們不是聲聞人，法上是大乘聲聞，我們從聲音而聽聞，但不是聲聞種姓。

所以佛世的時候，那一些阿羅漢也每天依著 佛繼續學法。請問：既然成爲阿羅漢了，死了就入無餘涅槃，幹嘛還要繼續學法？因爲他們是菩薩，所以要「得無愛法」。如果你想入地，至少得要一兩年「得無愛法」，住於阿羅漢的心境中，體驗看看阿羅漢的灰色世界，然後再來起惑潤生，應當如是。那麼這樣「得盡諸欲，是名緣覺」，所以十二有支不論哪一支，你只要斷了其中一支不再延續，那就成緣覺了。

接下來說：「分別於取，空無所有，如熱時炎，無有成就；無有作想，生想亦爾；知生體性，空寂無有；得離於老、亦不畏死，無所成就，不受後有；現見此法、無所依止，以緣覺聲、實修菩薩。」要分別取，因爲對於順心境有所愛，有所愛就會執取它。但這個取緣於愛而有，到底心中有沒有這個愛？這是要微細觀察的。比如在山路裡走來走去，要去某個地方，一轉彎突然之間「哇！這一片美景太漂亮了。」於是不自覺就停下腳步看一看，這已經是很粗糙易知的愛了。

有的人一面走一面看，他沒有停下腳步去看，而是一面走一面看，眼睛就盯著那幅景色而不怎麼看路，那他也是有愛。好像說有的人喜愛珠寶，來講堂總要經過那家珠寶店，每一次經過，就轉頭看一下有沒有好貨色。即使沒想要買下來擁有，也表示他有愛，但他有愛沒有問題，因爲他是菩薩；菩薩除了瓔珞莊嚴，當然也可以用那個翡翠來莊嚴，無妨是菩薩。你看，觀世音菩薩多莊嚴，對不對？但是學佛之後，你如果想要入地，這些都不要有取，先要斷除那個取，要從愛下手，就是貪愛要丟掉。有的人貪愛美食，有的人貪愛運動，有的人貪愛打坐，有的人貪愛錢，有的人貪愛名聲，各種貪愛非常多，有貪愛就會有取。

那麼學佛的人，他的取是標準的四取，就是見取、欲取、我語取以及戒禁取。所以有的人不管誰說了什麼法，他都聽不順耳，因爲他認爲自己的見解才正確，別人講的，他都聽不入耳，想要推翻掉，這叫作見取。至於欲取，那是往外去貪求的就等而下之了。有的人是我語取，認爲自己講的最好，不管誰都不可以評論他，即使人家依聖教評論他也不行。釋印順就是這種人，所以普天之下只有一個人可以評論他，叫作蕭平實，其餘的人即使是名不見經傳、默默無聞的小人物批評了他，他也要寫文章回應的，可見他的我語取非常深重。

有的人是以持戒自豪，他覺得「普天之下，我持戒最好，沒有誰可以持戒比我更好」，所以他不論見了誰都搖頭；有時候他看見出家人，也會搖一下頭，因爲覺得所有人都不如他，這叫作戒禁取（假使他出口貶低對方而讚歎自己，就是犯自讚毀他的重戒了）。他有時可能還會施設不正當的戒法，要求人家要受持，這都叫作戒禁取。這四取要斷除。

所以常常有人跟我講：「人家在網上又罵您什麼了。」我說：「你不用告訴我，我用膝蓋想也知道人家會罵我什麼，所以就讓他去罵。」因爲手指長在他的手上，他要上網怎麼罵是他的自由。如果他罵的分量夠多了，我們把他拿來辨正以後對眾生有用處，就拿來加以辨正，把這一場世間惡事化作佛事，這也不錯啊！

所以關於取，有很多狀況，盡量不要去取。有的會外人士會評論說：「你蕭老師有個壞習慣，誰都不可以批評你，批評了你，你就要跟人家辯論。」我說：「我有跟誰辯論過嗎？」不說以前，單說琅琊閣張志成寫了我兩年，有兩年了吧？我也沒有跟他辯論過。人家來告訴我，我說：「不理他，讓他寫多一點再說，寫到夠出書了，我就可以辯論了。」因爲我現在出書辯論要賺錢，賺了錢可以捐給正覺同修會，沒問題；我也要修福啊！不然我哪有機會修更多的福。所以辛辛苦苦寫書之目的是爲了修福，例如這《成唯識論釋》，我打算將來印的時候把字的級數縮小一點，我們現在都是用十三號字，因爲有的老菩薩字太小時他看不清楚。可是預計一百二十萬字，我如果還用十三號字的話，大概要印成八冊、九冊。那不如用十二號字，大概六冊就可以印完，所以我在考慮這一點。（編案：後來文字總檔是二百萬餘字，用十二號字印書，總共成爲十輯，每輯內文四百頁以上。）

也就是說，這四種取，不論哪一樣都不要去犯。所以人家愛怎麼罵，我讓他去罵，不回應。等到可以利樂眾生的篇幅夠了，我就寫書來回應，然後到書局賣，我又賺一點錢，同修會就有資源，我也修得福德，這也不錯。所以很多人喜歡上網罵，他們都想說：「罵了以後，蕭平實一定私底下氣得不得了。」可是我不會生氣，因爲這已經習慣了，兩千多年來就是被罵慣了，這個種子已經很具足了，沒問題。可是取的本身，如果你仔細去想，就算是你取了一百億美元好了（現在不叫美金，叫作美元），一百億美元很多了，但是你能取多久？頂多一百年，也要交出去，帶不到來世去，不如把它化作福德，生生世世跟隨著你不會喪失，多棒！

所以對於取，從食物的取到六塵的取都要去細觀。譬如說，你正在打坐，突然間有個聲音出現，你就張開眼睛去看，那就是取了，這比較微細一些。其實那聲音一響，你已經知道那是什麼聲音的時候就已經是取了。你在路上走著，你經過什麼地方，你知道，這就是取。那麼身爲菩薩該怎麼離取？就是知道而讓它過去，不理它，不記掛也不回想，要這樣來離取。如果是修羅漢道，就是每天設法閉眼塞耳不接觸六塵，這才叫作離取。那能夠每天這樣，大概他也願意入無餘涅槃了，因爲無餘涅槃裡面跟閉眼塞耳是差不多的，無餘涅槃裡面沒有六塵、沒有六根、也沒有六識。所以說，取有粗有細，應該去加以分別。

那麼取滅了，就不會有「有」，後有就消失。如果你一塵不取，後有就會消失，因爲你不會再去投胎，連中陰身都不會現前，死了就死了，就是無餘涅槃。所以對於取，如果眞實把它斷除了以後，發覺取就像「熱時炎」。現在正好夏天，你站在馬路中央看到馬路的最遠處，那地面上晃動著好像有水，其實是熱時炎而不是水。那麼如果能把取這樣看的時候就不取，不取就沒有後有，所以「無有成就」，「有」就消失了。那有消失了以後就不會有生；因爲後有滅了，後有滅了就不會有來世的生；所以「無有作想，生想亦爾」，因爲後有消失了，你不必再作什麼，死後就不會再有死有、中有、後有。如果還一直想作什麼，表示他的後有一定在，那後有的勢力會使他繼續努力的去作，所以有作就會有生，因爲後有存在。如果能夠把後有滅了，生就不存在了，所以不必管有沒有生，它自己就會消失。

那麼知道生的體性是「空寂無有」，才能「離於老」，才能「不畏死」。生爲什麼叫作生？因爲前世的「有」死了壞了，所以去投胎了。投胎時叫作受生，所以受生的時候就已經生了，生有就出現了，並不是等來世那個五陰從母體脫離才叫作生，而是投胎時就叫作生了，這樣的定義跟一般人的定義不同。那爲什麼去投胎就叫作生？因爲他已經開始出生的過程了，開始出生的時間將近十個月都叫作生。那麼有時候世間人會說：「你是我生的，怎麼能不孝順我？」說得也是，可是這兒子如果是個阿羅漢、是個菩薩，反問過去說：「媽！您什麼時候生了我？」這媽媽沒有學佛，一定生氣起來，沒想到孩子問一句話說：「媽媽！我投胎到您肚子裡來，您是今天幫我做一根手指，明天幫我做一百根頭髮，後天再幫我做個腳趾頭嗎？您是這樣做的嗎？」「沒有啊！」那孩子反問說：「既然沒有，怎麼說我是您生的？」這時候就有得談了。

所以「生」從法界來看，是投胎就叫作生了，因爲投胎進去以後，他的五陰就開始出生的過程了，先由一顆羯羅藍，然後有了心臟，有了眼球，有了其他各項器官，就開始生了，所以生是從投胎開始。可是生其實不存在，是因爲那個羯羅藍被中陰身所投入，他的根本識與意根進入了，然後開始發展出來才叫作生。生這個法本來不存在，生只是在形容那個過程現象而已。所以要知道生的體性，它是空寂的，它並無所有，所以生不會自言生。

所以知道「生」的體性空寂，沒有自體性存在，這樣對「生」不執著，就不會有「生」。也就是說，他不會再去投胎，不受後有，來世就滅了。這麼一來，就不會有來世的老，更不會有來世的死。老到底是依什麼說老？一般老人都會說：「我七十幾了，我八十幾了，老了。」這個老只是依色身而言。色身會老，但心不會老。心跟著說老，是因爲他被色身拖累，覺得自己老了，可是心無形無色怎麼會老？所以「老」是依色身而言。如果色身老了說老，可是如果不以色身爲我的時候，憑什麼說老？那就沒有老可說了，所以老就可以捨棄。

這個「老」可以捨棄了，就不會有「死」，一定是因爲老才會死。如果是一般奇怪的狀況，不必老就可以死，例如小時候就死了；有的人三十幾歲也沒病，睡個午覺就走了，叫作壽終正寢。壽終正寢也不錯，可惜的是他才三十幾歲，我有個小學同學就這樣走的。這樣的死雖然是壽終正寢，在世間人來講，說他短命。可是你如果把生斷了就不會有老，或者已經生了，你再把老斷了，因爲先去證阿羅漢果，然後像佛世某些慧解脫阿羅漢怕又退轉，所以還是阿羅漢時自己抹了脖子先走人，那也可以離開死，他就不會有自然的死亡，他是入涅槃不是死。對於這十二因緣，這樣一支又一支去觀察時，到這時看清楚有、生、老等的本質，結果知道說這些法都不眞實。既然都不眞實「無所成就」，爲什麼還要執著這些現象呢？不執著這些現象，他就可以「不受後有」，不受後有就是得解脫了。

然後作個結論說：現前看見了這十二因緣諸法無所依止，因爲這十二因緣都叫作十二有支，都叫作有，既然都是「有」中的法，而無餘涅槃是無「有」，所以不應該繼續保存這十二有支，把這十二有支全部丟棄，不再留存就變成「無所依止」，那這樣可以證得緣覺果。證得緣覺果之後也能爲人這樣說法，這就是「以緣覺聲、實修菩薩」，因爲你要當菩薩，菩薩不可以獨自一個人修道。

就像《法華經》說下方來的那一些大菩薩們，住於下方世界而有許多眷屬；但是有的大菩薩只有單獨一個人，連一個眷屬都沒有，那他想要成佛得等多久？要去度人啊！他要去度人修習布施，然後再度人修習持戒，一直到六住位完成，還要修加行，要度人眞見道，一步一步走上來，那麼他的徒弟等於三大阿僧祇劫才剛剛開始修。當他成佛的時候，座下也要有十地菩薩，也要有等覺，也要有妙覺等，那他要再度學人多久以後才能成佛？所以他精進於自己的道業一直往前進，看來進步很快，其實沒有比較快。只是看起來好像他修道很快，都沒有被人家牽扯，可是弟子們成佛很慢，他成佛就要慢，因爲沒有誰是可以一個人獨自成佛的。因此說，以聲聞法度眾生來實修菩薩行，或者以緣覺法度眾生來實修菩薩行，這都是菩薩應該要作的事，因爲你成佛的時候不可能沒有聲聞弟子，也不可能沒有緣覺弟子。

那麼接著作一個結論說：「阿難！汝今當知，是即如來等正覺爲諸菩薩摩訶薩方便說辟支佛。」結果十二因緣修得那麼辛苦，教授給弟子也很詳盡教授了，最後 如來說：「阿難啊！你現在應當知道，這個就是如來等正覺爲了許多的菩薩摩訶薩，來方便解說什麼叫作大乘法中的辟支佛。」原來解說辟支佛的法不是 佛主要的目的，這是方便說，爲了讓菩薩摩訶薩可以廣度弟子成爲菩薩聲聞、成爲菩薩辟支佛，然後將來才能成佛。可是將來要成佛，只爲弟子們解說聲聞、緣覺法就可以成就嗎？當然不止！因爲還沒有牽涉到實相法界，也就是所知障所含攝的佛菩提道，所以當然還有後文。張老師！請了：

**經文：【爾時阿難即從坐起，整其衣服，合掌向佛而說偈言：**

**涅槃非涅槃，救度於世間；猶如空中結，以空而自解。**

**若能如是說，亦名有所說；世尊善方便，而說無著法。**

**爾時，阿難說是偈已白佛言：「世尊！一切世間愚癡所蔽而自欺誑，不解如來作假名，說信行、法行八輩等法：須陀洹、斯陀含、阿那含、阿羅漢、聲聞、緣覺。」爾時佛告阿難：「汝於過去佛不忘假名植諸善根，以善解假名故，不為愚闇之所劫奪。何以故？假名諸法，如幻、如水中影、如熱時炎、如呼聲響。如是假名，阿難！汝今當知，不為諸惡之所侵害，具足莊嚴而自莊嚴，能知諸法假名因緣，無所忘失；成就精進，而亦不取精進之相，無有忘失；得最勝智，亦不取智相。」**

**語譯：**【這時候阿難就從他的座位上起立，整理好衣服之後，合掌面向佛陀而說出了一首偈：

　　涅槃並不是涅槃，以這樣的涅槃來救度於世間有情；就好像虛空中有了結，還是用空來使它自己解開。

　　如果能夠像這樣子演說，也可以名之為有所說；世尊以各種善巧方便，而為大眾演說無所執著的法。

　　這時候，阿難尊者說完這一首偈以後稟白佛陀說：「世尊！一切世間的有情由於愚癡所遮蔽的緣故所以自我欺誑，不瞭解如來作各種的假名，來宣說信行、法行八輩等法：也就是再加上須陀洹、斯陀含、阿那含、阿羅漢、聲聞和緣覺。」這時候佛陀告訴阿難：「你往昔於過去佛時，不忘失諸佛以假名所說而種植了各種的善根，由於善於理解假名的緣故，所以不被愚癡和闇鈍之所劫奪。爲何這麼說呢？因爲假名安立的諸法，猶如幻化、如同水中的影像，又如同熱時遠方沙地上的熱炎，又好像是呼聲而產生的響。像這樣的假名，阿難！你如今應當了知，不被各種不好的事情或想法所侵害，能這樣子具足莊嚴而把自己莊嚴起來，能了知諸法都是用假名而說出來的因緣，能對這樣的諸法無所忘失；成就了精進，然而也不攝取精進之相，對各種法以及精進都沒有忘失；如此證得最殊勝的智慧，也不執取智慧的法相。」】

**講義**：我們這一部經講到這裡來，應該速度要加快，因爲前面講得夠詳細了，而且後面的〈除想品〉、〈降魔品〉也快出現了。所以接著說，這時阿難從座位上起立，因爲他要向 佛報告。那麼向 佛報告的時候得要合掌，而且要衣服端整，不能散散落落不莊嚴，這是身爲佛弟子面見 如來的時候，應該要有的威儀。所以「即從坐起，整其衣服」，然後合掌向 佛報告說：「涅槃非涅槃，救度於世間。」

以前正覺還沒有出來弘法，好多大法師講涅槃時都說：「涅槃的境界不可思議、不可說明。」既然不可思議，阿羅漢憑什麼證涅槃？他們又憑什麼自知不受後有？這表示對二乘聖人而言，二乘涅槃也是可知的。可是當二乘聖人知道涅槃的時候，自知可以不受後有，菩薩們卻告訴他：「你不是眞的知道涅槃。」因爲阿羅漢把我見、我執都斷除以後可以不受後有，他們認爲不受後有時就是涅槃，也知道入涅槃時滅盡蘊處界之後不是斷滅空。就只是那個如來藏識他們不知道，所以菩薩會說：「你不知道涅槃。」阿羅漢雖然證得無餘涅槃也眞的不知道，因爲入了無餘涅槃以後，他的五蘊、十八界、六入都不存在了，有誰能知涅槃？可是菩薩知道：「涅槃就是第八識如來藏。」

我們出來弘法以後，把它講出來說：「無餘涅槃之中就是第八識如來藏獨住。」誰能推翻？琅琊閣可以再寫文章來否定說蕭平實這個也講錯了，他可以繼續寫，沒問題。菩薩告訴你說：「涅槃非涅槃。你證得涅槃，其實你沒有證涅槃，這樣才是證涅槃。」阿羅漢一聽：「也對喔！我證無餘涅槃，所以我入了涅槃以後又沒有我，哪裡有我證涅槃？」菩薩就說：「你們證的涅槃是佛陀方便施設的。」他們聽了也不敢開口反駁，只好閉嘴。菩薩對無餘涅槃的本際是有現觀的，所以你們增上班的同修們也可以現觀：「阿羅漢將來死了入無餘涅槃時，就是第八識如來藏獨住，無形無色空無形相，誰也找不到他了。」

那麼涅槃就是如來藏，所以涅槃不是一個實體法，是依於如來藏不再出生後有，施設說他叫作證涅槃。可是阿羅漢證得有餘、無餘涅槃，死後入無餘涅槃的時候，那個涅槃的境界其實現前就存在了，不必死了再去入無餘涅槃。因為現前自己的如來藏、別人的如來藏，都同樣已經是涅槃了。涅者不生、槃者不死，涅者不來、槃者不去，涅者不增、槃者不減，涅者不垢、槃者不淨；涅槃就是離兩邊的法，那就是第八識如來藏。所以我們把這個道理講出來了，誰能推翻？印順被公推為臺灣佛教界的導師，他也不敢就此再講一句話，因為事實是這樣，聖教也這麼說，只是他們沒實證所以讀不懂。

如來就是以「涅槃非涅槃」，以這樣的道理來「救度於世間」，阿難尊者把它講了出來。所以有人問說：「二乘涅槃是什麼？」禪師說，猶如拿黃葉來騙小兒說那是黃金，當小兒拿到黃葉時就說這是黃金，也就不哭了，就是這樣子。所以追根究柢、歸根結蒂，一切三乘菩提諸法還是要以如來藏爲中心。如果不證如來藏，你什麼菩提都沒有，因爲二乘菩提也要以如來藏來講，要信佛說有一個能生蘊處界等法的第八識眞實存在、永遠不壞。所以諸位去看看《阿含經》，《阿含經》從頭到尾都是依如來藏作爲中心來講各種解脫。如來一直都說涅槃不是涅槃，這樣來救度世間，現在阿難尊者把這事實講出來。所以很多人認爲《阿含經》才究竟，其實《阿含經》不究竟，有容有上，仍然可以產生諍論；因爲《阿含經》主要是講二乘菩提，有直接說到大乘法的只有一部經叫作《央掘魔羅經》。

那麼話說回來，阿難尊者又說：「猶如空中結，以空而自解。」假使有人來跟你說：「虛空中打了個很大的結，要怎麼把它解開？」你只要告訴他「空」就好了，因爲虛空中的結，你不用解，它自己就空了，所以空中的結是不需要解的。所以有人來找禪師求解脫，禪師說：「誰綁著你了？」沒有人綁你啊！你自己綁自己，因爲你本來就解脫；縱使修得阿羅漢果，你將來入了無餘涅槃，還是這個第八識的本來解脫；而這個無餘涅槃的解脫現前就存在，沒有人綁著你，所以反問說：「誰縛汝？」答得眞好。所以「猶如空中結，以空而自解」。

「若能如是說，亦名有所說；」如果能夠這樣子為人解說，也可以說他對佛法有所說，那麼反過來就問：什麼人對佛法無所說？很簡單！末法時代所有的大法師、大居士們，對佛法都沒有所說。有的人著作等身，講了一大堆，結果都沒有講到佛法，講的全都是外道法，就像盧勝彥一樣；又如釋印順，什麼《華雨集》、《妙雲集》，那都是跟常見、斷見外道相應的法，因為與二乘菩提無關，也與大乘菩提無關。與三乘菩提既不相干，憑什麼說他講的叫作佛法，所以他們著作等身，結果無所說。他們說的都是外道法而不是說佛法，所以談到佛法時，他們無所說。

可是我如是說了以後，無所說之中卻又有所說；所以很多人眼巴巴的望著要上山打三，其實說眞話，不用上山打禪三，我在這裡講經就已經告訴你了。對啊！這樣無說而說，是名眞說。可是現在畢竟是末法時代，還是要有所說，必須假藉名言，用名言來代表某一些道理，讓大家實際上去理解，這樣大家才有辦法進入這個無門之門；要不然這個無門之門在哪裡，根本找不到，要怎麼進來呢？所以祖師說「無門為法門」。而這個無門之門要讓你實證的就是眞實心如來藏，所以說「佛語心為宗」，佛所講的三乘菩提經典，前後三轉法輪都是在講這個第八識眞實心，以這個眞實心作宗旨而爲大家演說。可是你想要證得這個心，成就眞見道的根本無分別智，沒有門；祂沒有一個東西可以讓你次第進修進去，祂沒門，全都是要靠一念相應慧。所以你在加行位中加行到最後，你說：「能取也是空，空叫作如來藏；所取也是空，空叫作如來藏，這如來藏在哪裡？」在心中掛著，突然有一天一念相應，你就知道了：「啊！原來如此。」知道原來如此時，你就知道原來如彼，就可以爲人說法，這就是 世尊施設的善方便。

可是想要進入眞見道位之前，先要把自我放捨，至少要在見地上把自我放捨，也就是自殺：不承認五陰的自己是眞實不壞的我。如果我是假的，人家罵我忘八蛋，我要不要生氣？用不著了！如果我是假的，人家在網上成天罵我，我要生氣嗎？不要了！那什麼時候要回應？等到可以用來利益眾生的時候就來回應。回應的時候寫出來，自己在校對的時候也很歡喜：又可以利益眾生了。所以不要像外界謗法者所想的說：「這蕭平實寫書在回應的時候，一定手都會發抖很生氣。」不會生氣啦！我只會高興，因爲又可以藉機會救度眾生，化惡事爲佛事；另一方面又可以賣書賺錢修福，而且這個福是我的，他們謗法者都得不到，多棒！這樣還會生氣喔？才怪！

這就是說，你既然當菩薩了就要懂得「**善方便**」，因為 如來是這樣教我們，所以 如來的「**善方便**」，我們就好好學起來，用各種假名施設、用各種方便善巧來為大眾演「**說無著法**」。因為佛法是教導大家無所著，不是要教導大家說我去證得初果，然後就有一個果可以放到口袋裡。證果時並沒有果，證果時只有捨沒有得，得果是方便說；說他得初果、得二果，全都是方便說。所以「**世尊善方便**」而「**說無著法**」，我們要學習。

阿難講了這首偈以後就向 佛陀稟白說：「**世尊！一切的世間有情都因為愚癡，所以被愚癡所遮蔽了，這個愚癡會欺騙有情。**」為什麼欺騙有情呢？明明這個是生死法，卻欺騙修行人說這個就是眞實法。愚癡會這樣蒙蔽智慧的，所以我們弘法以前，所有的道場都說離念靈知就是眞如、就是佛性。以前他們也不講眞如，我們弘揚二十年以後，他們才開始講眞如，他們說離念靈知就是眞如。以前說什麼叫般若正觀呢？就是打坐，打坐到一念不生時，說那就是般若正觀，就叫開悟。原來他們的開悟是這麼簡單，那麼佛世諸外道也都應該開悟了，因為他們有四禪、四空定的人很多，末法時代佛門這些大法師、大居士都還沒有呢！可是 佛從來沒有印可說他們開悟。

所以說這愚癡會蒙蔽自己，而且蒙蔽得很嚴重，因此我們剛開始弘法那十五年中，一直都在跟大陸的佛教界辯論說：「離念靈知是意識，離念靈知不是眞如。」還不得不出書爲他們說明。所以愚癡會騙人，他們自己騙自己，你問他們說：「你們願意自己騙自己嗎？」他們又不願意了，可是他們明明自己騙了自己，而且不認爲自己騙了自己。就好像退轉的人都不會承認退轉，他們會認爲自己增上了，並且現在還比你蕭老師的修證更高，結果後來全都證明出來，同樣都是退回到意識去了。

現在琅琊閣、張志成也是這樣的情形，一樣是回到意識境界去，然後他們把證得三自性之後能現觀三自性的人，繼續進修入地以後修到三無性的境界，當作是開悟證眞如的境界；也就是說，把諸地或八地以後的境界當作是眞見道的境界。你如果沒有那個見解，就會跟著說：「你們正覺這個開悟錯了。」結果他們是把眞見道否定，回到意識思惟想像所得的那個知見當中，來要求正覺一悟即要有初地的解脫與證量，當作是開悟眞見道的境界，所以主張開悟眞見道時就得是入地了。

那麼請問：入地前加修安立諦後要有阿羅漢的果證，並且諸阿羅漢最少要有初禪的果證，那麼請問他們宣稱入地以後有這兩個條件嗎？也沒有啊！那憑什麼說開悟就是入地了？更何況還要再加上非安立諦三品心的具足呢！所以他們對法的認知非常的混亂，這其中他們自己的所說有許多的矛盾存在，可是他們完全沒有發覺。甚至於你把它點出來了以後，他們也不信；那麼不信時可能是落入我語取，也可能是聽不懂你的所說，所以也沒有辦法救他們。你就只能盡量救，盡量爲他們說明；能救便救，不能救就隨緣了。但是身爲菩薩該講的還是要講，所以你應該出書爲他們說明，那就出書了。

阿難接著說「**不解如來作假名**」，換句話說，如來所說的一切法，從實際理地看來全都虛妄不實，因爲那些法全都是假名，而這些假名言說的目的是要讓大家轉入信行、法行、須陀洹、斯陀含、阿那含、阿羅漢、聲聞、緣覺，目的就是在這裡，想要讓大家藉著這些假名而修學、而轉入這八輩之中，這就是 如來以假名言說而講出三乘菩提的目的。所以 如來在《大般若經》甚至說：我所說的這些法，其實我都沒有說過。是說這些法全都是假有，所以沒有任何一個法是眞實的；眞實法只有一個，那是法界中的定理，永遠不可推翻，就是第八識眞如。

但是證得第八識眞如以後，也不能就說這就是眞實法，因爲這個第八識不斷的在變遷，所以叫作阿賴耶識，證得之後把這個三自性弄清楚，生起智慧之後再修歸三無性，最後四智圓明，十力現起，阿賴耶識、異熟識改名無垢識，所含藏的一切種子究竟清淨不可再變異了，這才是眞實的常，叫作常樂我淨；可是因地都符合中道，不叫作常樂我淨，就是非常非無常、非樂亦非苦等，全都是中道；但是到達佛地叫作常樂我淨，這才是眞正的眞實法，所以這有層次的差別。

那麼阿難已經知道　世尊假名言說的目的，所以他點出來說：如來作了很多假名，目的是引導大家進入信行、法行等八輩的法，所以加上須陀洹、斯陀含、阿那含、阿羅漢、聲聞、緣覺，總共成爲八法。佛聽了知道他眞的懂得　佛陀所講的意涵，所以　佛陀告訴阿難說：「你於過去佛的時代，一佛又一佛的經歷過了以後，你都沒有忘記假名這件事情，你知道諸佛說的都叫作假名，你就這樣子瞭解了以後，於諸佛所種植的各種各類的善根，由於你善於瞭解假名的緣故，所以不被愚癡闇鈍所劫奪。」如來講「劫奪」兩個字表示什麼？是說很嚴重！對不對？

如來知道他不忘假名，種植了各種善根，那麼由於善於理解假名的緣故，不被愚癡所劫奪，也不被闇鈍所劫奪。愚癡與闇鈍有差別，愚癡是怎麼樣呢？他想不通，但是別人跟他講了以後，他就通了；可是闇鈍不同，闇鈍是再怎麼跟他說明，他都還是想不通，他一直都不能通透；而你再施設譬喻給他，他也不通，所以這時候就說是被闇鈍所劫奪了。如果就像中國一句成語說的「勤能補拙」，假使覺得自己闇鈍，讀一次不夠，我讀兩次；兩次不夠，我讀上三次五次、十次百次終究會懂，這叫作熏習與串習。因爲往世沒有熏習過，所以才變成闇鈍；那麼闇鈍修行過一段時間以後會變轉成愚癡，因此愚癡的時候如果聽不懂、讀不懂，人家用譬喻爲他說明，他聽聞以後就會恍然大悟，也就懂了。

所以愚癡與闇鈍會「劫奪」修行人的智慧法身，這個智慧法身經由不斷的串習之後，會漸漸消滅闇鈍。闇鈍消滅以後，接著就是消滅愚癡，將來不被它所劫奪，漸漸就可以了知：「原來如來施設各種假名，是要我們進入這八輩之中，進入這八輩之中就次第邁向解脫了。」那麼這些假名當然不是眞實法，所以 如來就說假名而施設的各種法，譬如說最明顯的信行、法行、初果、四果乃至聲聞、緣覺，這些果證存在嗎？不存在！而是依於眾弟子們的修證而達到那樣的境界，把它施設假名叫作「信行、法行」乃至「聲聞、緣覺」。

能夠這樣理解的人就知道假名所說也都是假的，所以證得阿羅漢果的人不會說：「我是阿羅漢果。」他不會這樣想。因為證得阿羅漢是住於灰身泯智的境界，他只等著不受後有，所以那一些都是假名。當他知道那是假名的時候，就知道所有假名言說都是「如幻、如水中影、如熱時炎、如呼聲響」。那麼像這樣的假名，如來就說：「阿難！你現在應當知道不被諸惡之所侵害。」換句話說，不知道佛法都是假名的人就被諸惡之所侵害，然後去執著有那一些佛法名相，說有這個法、有那個法；說我證得這個法，我還沒有證那個法；但其實都是假名，那些名相不是真正的佛法。現在退轉的琅琊閣張志成等人不就是如此嗎？那麼這時候知道這些都是假名了，就不被諸惡之所侵害。

諸惡之中什麼是最大的惡事？邪見。邪見就是諸惡之中的最大者。這時候有智慧光明了，所以「具足莊嚴而自莊嚴」，就能夠知道諸法假名的因緣，而且「無所忘失」。那麼這樣子「成就精進」也「不取精進之相」，因爲你成就精進的時候，就是你的煩惱滅除的越來越多了。煩惱滅除越來越多的時候，還會執著說我在這之前有多麼精進嗎？沒有了，那只是一個過程，那個過程是來完成你所要修證的階位或者目標，而那個階位或者目標也是假名施設。所以如果眞見道證得眞如之後，會計較我是第七住、我是初地、我是佛地嗎？都不會了，因爲眞如之中無一法可得，這樣才叫作證眞如，要不然什麼叫作證眞如？會計較一悟就是初地的人，其實全都是還沒有證眞如的凡夫，他們所說的眞如其實都是意識想像的境界，不是證眞如。

證得眞如以後，他每天告訴你說：「我證眞如了，我證眞如了，你看眞實如如啊！」是這樣嗎？那就不是證眞如，表示他還沒有死掉五陰我見。正因爲他還沒有死掉五陰我，五陰我沒死是不可能證眞如的，因爲他還在執著眞如，表示他沒有轉依眞如，也表示他其實落入五陰中。證眞如時，眞如境界中一法也無；因此到這個地步說：「而亦不取精進之相，無有忘失。」所以成就精進相的人不會取精進相，但他也不會忘失所證眞如中的「無智亦無得」，他也知道自己曾經這麼精進過，這時候他得到了「最勝智」。

可是什麼叫作「最勝智」？是聲聞菩提、還是緣覺菩提、或者是佛菩提？當然是佛菩提。因爲佛菩提以第八識如來藏這個法，函蓋了八識心王、五法、三自性、七種性自性、七種第一義，無所不包。那麼這樣來成就精進以後，他當然不會有所忘失，因爲都已經是他心中的事了，這時候就是得到「最勝智」。雖然得到「最勝智」，可是「亦不取智相」；當你證眞如之後，次第修學相見道位諸法而進入了初地，初地菩薩同時都有阿羅漢的果證，然後他起惑潤生，這時候會跟眾生計較嗎？

他是阿羅漢位起惑潤生，當然不會跟眾生計較，但是眾生需要教育的時候，他就來教育眾生。教育眾生的目的是幫眾生滅除闇鈍、滅除愚癡，讓眾生不再被愚癡闇鈍所「劫奪」，然後於佛法的修證上可以一步一步往前推進。往前推進的時候，他不覺得自己有往前推進，因爲越往前推進，捨棄的越多。煩惱捨棄越多，解脫與智慧就越來越高；解脫與智慧越來越高，捨棄的煩惱越多；最後全部捨盡，才叫作成佛。所以如果有人證悟了以後，一天到晚以證悟的姿態說：「我比你早悟十年，你得要聽我的。」那就不對了。世間法依世間法解決，而那一些所謂證悟的事情是要求轉依，重點在轉依而不是在於有沒有實證，在這部經中下一回就會講到這一些事情，諸位心裡先打個底說：「**下回要講這個，我記得來聽。**」今天講到這裡。

上週講經抽筋，我有沒有「啊」的一聲？有喔，大聲還是小聲？有說大聲也有說小聲。我這三年多來常常抽筋，以前抽筋時都不理它，繼續說法。有時候最長的紀錄，曾經講到十幾分鐘以後它自己消失，但因爲那都是局部的抽筋，都是腳底或者腳背，或者小腿外側，有時候是小腿內側的局部。但上週那是小腿內側整片肌肉都抽筋，忍了一分鐘不理它，結果沒消失，實在受不了，只好放下腿來；繼續講經不理它，又經過差不多七分鐘才消失。

但是這個抽筋或者說悶絕，跟定力有沒有關係？搖頭的人這麼少，有一位搖手更明確了。假使定力好就可以不抽筋，或者說假使定力好，就可以忍受那一些痛，這個說法對不對？爲什麼搖頭？譬如，如來當年木槍刺足，那麼還沒有得到醫療之前，爲什麼要入無想定？因爲很痛，既然這樣的話，就入無想定去休息就行了；無想定中沒有意識，就不必領納那個痛的相分，時間夠久了以後也會消失。如果我講經的時候入無想定，諸位聽個什麼？聽 如來說法？就是說，因爲抽筋的原因有很多，或者缺鈣，或者肝的能量不夠，中醫叫作肝苦寒，又或者說食物吃得太寒；那麼年紀大了加上一項叫作受寒，寒冷的時候也會抽筋；所以往往睡到半夜腳抽筋就醒過來了，趕快把腳蓋好，溫暖時就好了。因爲受寒太久，或是吃得太寒也會，或者外面的空氣太冷也會，冷久了就會抽筋，也是老人病。

所以三年多來，我以前都是請推廣部長幫我去買清華桂，然後我加在六味地黃丸裡面吃。但這半年來，因爲麗娟部長常常出差，所以我改請睿蓁師姊幫我買，因爲後來我知道她住在迪化街附近，離中藥房比較近，可以就近去買。今天她又幫我泡了清華桂，我就先把它喝光了；上座後，由於桂圓汁是兩包泡成一杯，我已經喝掉不只一半了，這是爲了預防抽筋。這個抽筋以前都是不理它，都是讓它自己慢慢化掉，最長的時間大概十幾分鐘。因爲上次是小腿後面那塊肌肉一整片都抽筋，實在是太痛了，所以把腿放掉。

但是這件事情也被琅琊閣拿來作文章，因爲張志成很喜歡講事相上的事。但是琅琊閣在那邊辯解說：琅琊閣不是某某人……，宣稱「**我還在增上班中**」等，但是我不必理會誰是琅琊閣，因爲不管是琅琊閣本人或者他的寫手都叫作琅琊閣，不必去區分是誰，因爲不過是那一小撮人，大概十個人上下，點也可以點出來。所以上週故意講了以後，等於作一個測試，果然他們馬上就反映出來了。這樣測試成功，已經可以確定是哪一些人；但是這一些人不管是通風報信的，加上琅琊閣以及他的兩三個寫手，我都把他們叫作琅琊閣。

但是有一個心態對於菩薩不適宜，所以我一定要跟諸位教導。他們不受教導，我不管，對諸位我要教導。這是說菩薩一向光明磊落不幹暗事，甚至於自己獨處時，只要發覺是惡心所就立即砍掉，不留一絲一毫，這才是菩薩。結果他們是特地匿名或化名寫了文章去網上貼出來，這個就不是菩薩之所當爲。如果已經匿名、化名幹了，那心性就不是菩薩，這個道理很簡單；而且一切所爲之事，全都是在他們的如來藏中幹的，業種自然都會記存在他們自己的如來藏中，來世當然就有異熟果。那麼這也表示我們增上班裡面，有人專門錄音去通風報信。所以我們增上班的上課規矩，顯然他們不肯遵守，因此這一測試就出來了。

另外一點是說，現在問諸位：你們願不願意接受錯誤說法的熏習？（大眾答：不願意。）爲什麼不願意呢？因爲人家講的是錯誤的，我們如果不斷的熏習，結果就被他們染污了。可怪的是，他們一群人一直說：「這蕭老師曲解經文隨便亂說。」卻又不肯離開，繼續要來聽受這個曲解後的經文，有沒有很奇怪？是啊！是很奇怪的心態。如果辯說不是曲解，所以願意來聽，那爲什麼又要一直在網上匿名貼文說都是曲解，這一定有原因的。那他們的原因到底是什麼？不是只有他們自己知道，我們用膝蓋想也知道，大家都知道。

所以法義如果不正確，你就出書正式提出來講。以前他們主張說眞見道一見道就是初地了，因爲他們認爲從相見道到通達位之中的修證，可以幾念之間就把它完成了。那我上週二講經時有說明過了，其實我弘法以來已經說明過很多遍，琅琊閣張志成也應該出來回應說，爲什麼他講的對，我蕭平實講的不對。這樣才是正辦，總不能夠在事相上罵一堆，然後我們已經講過他們不對的法義，他又不作回應，就專門在事相上講。

如果是要講事相的話，老實講 佛陀世代的事相，比我們正覺多很多倍，光是

《摩訶僧祇律》裡面記載了多少的更嚴重事相，其他沒記載的就不提了，所以在我們正覺裡面有這些事相都是正常的，因爲這是五濁惡世中的末法時代；然而 佛陀在世的正法時代就已經這樣，都比我們正覺的事相還多。如果說起諸大山頭，他們這類事相就多上更多倍。但要知道的是，由於那些事相的事，有不少阿羅漢弟子們在成爲阿羅漢之前的不如法，然後就說 佛陀講法錯了才會這樣，但事實上不是這樣。

而且我們正覺老實說，所有這些事相已經夠少了，不算多，比起《摩訶僧祇律》、《五分律》、《四分律》的記載，已經明心證悟的人去讀看看，那是幾倍的量，所以我們正覺事相上的事算是很少了。然而事相上的事，我們不必去談它，只要知道以後加以教導跟糾正就好，那就算是過去了，也不必把它公開。如果有人犯了戒律，例如有人檢舉犯戒，戒律院處理以後懺悔完了，就把它密封起來不許打開；直到那個懺悔的人過世了，我們就取出來化掉，也就是燒掉。因爲依律不許公開，他們退轉者不可以要求我們正覺說：「**你們誰犯了戒，爲什麼都沒有處理也沒有公開。**」沒有處理不是事實，因爲只要有檢舉，我們一定處理，處理了懺悔過後就密封收存起來；等到這懺悔的人過世以後就把它燒掉，不留存在人間，在佛法戒律中是這樣規定的。

那麼話說回來，他們既然說蕭平實講的法義是錯誤的，那幹嘛還要繼續留下來聽聞熏習呢？那不是被我錯誤的知見染汙了嗎？他宣稱自己懂《成唯識論》，那不然他也註解看看；不說正式的註釋，略註就好，註解出來讓大家分享一下，也不錯啊！談到這個，我順便跟諸位報告，我今天中午把《成唯識論釋》寫完了，(大眾鼓掌…)一百零八萬字加上幾百個字，但是本來叫作《成唯識論略註》，現在改為《成唯識論釋》。因為之前卷一到卷五都是略註，後來發覺我們有極少數老師對《成唯識論》有誤解，因為《述記》裡面講錯了，他就跟著誤解，然後錯誤的去解釋《成唯識論》，就主張說：「真見道、相見道、通達位是一時完成，所以悟了就是初地。」因此三年前我們回應時有留下一些文字，後來我寫了《涅槃》那一套書，就順便把它納入大乘涅槃的修證篇章裡面。沒想到琅琊閣、張志成還在主張同一件事，看來《涅槃》裡面那個註解，他們是沒讀或者是讀不懂。

所以我上週二再講了一遍，因為唯識五位裡面沒有見道位，只有通達位，然後解釋通達位叫作見道，接著再解釋通達位有兩個部分：眞見道與相見道。然後說明相見道中又有兩個部分，叫作非安立諦三品心，以及安立諦的十六品心跟九品心，所以通達位是包括眞見道與相見道在內的。如果說眞見道就是初地，可是 佛陀經中說般若正觀現前才只是第七住位，他們是不是在罵 佛陀講錯了？

是啊！說法之時不能隨便講，只要講錯了就等於誹謗 佛陀，《阿含經》中是這樣記載的。所以阿羅漢出去托缽遇到外道而跟外道論起法來，阿羅漢回來道場時就馬上跟 佛報告：「有某某人問我什麼法，我怎麼說，我這樣說有沒有謗佛？」因爲他說完了以後說這就是 如來說的。如果 如來不是那樣說，而他說是 如來說的，那就是謗佛。同樣的道理，如果不是 如來說的，而你把自己的看法說出來說那叫作佛法，就是指稱爲 如來說的，說就是佛法，那就是謗佛。

如來說「般若正觀現在前」就是第七住位，而他們主張眞見道就是初地；現在問題就要再確定一點，什麼叫作見道？大乘法的見道就是證第八識如來藏眞如心，沒有第二種見道。結果他們認爲說證知三無性叫作見道，可是 如來沒這麼講過，因爲三無性的實證是八地以後的事，把八地菩薩的證量來要求我們正覺的同修們在眞見道時就要證得，這有道理嗎？這個道理也要講清楚，所以他們那樣講就等於謗佛。如果眞的懂《成唯識論》，那你就註解出來，不必全部，你選其中的一卷最簡單的、最容易懂的註解出來，讓大家看看，那不就得了？不必在那邊諍論。註解出來以後，讓大家把兩邊的註解拿來比對看看。所以這個道理我是要教育諸位，因爲我講給他們聽沒有用，他們是吃了秤砣鐵了心，絕對不依止蕭平實說的法，可是卻要繼續來偷聽蕭平實說的法。因此這個道理，我要跟諸位教導，免得也許有一兩個人被誤導了，將來出問題的時候，怪罪說：「**您蕭老師當年爲什麼不講。**」我現在有講了喔！

那麼那一天我講那些話，還有一個原因，是爲了避免琅琊閣相關者的家人，或者他相關的親人同修等，處在同修會中產生尷尬，是爲了這一點而說。據我所知，回報的情況是，我們正覺同修會的同修都很理性、都很含蓄，所以都沒有表示出任何排斥他家人的意思或者行爲，這樣我就達成目的了。這也是我於這個週二要再講一遍的原因；雖然我法上講的非常多，但是這也是原因之一。不過他們有一群人在增上班裡面看來是有偷錄音，所以我說的每一點他都能夠去寫。這倒讓我聯想起來說，這《根本論》講完之後要重講《成唯識論》，重講《成唯識論》之前，我是想要先講一部經典，只在增上班講。那部經聽起來，大家會覺得太棒了，把自己的所證跟經典中所說的，可以每一點都拿來印證。但是我現在不敢講那部經典了，因爲這些人一定會把我講的那一部經典叫作什麼名稱，經名與內容都會洩漏出去，就成爲故意違犯 佛所教誡不該洩露密意的重戒了。所以我現在很猶豫，到底該不該講，目前比較偏向於不講；如今座下親教師已經說不該講了，所以這是一個考量。

然後重講《成唯識論》的時候，又要考慮他們錄音的事，因爲現在錄音科技太發達了，你把手機收集起來，也還是有漏洞，因爲還有錄音筆，就好像一枝筆插在口袋裡，你也看不出他在錄音，所以這是很麻煩的事。因爲《成唯識論釋》預計再補充十萬字，就是一百二十萬字之內完成，因爲卷一到卷五我要再補充，卷六到卷十本來就是釋；但卷一到卷五原來是以略註的方式去寫的，所以現在要補充。我的想法是一百二十萬字完成，我改用十二級字，現在我們的書都是十三號字，我改用十二號字來編排印刷，一本二十萬字加上序文兩三千個字，每一本大概二十萬加上兩三千個字，這樣六本就可以印完。但是要等講完一冊、講完足夠一本的分量可以出版時再出版；所以《成唯識論釋》預計講五年，預估大概將近一年出版一輯，總共六輯。可是在我出版前，如果他們以偷錄的音檔先整理出來出版了，說是他們的，那怎麼辦？所以我這也得考慮著，到時請行政部再研究一下，看看這錄音的問題該怎麼解決。如果錄音的問題可以解決的話，《成唯識論釋》講完，我們回頭再來講那部經也可以，這就是我的想法。這樣子有關法上、事相上的教導，我說過了，所以未來不可以再指責說我沒有宣講、沒有教導，我如今已經講過了。

回到《不退轉法輪經》，接著要講快一點；今天要從六十頁的最後一段開始：

經文：【爾時世尊即說偈言：「

愚癡諸眾生，懈怠少智者，則不知假名，應當勤精進；
能解於假名，如實知諸音，救度於世間，令得眞實智；
知假名空已，彼即菩提覺，亦不得菩提，是名說菩提。

假名即空相，空不能知空；空但有音聲，離一切諍論；
顯示如是義，於空無所取，亦無可證處，云何有得者？
是名爲空空。
如是阿難！當知空法甚深無量，不生放逸亦無所失，是名說辟支佛具足行地。」】

語譯：【佛陀開示完了以後，隨即說了一首偈，這偈是這麼講的：「
落在愚癡裡面的各種眾生，以及懈怠而且少有智慧的人，他們聽了我的說法
以後不知道這些都是假名，他們都應當要勤行精進修學；
如果能夠勝解如來所說的都是假名，如實了知如來說法的音聲，他能夠救度
於世間眾生，令大家獲得眞實的智慧；
了知一切都是假名故空以後，他就是有菩提的覺悟，覺悟以後也不得到菩提，
要這樣子才可以叫作菩提。
假名其實即是空性的法相，然而空性自己不能知道空性；空性這個聲音也就
只有音聲，卻是遠離一切的諍論；
顯示出來像這樣的義理，對於空性也不曾有所取，也沒有可證之處，那麼這

時候還有誰是證得空性的呢？得要是這樣才能夠稱之爲空性的空。就像是這樣子，阿難！應當知道的是空性這個法甚深極甚深然而卻是沒有量，證得這個空性的人不會生起放逸也不會有所失，這樣就可以說是菩薩辟支佛具足而行的境界。」】

**講義**：因爲這裡講的是菩薩辟支佛。現在說，對於 如來的所說，不能生起勝解的人叫作「愚癡諸眾生」。諸位來到正覺學法聽經，就是對 如來的所說能夠生起勝解，不管有沒有證眞如都有勝解，只是有多分勝解、少分勝解的差別罷了，因爲你們現在都已經知道佛法的中心主旨就是證眞如。這在將來《成唯識論釋》出版以後，你們慢慢研讀，也可以證明這一點：佛法很簡單的說，就是證眞如三個字。然而證眞如很困難，悟後細觀則更困難，而《成唯識論》裡面有好幾個地方都說要證眞如，也告訴大家如何是證眞如。

但因爲以前我第一次講《成唯識論》的時候，沒有限制聽講資格，所以他們聽的時候不懂，悟了以後距離當年聽講的時間太久了，就忘了當年《成唯識論》是怎麼講的，因爲當年也沒有聽懂。一定要證得第八識以後才能聽懂，沒有聽懂的時候就沒有勝解，沒有念心所。而且以前我們出版的書也很少，那時才只有兩三本書，所以大部分人都聽不懂。因爲當年聽講時的大部分人都沒悟，因此他們誤會證眞如的意思。所以二〇〇三年那一批法難的人才會說：「正覺證悟的阿賴耶識不對，應該要證佛地眞如才對。」那是他們發動法難的原因之一，但這是表相的原因，背後的原因還是爲了個人的私心，咱們不再提它。

同樣的道理，現在繼續有一批人化名叫作琅琊閣，說：「你們正覺證第八識這個開悟不是眞的開悟。」那麼問題來了，佛陀當年樹下降魔之後開悟，大圓鏡智現前，也是悟得第八識眞如；傳給大迦葉、傳給阿難，一路來到中國、來到臺灣，同樣還是證得第八阿賴耶識；大乘佛法沒有變異、沒有演變，前後一味不變。如果證得第八識如來藏不叫開悟，始從 佛陀、來到中國的初祖菩提達摩、一直到現代全部都悟錯了，所有祖師都悟錯了，這是何等嚴重的指控。他們當然會說：「我沒有指控他們悟錯。」「但你說的開悟不是證阿賴耶識、不是證第八識如來藏，不就是指控他們悟錯了嗎？」這是很嚴重的問題。所以要提出一個論點或者提出自己的創見之前，先要思惟說：「我提出這個論點背後會產生什麼問題？」當你要教導眾生的時候，你這樣教導以後，背後會產生什麼問題，全都一定要先行考慮。《六祖壇經》也講得夠白了，證悟就是證得第八識如來藏。要不然宋朝最聞名的禪宗兩大派—默照禪跟看話禪—所悟也都是第八識如來藏，如來藏又名阿賴耶識。如果證如來藏而現觀其眞如法性時不叫開悟，什麼才叫作開悟？那是不是上從如來下到禪宗諸祖都沒有開悟了？因爲他們都是證第八識如來藏。當然其中有少數錯悟的例外，像圭峰宗密他們悟的是離念靈知。所以說法的時候一定要正確，然後讓聞者都能起勝解，沒有證的人也知道是要證阿賴耶識，也能聽懂說阿賴耶識自性是如何，然後求證阿賴耶識。

這道理，在〈唯識三十頌〉裡面說：「現前立少物，謂是唯識性。」因爲還沒有證得，所以現前把祂假立說我有一個阿賴耶識，這個阿賴耶識的自性就是唯識性，想要契入唯識性中的人得要證阿賴耶識。證得阿賴耶識以後，就可以藉這個唯識性來勝解唯識相，原來萬法都唯識而生而顯，這樣就進入唯識相了。這就是說，所說法一定要讓聞者對佛法生起勝解，有了勝解以後「現前立少物，謂是唯識性」，然後去求、去證，一旦實證了，那就進入唯識性裡面了。所以才說，說法者一定要讓大眾都如實理解，凡有所說都是假名；若如琅琊閣、張志成等人外於第八識而求證眞如，所證的眞如本質全都只是思想而無實質，成為心外求法的外道。但是 世尊所說那些音聲法義背後所代表的意思，所代表的那個正義，才是說法者所要說的內涵，所以不要落在假名裡面。

我再舉個例好了，既然都談琅琊閣了，我就談一談。證得三無性之前，先要證得三自性，同樣都是三個。那麼請問：三自性裡面最重要的圓成實性，這圓成實性到底是指什麼？（有人答話，聽不清楚。）對啊！正是諸位講的如來藏所顯示出來的圓滿成就染淨諸法的眞實性。只有第八識如來藏有這個功德，祂可以圓滿的成就一切諸法，不論是有漏的諸法、惡的諸法，或者是善的、無漏的諸法，都由這個如來藏來成就，所以祂有圓滿成就染淨諸法的眞實性。

但現在有人說：「**我證得圓成實性了。**」可是你問他如來藏是什麼？他不知道。他不知道，就表示他沒有證得圓成實性。或者有人說：「**開悟不是證得第八識。**」然後他卻說他懂得三無性，那麼問題來了，三無性是建立在三自性上面，是證得眞如而現觀三自性，然後究竟轉依了第八識眞如以後來看三自性時，這三自性統統不存在，這才叫作三無性。可是這三無性要依三自性而有，三自性裡面最重要的叫作圓成實性，不證圓成實性就無法現觀三自性。而他把圓成實性之所從來的第八識如來藏否定，那還會有圓成實性可證嗎？不會有了。

當他們把如來藏否定了以後，說：「開悟不是悟得這個第八識，所以有沒有證如來藏不重要。」當他們這麼講的時候就是沒有親證圓成實性，因爲圓成實性只有如來藏才有，那他們所說的這種圓成實性就是假名，沒有修證上的實質。所以，圓成實性四個字的意思，是在表顯如來藏有圓滿成就一切染淨諸法的眞實性，而不是這一個圓成實性本身有一個法性叫作圓成實性。

那麼能夠親證圓成實性的人，一定是從證得第八識如來藏而現觀的，這時候的現觀叫作諦現觀。那麼這樣證得以後繼續進修一直到習氣種子隨眠滅盡了，進入八地以上了，才可以談三無性。現在他們連七眞如都還沒有辦法作觀行，相見道位都還沒有完成，連眞見道的根本無分別智都沒有，就來談八地以後的三無性，就好像這下面的三十七樓還沒有蓋好，就要去蓋第三十八樓，如果加上十信位就是四十八樓，能蓋得起來嗎？而那樣叫作實證的佛法，就成爲自欺欺人了。所以對佛法的如實勝解很重要，這個勝解要依於如實說、如實聞，然後如理作意思惟，這樣才能夠說有眞實的勝解，否則他們最多只能叫作解行而沒有勝解，全都只是錯誤的聞慧與思慧。

所以 如來說了很多的假名，那一些假名的背後是要傳達給我們什麼意涵，這個才是最重要的事。而 如來這一些假名傳達給我們的就是證眞如，所以始從七住眞如、十住眞如，一直到十地的眞如，最後佛地眞如，如來告訴我們該怎麼證，都是說明要證第八識心體才能現觀祂的眞如法性，外於第八識心體就沒有眞如可證可觀。因爲 如來說的法很多，所以《成唯識論》把它聚合起來編成一部論，以百法（百三昧）及〈唯識三十頌〉爲主軸來講，這樣就容易理解整個佛法的脈絡。所以，不管是 如來經中所說、諸菩薩論中所說，全部都是假名。

譬如說，當我在告訴諸位眞如的時候，這眞如也是假名。可是我說明眞如的時候，眞如背後的那個眞義，才是我要表達給諸位的意涵。所以要去了知我所說的意涵，而不要執著在眞如那個名相上面，因爲那名相只是假名。同樣的，七種性自性、七種第一義、五法、三自性、三無性，全部都是假名。但是，如來藉這一些假名來傳達祂要給我們瞭解的意思，我們能夠瞭解的時候就知道說原來是要我們證眞如，所以就有各個階位的眞如要在悟後進修及現觀。

我如今在《成唯識論釋》裡面，就針對這個證眞如特別去寫它：第七住位的眞如、十住位的眞如，十行、十迴向位乃至十地眞如、佛地眞如，特別把它註解出來要領是什麼，這樣以後大家就不必再誤會了。所以，凡是不知 如來所言、諸菩薩所言都是假名的人，不能理解那一些假名背後意思，那麼 世尊說這樣叫作「愚癡諸眾生」。但是有些人不愚癡，而他們也不能理解，那就是因爲他們「懈怠少智」，本來沒有學得什麼智慧，有的只是世間的聰明伶俐，但那不是智慧，世間的聰明伶俐只能叫作聰明，是對於世間法的聰明而不是學法上的智慧，智慧是專指三乘菩提中的解脫智。他們懈怠又少智，所以也不知假名；如來就勸請這一些人應當要勤加精進。

反過來說，如果有的人能夠勝解於各種的假名，因爲假名有很多，三藏十二部經典，以前大家都說浩如煙海，聽過吧？對啊！可是爲什麼浩如煙海？因爲讀來讀去是那麼多的假名，可是 如來究竟在講什麼？我要怎麼樣契入，這是大問題。

十二部經典浩瀚無邊，根本無從勝解，想要契入，門都沒有！可是今天諸位可以實證，這才重要。在座當然還有更多人實證，只是還沒有拿到我的印證罷了。現在要拿到我的印證，經由琅琊閣、張志成給我的教訓，我得要讓諸位多上幾次禪三鍛鍊，一定要弄個通透才行，要不然到時候下山回來又說：「**我不承認你這個是開悟。**」一竹篙打翻一船人，那我是何苦來哉呢！所以一定要比以前更嚴格才行。

那麼能夠理解這一切所說全部是假名，這表示你已經如實知道 佛在經中或者菩薩在論中所說的那一些法音。這一切法音，你都如實理解的時候，才有世出世間的智慧可以「**救度於世間**」。在佛法中除了實證以外，最重要的就是「**救度於世間**」。所以，如來說菩薩在利樂有情的時候從來不爲自己，本來就應該是這樣。你看我們會裡親教師有哪一個是爲自己？包括我在內，領了薪水嗎？領了車馬費嗎？領了鐘點費嗎？都沒有，都是義務性的出來教導大家，這就是「**救度於世間**」。

但是，爲什麼 佛陀這麼看重「**救度於世間**」？因爲正要這樣去度眾生，去給眾生磨練，磨練到不起脾性了，覺得這是正常的事，所以性障漸漸的在歷緣對境當中調伏了。性障調伏下來，初禪就發起了。所以不要以爲修初禪是打坐得來的，我的經驗根本不是打坐得來的。我努力打坐是發起初禪之後的事，因為後來我知道怎麼樣修二禪，是看到《大智度論》說：「是故除覺觀，得入一識處，……得入此二禪。」結果其中四個字讓我弄懂了，我開始修二禪時才開始打坐。所以只有學佛的第一年我有打坐，因為人家教的就是打坐。後來我發覺禪不是這麼回事，就不坐了。

既然你了知假名，證得諸佛菩薩所說法音的內容，正要去度眾生、讓眾生磨。所以我們經歷三次法難，這一次還不算法難；法難是有一定規模的才叫法難，要不然每一個人退轉了都叫法難，那我們要有十幾次的法難了，所以這次不叫法難，只是退轉。而且以前發動法難，他們是站出來發動的，現在這個哪叫法難？躲在網路世界而在背後化名寫文章，這不叫法難，這叫退轉者的質疑。那三次的法難，我沒有生氣過，但是二〇〇三年之前的第二次法難，也就是正覺即將成立之前的時候，我是打算把各處共修會結束的，打算過農曆年後再上一堂課，下課時直接宣布解散。

那時是這樣想的，因為覺得度那些人沒什麼意思，我還是回去把故鄉的土地蓋起房子來，回家休養退隱，想要把以前佛世所有的那一些禪定、神通修回來，因爲眼前這些人都屬於俗人，度俗人要神通。神通修好了，我每天晚上入夢去敲他們腦袋，所以那時候準備要結束；但是當時被一位林師姊知道了，她偷偷去告訴其他同修們另覓道場繼續共修，所以後來我要宣布解散時，就沒有宣布成功。

這就是說，度眾生是怎麼樣呢？我們不像外面的大師小師們是收受供養的，我們是義務的。我還自己出錢，我沒有從同修會拿過錢，還出錢來贊助，老實說你們捐錢能比我多的很少人啦。以前買這個講堂的時候，三千七百多萬還是多少錢？我忘了，那時的總幹事趕快溜走了，因爲她怕正覺向銀行貸款時要作保。那時候同修會只有一千三百萬現金，買這間講堂時是打算要向銀行貸款的，那時我個人先捐兩百萬元；我在後面捐的就不談，當時就這樣買這個九樓，我就捐兩百萬。因此大家看我捐了，大家也一起捐款，結果裝修完畢以後還有剩餘，眞是意外。這就是說，當菩薩是要去給眾生磨練的。

就像第一次法難發動的那一批人，其中有個姓劉的，名字就不談；當時他生活過不去，他是作一些小加工的事業，住在臺北市的洲美；有一天他突然接到較多的訂單忙不過來，當時我也去幫他作工，把他當作親兒子一樣。我的親兒子，我都還沒有幫忙作過工。而我去他家作工時，還買包子過去，結果是他發動法難，因爲他被自在居士所影響而信受月溪法師的離念靈知；可是我當時有生氣嗎？沒有啊！我就破斥月溪的落處，繼續度我要度的眾生。

第二次法難也是一樣，但那規模都還不夠大，就是只有十幾個人站出來質疑正法，三、四位親教師一起退轉。二〇〇三年第三次法難是南北串聯，當時楊先生他們發動法難以後，那時張老師很辛苦，臺中、臺南南北奔波這樣跑，一個人要兼很多班。現在大陸有一位同修說：「現在這樣也是法難。」我說：「他們又還沒有離開，目前離開的只有一個人，這哪叫作法難？」所以我們戒律院老師告訴他：「這個不是法難，不要再說這是法難，還不夠格。」等他們能有十幾個人一齊走了，帶著好幾位親教師離開時，我才會稱之爲法難，目前還是小規模的。但會不會成就第四次法難，我想不會，因爲他們說法的錯誤，我在二〇〇三年時都已經講清楚了，我講他們所犯重要的部分，小的部分就不用講。最重要的部分、最明顯的部分都會錯到這麼嚴重，那小的部分當然也會錯，那就不用談它。

所以說證眞如之後，你有智慧了，要出來度眾生，度眾生的目的就是歷緣對境。歷緣對境的意思就是給眾生磨，磨到你的稜角都不見了，最後你習慣了，說度眾生本來就是這樣，因爲這是五濁惡世又是末法時代。既然本來這樣就見怪不怪了，變成習慣以後根本不會生氣。這樣你也進步了，你度的眾生裡面也有人可以實證，他們得到「**眞實智**」，這樣你又成就了幾分佛土。度一個人證得眞實智，便是你成就一分佛土。度一百個人能夠勝解眞實智，雖然還沒有親證，但是知道開悟是什麼、佛法是什麼，有這些勝解了，這也叫「**眞實智**」，那你又成就一百分的佛土；因爲佛土不外於心，眾生心就是佛土。所以能夠有如實智的人要出來利樂有情；但是有少許人自以爲如實智非常棒，我就不讓他出來，因爲他磨不起。如果能夠經受得起眾生磨的，我派他出來才有用。如果他出來是要當老大的，不是要來給學生磨的，他很難成就佛土。

接下來說，「**知假名空**」之後是什麼境界？如來說空性、說空相，這空性或者空相都叫作假名。那空性與空相到底是指什麼？《心經》說「**是諸法空相，不生不滅、不垢不淨、不增不減**」，有沒有？連講了六個不，那空相是指什麼？（大眾答：如來藏。）對，講得那麼小聲，放在喉嚨裡面講。但是你說如來藏，如來藏是不是假名？對啊！也是假名。但你要證得如來藏這三個字的眞實意涵，就是你所證的那個第八識心。但不只是證得就算數，證得之後你要用經論中所講的，如來藏阿賴耶識的自性，祂的功能、祂的功德，從你自身來觀察有沒有符合，有符合了，那你就如實「知假名空」，因爲如來藏只是假名，目的在於宣說第八識心體。

如實知以後「彼即菩提覺」，說他就是證得菩提的覺悟，因爲覺悟是依三乘菩提而說的。世間法的理解不能叫作覺悟，因爲世間法本來沒有覺悟這兩個字，後來有覺悟是從佛法引用過去的。就好像世間法也沒有金蓮，結果很多人說金蓮這個名字好，生了個女兒就把她命名叫金蓮，之後就變世俗化了。世俗化不打緊，又有《水滸傳》寫了出來，說潘金蓮是怎樣的一個人，就變成汙名化了。本來金蓮是好名字，那是菩薩的輪寶，觀世音菩薩站在金蓮上，你看多莊嚴；結果現在金蓮不但世俗化，還汙名化了。

所以即使說個如來藏、說個眞如也是假名，你要證得假名背後那個不是心的心，證得以後就叫作「菩提覺」，叫作覺悟。世間人有時候會罵人說：「你要覺悟了，這一下皮繃緊一點。」那是從佛法中拿去用，把「覺悟」兩個字世俗化了。可是證得「菩提覺」的人，他其實沒有得到菩提；智慧生起了以後知道實相是什麼，可是有得到什麼嗎？沒有啊！因爲如來藏、眞如是自己本有的，不是外來的，也不是修行才成就眞如。眞如是本來就存在的，是自己本來就有的。以前不知道，現在善知識幫忙指導，終於證得了，證得的還是自己本來有的，所以並沒有得到什麼；而且從所證的眞如境界來看時，從來並無一法可得，因此說「**亦不得菩提**」。

如果覺悟是從外面得到什麼回來，那就是虛妄法，因爲不是本有而且無生的家珍；是你家裡本來就有的，誰都搶不走，才是眞正的寶貝。如果你從野外撿了一大堆或一卡車黃金回來，親朋好友一定會來跟你要：「**你也給我幾塊吧！**」他們都來要幾塊黃金，因爲你從外而得。可是如果是家裡的，他們不會來要，因爲那本來就是你的，道理是一樣的，所以菩提的實證沒有一個外法可得。我們以前剛買九樓的時候，有一個佛教界的道場，現在看來應該叫作附佛外道，還竟然跑到我們九樓電梯口來發他寫的經本，說他自己是佛，然後印證他的徒弟：「**這是某某菩薩、某某菩薩。**」我後來聽說這件事時，覺得他們膽子好大。我們那時候的福田組長姓詹，他下週就把我們的書拿到他們講堂門口去發，結果他們就不見蹤影了。聽說他們印證開悟的人，每一個人發給一張證書。開悟能發證書喔？那個證書叫作無效的證書。

開悟時到底有沒有眞的悟？自證自知，因爲有轉依成功了就有功德受用，沒有轉依成功就沒有功德受用，縱使知道如來藏的密意也不叫開悟。所以開悟那一頂帽子不重要，裡子才重要，自己心裡有功德受用、智慧有生長，這才有用。如果智慧沒有生長，然後說善知識什麼講錯、又是什麼講錯，結果被人推翻掉說善知識根本沒錯，是他自己誤會錯了，那就沒有功德受用，也沒有解脫。換句話說，不論是煩惱障或所知障都沒有打破，那這樣空有一頂開悟的帽子戴在頭上有什麼用？所以開悟要有開悟的實質，那個實質才重要。

但有時候知道如來藏的密意，找到如來藏了，沒有轉依成功，因爲心中不得決定；那就要等了，等什麼時候？等善知識說某一種法時，他突然確定說：「**啊！對呀！我應該這樣才對。**」這時才算他開悟，因爲他這時才算眞的轉依完成。要不然就要等到下一尊佛，當 佛說法說到某一個階段的時候，他心裡面決定了：「**啊！**

學佛法果然是應該這樣。」當他心得決定的時候，就生起無生法忍或者般若正觀現前，或者生起無生忍並不一定，因爲他心得決定了。

所以證悟其實沒有什麼可以叫作菩提，因爲你轉依如來藏的時候，如來藏的眞如境界中無一法可得，而你這個智慧也是要依如來藏這個眞如而有，所以你這個智慧與眞如平等平等無二無別，還是要歸屬於眞如心，雖然眞如境界中完全沒有智慧；但你這個智慧要歸屬於眞如與祂平等，這樣內遣智慧，才叫作證眞如。所以得菩提的人沒有菩提可得。

接著說假名就是空相，所以「**假名即空相，空不能知空；空但有音聲，離一切諍論；**」也就是說，從實證者的立場來看，一切假名所說出來的諸法全部都是空性的法相。即使是一個惡人正在行惡之時，也叫作空的法相，也是空性如來藏。有沒有覺得奇怪？沒有啊？顯然你們都有勝解。如果我在外面講這些話，人家心裡面馬上會出現一句話：「**你精神有毛病。**」因爲惡人正在造惡，爲什麼也是空性的法相呢？他不能勝解，他一定會說：「**你至少也說善人在行善叫作空的法相吧，怎麼惡人行惡也叫作空的法相？**」可是他不知道空的法相沒有善惡，但不論行善、造惡全都是空的法相，因為一切善惡之行全都是在第八識空相之中完成的。

然而如來藏這個「空不能知空」，因為祂不反觀自己這個空性，也不反觀自己有「空」的法相，所以當你轉依如來藏的時候就沒有「空」可說了，這樣才叫作證眞如。只要說個「空」，這空就只是個聲音，所以當善知識在解說「空」的時候，你要去理解空的意涵是什麼，而不要落在它的文字相、音聲相裡面。當你如實了知「空」就只有音聲，這時候表示你知道「空」的意涵是什麼，因為「空」的境界中就是如來藏眞如的自身境界，沒有一法可得。所以說個「空」也就只是個音聲，這時你有這個智慧了，也就「離一切諍論」，你就跟任何人都沒有諍論了。

有一次外道到處說「瞿曇與我們諍論」（瞿曇就是釋迦如來世間的俗姓），說如來都在跟他們諍論。有弟子把話傳過來，如來就說：「外道與我諍論，我不與外道諍論。」為什麼呢？因為 如來所說如實，既然所說如實就不叫諍論了。可是所說不如實，硬要跟人家爭到贏，那就叫諍論，所說不如實還不服輸就是諍論。你如果證得如實法，為人家宣說如實法，而人家起來反對說：「你講的根本就不對。」你就為他們再解釋，這時他們會認為你在諍論，可是你沒有諍論。

這樣變成習慣以後，你漸漸就可以入地了，因爲這個熏習很重要，就是要去跟眾生鬼混。會跟你諍論的人叫作眾生，眞正修學菩薩道的人不會跟你諍論，懂嗎？所以你既然是跟眾生處在一起，那就叫鬼混。跟菩薩道的修學者在一起不叫鬼混，因爲他們會努力精進修學，不會跟你諍論；有疑問時他們會提出來問，但不會跟你諍論，所以你要作的就是爲他們釋疑，不會有諍論。如果他會跟你諍論，就不是菩薩，懂嗎？所以跟眾生在一起，眾生一直跟你諍論，那你不斷的跟他們處在一起，你就是跟眾生鬼混，這樣說得夠重了吧？很重，但是不會警覺的人還是不會警覺。

講到這裡，一定有人會想：「您蕭老師爲什麼要一直去招惹琅琊閣？」因爲我要救他們，就要不斷招惹他們。可是今天過後，我也許不想招惹了，反正我救人的工作作到今天爲止，因爲他們的個性很清楚：你講一句，他就要講你十句。所以百試百驗，我只要講過，他們會馬上回應，雖然他們也明知自己講的都不對。可是他們如果不想被救，要繼續諍論，我每講一次，他們就會造更多的業，所以我要救他們的工作講到今天爲止。如果他們再去編造什麼故事，我也不回應；針對法義，我們來作回應。那些事相上的事，講來講去無聊，因爲事相上的事，在五濁惡世的僧團中永遠都有，其他各個道場更多很多倍，我們正覺算是非常非常少了，已經是稀有動物了，所以事相上的事不必再回應，也因爲他們講的事相上的事都是編造的假事實。但我今天講的也不是講事相，我還是從法義上來講。

這就是說，「空」這個道理，你得要去如實理解，如實理解之後，你要爲眾生演說。所以證悟之後不是爲自己，而是要爲眾生；也是爲眾生求悟，不是爲自己求悟。我們這個法不傳給自了漢，有時候求悟者之目的是爲了有一頂悟的光環，然後用這個悟的光環可以去得到世間法中的利益，這不是我度眾的目的，因爲那是爲他自己的利益而求悟，我不是要度這種人。

我要度的是悟了以後，他可以去爲眾生的解脫與智慧努力，不是求自己的利益。而這樣的精神從我開始，要從上貫徹到所有一切同修的身上去，這樣才是眞正的菩薩行。如果要接受供養，我也會作，不是不會；我可以口裡說不接受供養，然後把後門打開，大家都從後門來供養，我也可以這麼作；但我不要，因爲這要耗損了自己多少福德，修福都來不及了還要耗損掉。損了那麼多福德，收了那麼多供養以後留給孩子，然後自己下一輩子當窮光蛋，有這麼傻的人喔？沒有啦！

所以應當要知道，爲眾生而求悟才是正確的心態。老實說，現在不建立這樣的心態，未來也要建立，早要走這一條路，晚也要走這一條路，何不現在就走，何必拖拖拉拉一直拖到好幾劫以後才走。你們看看 如來，如來有吝惜於法嗎？沒有！如來得到供養的時候有全部納爲己有嗎？也沒有，生爲王子都不當了，把自己完全奉獻給眾生，要這樣才能成佛。

結果三歸依的時候發了四宏誓願，來到正覺證悟了，以前的老師或上師教導他悟錯了，他們從來都不談，專門來談蕭老師悟錯了。很奇怪喔？甚至於指責我：「爲什麼要用『上師』這個名號，不是學密宗嗎？」不，密宗那根本上師四個字是從佛教學過去的。誰是根本上師？佛世是 釋迦牟尼佛，因爲不管誰證悟都得之於 佛陀。末法時代誰是根本上師？幫你證悟如來藏並教你轉依眞如的就是根本上師，因爲佛法中才有根本法，依他而證得根本法時他就是你的根本上師。

密宗哪有根本法，他們哪來的根本上師？他們都是學佛教的，佛教有什麼名詞他們就學去，但是用他們自己的解釋。所以根本上師四個字，不是學密宗的，我現在要一個一個把它們回歸正法來。就好像空行，空行也是佛法中的名目，密宗沒有空行；但他們自己也去弄個空行，把一個專門搞男女欲的男人叫作空行勇父，然後又發明了明妃叫作空行母；但他們有空行嗎？全都落在三界有中，而且是欲界有，哪來的空行？所以「空行」本來也是佛法。

所以說這樣爲眾生求悟，悟了以後願意出來利樂有情。可不要像我以前最早期度的有些人，我對他說：「我們準備再開班，這回換你出來帶班。」他就溜了，不肯出來度眾生，那我度他們何用？所以證得空的人要瞭解空，空的意思從現在起，在今天這個時候，我要再作一個補充：空就是沒有貪心，不貪求眾生任何的財物供養等，因爲空性從來無貪，你既然證得空、轉依空了，爲什麼還起貪？還要作什麼諍論？

接著說「顯示如是義，於空無所取，亦無可證處」，顯示出空的道理是這樣子，所以空的眞實義要理解；理解了以後，空既不知空，空也不起貪，轉依後也不會生起任何與貪等相應的思、或作意，所以對空也無所取。所以眞正轉依成功的人，不會一天到晚想著「我證空性了」，他不會一天到晚想著說我證如來藏了。如果還有你證得空性，表示你還沒死掉，你還在！所以菩薩爲眾生作事的時候，根本就把空性忘了，因爲有一個作意在：我住在空性裡面爲眾生作事。所以這時候「**於空無所取**」。

從世間法來看，說你證得空性了，那你證得的空到底是什麼？這空有很多的說法，有人來問：「**如何是佛法大意？**」這個禪師說：「**乾屎橛。**」問另一個禪師，他說：「**無汝下嘴處。**」問另一個禪師又說：「**海底泥牛行。**」再問另一個禪師，他又說：「**水潑不濕。**」怎麼一個空有那麼多的名稱？但就是有那麼多名稱。但是說你證得空、證得如來藏、證得眞如，你有所證嗎？有所證是方便說，爲鼓勵大眾努力修證。可是證得以後，你並沒有所證，因爲這個空本來就在你身上，祂並不曾遺失過，不需要你去找回來，也不是別人給你的，你哪有空可證、可得？空性是你自家本有的，所以才反問一句說「**云何有得者**」？怎麼可以有誰說他證得空性？那麼依據這個道理，所以三自性也就觀爲三無性了。可是要如實轉依變成三無性還眞不容易，那是修習位中的事，在唯識五位是修習位的事，還不是見道位、通達位中的事。

那麼如是所說這些道理，才可以歸結成一句「是名爲空空」。換句話說，你證得空以後，不要一天到晚記掛著空，連這個空也要空掉。這個空也空掉了以後，你才是眞正的證得空。所以證得空的人沒有空可證、可得，因爲也要空掉。還記得非安立諦三品心嗎？第一品心內遣有情假緣智，就是要把有情假緣而有這個智慧向內遣除，歸於眞如心時這個智慧也不存在了，就以這樣智慧的轉依而繼續努力爲眾生。所以得要內遣，把這個智慧也內遣，當這智慧內遣成功了，便成就一分眞如，這叫第七住位眞如。

如果又眼見佛性了，眼見佛性到底是眞見道還是相見道？並不是相見道。眼見佛性也屬於眞見道，因爲佛性是眞如的另一面，也是總相，不是別相。你明心之後看到眞如是看到這一面，可是眞如還有另一面叫作佛性。同一個眞如，你看到這一面以後，還要再看到背後這一面。所以眼見佛性之後，連同證眞如的智慧，這時才算眞見道圓滿。把這個智慧再向內遣除歸於眞如，這個智慧與眞如平等平等，這就是證得十住眞如，如幻觀在那個當下成就。這樣講夠白了，證悟的人就會聽懂我的話。所以證得空性以後，眞正轉依成功的人住於空性的境界之中是沒有空的，是連這個空，連所證得的空性這個空也要空掉，別老是執著證眞如、見佛性的智慧，也就等於是向內遣除智慧歸於眞如心的意思。

然後 佛陀作個總結：「**就像是這樣子，阿難！應當知道的是：空這個法甚深極甚深，而且祂沒有量可言；**」你不能夠說空是五才十才、五斤一斤、五噸一噸，或者一平方米、二平方米；祂沒有量，因爲祂是空，所以無量，正因爲無量所以甚深。以前我們正覺還沒弘法的時候，各大道場有一句話常掛在嘴邊說：「**般若甚深極甚深。**」以前我常常聽到這一句話，可是等你問他說：「**爲什麼甚深極甚深？**」他講不出來，就告訴你說：「**不可說、不可說。**」

果然甚深極甚深，因爲你要證空性很難，難是難在空性的定義不知道。他們都不知道空性的定義是什麼，所以根本不知道要如何修證空性。等到我們出來弘法了，說開悟就是要證阿賴耶識，然後現觀祂的眞如法性而轉依之，佛教界才漸漸懂得：「**喔！空性叫作阿賴耶識。**」但這已經是我們弘法十幾年以後的事了。其實要證眞如、要證空性、要使般若正觀現前，還眞的不容易。如果不是正覺出來弘法，現代佛教界有人能證空性嗎？根本不可能。那現在佛教界正好可以講空性甚深極甚深，因爲他們證不到，當然甚深極甚深。

世尊接著又說：「證得空法的人『不生放逸亦無所失』，」如果證得空性以後，一天到晚在思索：「我要怎麼樣藉這個法賺錢，怎麼樣藉這個法搞名聲、搞眷屬等。」這表示他放逸了。放逸就不能說他叫作證空性，因爲 世尊說「空法甚深無量，不生放逸」。所以證悟之後生起放逸心的人，表示他沒有證悟，因爲 如來對證悟的定義就是「不生放逸」；所以有人在善知識幫助下悟得如來藏以後，卻捨離正覺，藉這個法去外面搞眷屬和利養，顯然是個放逸的人，表示他沒有轉依成功。雖然「不生放逸亦無所失」，說他也沒有所失；請問：「你證悟空性以後，失去了什麼？你證悟空性之後，我有從你身上拿走了什麼？」都沒有啊！你也沒有給我什麼啊！那是不是反過來我給了你什麼？但我也沒給你什麼，我指導的是讓你去找到自家的眞如心，我並沒有給你什麼，所以我無所失，你也無所失。

可是我要說你有所失，除非你退轉了，或者說你沒有轉依成功，因爲證悟時你失去了薩迦耶見，你也失去了一分所知障，對吧？因爲你證眞如時一定是打破所知障了。本來你的所知障是圓滿具足的，現在缺了個角，這就損失掉一部分了；

但這個損失全都是煩惱，煩惱損失越多越好；法財賺越多越好不要損失，但煩惱可以損失而且要害它，要把它徹底害死，不要讓它復生，這道理後面還會再講。所以證得空法的人，他知道空法甚深而且沒有量，所以他「不生放逸亦無所失」；得要是這樣的人，才可以說他叫作菩薩辟支佛而具足修行的境界。好，接下來請張老師唸下一段：

經文：【爾時眾中有五百億比丘皆得信行，從座而起，在世尊前俱說偈言：

離疑得正智，救世無上主；世尊說假名，信行住菩提。

爾時眾中復有五億法行比丘聞說偈已，從座而起整其衣服，俱說偈言：

我等除疑惑，菩提之照明；如來說假法，法行住菩提。

爾時眾中復有十億八輩比丘聞說偈已，從座而起，住於佛前俱說偈言：

我先離疑悔，久修於八輩；如來說假名，八輩住菩提。

爾時眾中復有十億須陀洹聞說偈已，從座而起，住於佛前俱說偈言：

我今蒙照明，救世之聖主；知佛所說法，開示於假名。

爾時衆中復有二百五萬斯陀含比丘聞說偈已，從座而起，住於佛前俱說偈言：

我先有取著，而得斯陀含；今離諸妄想，寂靜無戲論。

爾時衆中復有十億阿那含聞說偈已，從座而起，住於佛前俱說偈言：

救世無上尊，今我離戲論；拔離果想已，照明菩提道。

爾時衆中復有三十五億比丘，皆住四禪得阿羅漢，聞說偈已，從座而起，住於佛前俱說偈言：

我今得離垢，自證於無餘；諸乘入一乘，如幻無決定。

爾時衆中復有二萬比丘聞說偈已，從座而起，住於佛前俱說偈言：

我本著妄說，世尊說假名；自謂爲聲聞，住於假名法。

爾時衆中復有五千比丘住辟支佛乘，聞是偈已，從座而起，住於佛前俱說偈言：

我今得現見，爲緣覺菩提；如來說假名，緣覺不思議。

爾時衆中復有百萬比丘尼，取須陀洹、斯陀含、阿那含、阿羅漢果想，聞說偈已，從座而起，住於佛前俱說偈言：

**願於女身相，皆入平等法；世尊無異說，照明為最上。**

**爾時眾中復有八百萬優婆塞、優婆夷，皆作須陀洹、斯陀含、阿那含、阿羅漢果想，聞說偈已，從座而起，住於佛前而說偈言：**

**我今心無垢，淨如毘琉璃；今始名出家，得住於佛法。**

**爾時虛空中有六十億那由他諸天，以天曼陀羅華而散佛上，於如來前俱說偈言：**

**我先取乘想，貪著於諸果；我今悉捨離，始覺菩提道。**

語譯：【這時候大眾之中有五百億比丘全部都得到信行，從座位而起立，在世尊面前共同說偈：

我們離開了疑惑而得到了正智，世尊是救世的無上之主；而世尊所說的都是假名，我們這一些信行者因此而住於菩提。

這時候大眾之中又有五億法行比丘聽聞世尊說了那些偈，從座位上起立整理衣服之後，共同說偈：

我們大眾除掉了疑惑，由菩提之所照明；如來所說的言語都是假法，我們皆由法行而住於菩提中。

這時候大眾之中又有十億的八輩比丘聽聞到如來所說的偈以後，也從座位上而起立，住於佛前而共同說偈：

我們先前離開了疑和悔，已經很久以來修於八輩之法；而如來所說的音聲都是假名，我們這八輩人全部都住於菩提之中。

這時候大眾之中又有十億的須陀洹初果人聽聞如來說了偈以後，也從座位上起立，住於佛前而共同說偈：

我們如今承蒙如來照明，如來是救度世間的賢聖之主；了知佛陀所說的一切法，開示說一切所說全部都是假名。

這時候大眾之中又有二百零五萬的斯陀含人他們都是出家的比丘聽聞到如來所說的偈以後，從座位上起立，住於佛前而共同說偈：

我們先前有所取著，而證得斯陀含果；如今遠離各種的妄想，住於寂靜而沒有戲論之中。

這時候大眾之中又有十億阿那含聽聞到如來所說的偈以後，從座位上起立，住於佛前同時說偈：

救度世間的無上世尊，如今我們已經離開了戲論；拔離了證得果位之想以後，現在照明了佛菩提道。

這時候大眾之中又有三十五億比丘，他們都住於第四禪中而得阿羅漢果，聽聞到如來說的偈以後，從座位上起立，住於佛前而共同說偈：

我們如今得遠離一切汙垢，自身全部都證於無餘涅槃；而三乘菩提以及人乘天乘全部都入於唯一佛乘之中，一切菩提言語都猶如幻化一般沒有決定。

這時候大眾之中又有二萬比丘聽聞到如來說了偈以後，從座位上起立，住於佛前共同說偈：

我們本來執著於虛妄的說法，如今世尊說這一切法都是假名；我們以前自己認爲是聲聞人，其實都是住於假名的諸法之中。

這時候大眾之中又有五千位比丘住於辟支佛乘裡面，聽聞到如來說的偈以後，從座位上而起立，住於佛前一起說偈：

我們如今已經可以現見，這就是緣覺菩提了；而如來說一切都是假名，這樣的緣覺眞正不可思議。

這時候大眾之中又有百萬比丘尼，她們取得初果到四果之後心中就執取初果、二果、三果、四果的果想，聽聞如來所說的偈以後，從座位上起立，住於佛前共同說偈：

我們願於女身之身相上面，全部都匯入平等法中；世尊所說沒有異說，這樣照明才是最上之法。

這時候大眾之中又有八百萬的優婆塞、優婆夷都是在家人，他們都作證得初果、二果、三果、四果的果想，聽聞到如來說的偈以後從座位上而起立，住於佛前這麼說偈：

我們如今心中已經沒有垢穢，清淨猶如毘琉璃一般；如今我們才可以說是眞的出家了，可以眞的住在佛法之中。

這時候虛空中有六十億那由他的諸天，他們以天上的曼陀羅華而散於佛上，於如來前同時說偈：

我們先前是取三乘菩提之想，貪著於各種的果位；我們如今全部都捨離，這時候才算是第一次的覺悟菩提道。】今天講到這裡。

我這兩週都在想爲什麼這三年來抽筋頻率越來越高，後來前天想清楚了，因爲我這三年來的運動量增加很多，所以大腿小腿都厚實，又因疫情停課已經五個多月沒盤腿了，現在盤起腿來被肌肉壓迫而血液不通，就變成很容易抽筋。那我現在想的是說，我把它保暖就不抽筋了，不通也沒問題。（編案：後來讀到醫書說：「肝苦急，急食甘以緩之。」上座前即服用芍藥甘草湯後已經不再抽筋了。）

**講義：**接著《不退轉法輪經》，這一段經文已經語譯完了，但是前面這一些應該不必再詳細解釋，因爲信行、法行、八輩等，都已經在前面講過了，所以現在有三個部分，要跟大家講一下：什麼叫作證果，什麼叫作假名，什麼叫作出家，就是從後面六十二頁開始，要講這三個重點。六十二頁的第二行：「**爾時眾中復有十億阿那含聞說偈已，從座而起，住於佛前俱說偈言：救世無上尊，今我離戲論；拔離果想已，照明菩提道。**」這就是三個重點之一。

很多人進了佛教中學佛，心裡面總是想什麼時候可以證果，所以他們心中是有個「果想」，就是證果位的想法；可是他們並不知道證果的時候以及證果之後，全部沒有果可證，有果可證就不是佛教中的證果。甚至於有人在佛法中已經證果了，他還認爲自己眞的有果可證。那麼諸位判斷看看，他這樣想是對還是不對？諸位都答不對，答得很快。那到底諸位答得對不對？是啊！要跟諸位探究這一點。從二乘菩提來講是有證果，因爲初果人都知道：「我極盡七有人天往返絕對可以出三界。」所以他就說：「我生已盡。」這是證初果。乃至於到第四果說：「梵行已立，所作已辦，不受後有。」所以他說「我不受後有」，解脫之道所應修者，他已經修完了，他很清楚知道自己證得阿羅漢果，是有證果想。但這個證果，是因爲他的五蘊在世就方便施設說他證果；如果從大乘佛法來看這個證果時卻無果可證，因爲證果之後，主體還是第八識如來藏，可是如來藏的境界中沒有證果這回事。

就好像幾百年來佛教界弄不懂涅槃，印順法師還說涅槃不可知、不可說，但我們幾句話就把它講清楚了，說涅槃就是第八識如來藏獨住的境界，而這個境界不必像阿羅漢一樣入無餘涅槃就已經是那樣了，五陰仍在的當下就是涅槃。然後我們作了個結論說阿羅漢沒有證涅槃，當時佛教界鬧翻了，大家私底下罵：「蕭平實是邪魔外道，竟然敢說阿羅漢沒有證涅槃。」他們無法接受，因為他們有果想、有涅槃想。可是有的人出來罵：「這是蕭平實的一家之言。」說是只有我講的，沒有別人講。說得也是，當代沒有別人講，可是古時候有人講過。

同樣一個見地就是會有一個人講，他一世一世會一直講下去，所以古時候的論就有講過了。我那本《邪見與佛法》出版了以後，過了差不多十年，有一天為了查一個資料看到那一部論，我就說原來過去世早就講過了。所以有機會要多講，未來世還可以再把它拿來用，到時候人家說：「那是祖師講的，不是他一個人講的。」就有這個好處。所以有機會寫更多的書就要寫，留下好的法義不要被那一些相似像法或者末法時代的外道法給掩蓋了。我們就是遇到這樣的情境，所以正覺剛開始十幾年時弘法很困難，老是有佛教界的抵制。

所以從大乘法來看的時候，證果的人其實沒有證果，解脫的人沒有解脫。諸位想想看，是不是這樣？阿羅漢解脫了，他入無餘涅槃眞解脫，可是當他入了無餘涅槃以後，是誰解脫？某甲、某乙、某丙？沒有啊！入涅槃以後他的蘊處界都滅盡了，有誰得解脫？所以他得解脫以後沒有解脫，而那個解脫的境界是五蘊存在的當下就已經存在。你試著看看你自己的如來藏，把五陰十八界都放在一邊說這是流轉法，單單來看如來藏自身的境界時不就是無餘涅槃嗎？那就是解脫了。

所以這十億阿那含人聽聞 如來說法之後，他們向 如來稟告說：「我們現在終於離開戲論了。」從眞如的境界來看，二乘菩提的實證都叫作戲論，因爲那不是第八識眞如的境界。眞如的境界就是眞實而如如，而這個眞如，過去如是，現在如是，盡未來際亦復如是，始終不變，這樣的眞如才是眞正的解脫。這樣的解脫境界中沒有名言、沒有戲論、沒有一切三界萬法，連其中之一法都沒有，所以有什麼果可以證呢？證果也只是假名罷了！要能「拔離果想已」，他才算是「照明菩提道」，菩提道就是佛菩提之道，因爲他現在懂了：「原來佛菩提是這樣的，不是像我們以前住在二乘果中認爲有果想那個境界。」所以他們離開了「果想」。

接下來這裡有二段，就是第七行開始：「爾時衆中復有二萬比丘聞說偈已，從座而起，住於佛前俱說偈言：我本著妄說，世尊說假名；自謂爲聲聞，住於假名法。」下一段也是一樣：「爾時衆中復有五千比丘住辟支佛乘，聞是偈已，從座而起，住於佛前俱說偈言：我今得現見，爲緣覺菩提；如來說假名，緣覺不思議。」

這「二萬比丘」沒有證果或者所證是聲聞果，就說以前都不懂，執著在「妄說」的法中；因爲一切法都是虛妄分別而有，所以都叫作「妄說」。那麼 世尊說這一切法都是假名，既然是假名，就表示它不是眞實法。他們現在懂了：「**原來我以前所證的四聖諦，或者說我以前所證的緣覺果，所謂的證果、所謂的法，全都是假名。**」既然都是假名，這假名的緣生緣滅而能持續不斷，不爲無因，後面一定有個常住因，否則不可能這樣不斷地生起壞滅，又生起又壞滅，它不可能連續的。

有時我們在世俗法中，年輕時讀人家一些文學作品，譬如說散文，裡面寫到說：「**我生來人間只是一個偶然。**」有沒有？說是一個偶然。其實沒有誰是偶然而生到人間來，全都不離業力，業力則由煩惱所引生。如果不是業力，那就是願力，就只有這兩種。但那些文學作家不懂，就說「**我生來人間只是一個偶然**」；因爲他不知道要幹啥。我這一世生來人間，小時候也不知道要幹啥，所以我想只要有一個小磚房窩著，隨緣爲人家針灸治病，人家給不給錢都無所謂，我只要每天有那麼兩碗飯就夠了。後來遇到佛法才知道原來我是爲這個來的，那時就了然了。

所以假名要弄清楚，不能夠隨便說每一個人都是偶然生在人間；沒有偶然這回事，因爲每一個人都有背後過去世的因緣，而過去世的因緣不可思議。所以善根不足的人，例如釋印順從來不承認《本生經》所說，他都把它叫作本生談，「談」就變成閒聊的話題而不是經了。爲什麼他不認爲那是經？因爲他認爲：「**釋迦如來成佛也是一個偶然，並沒有過去世的因緣。**」他的《妙雲集》就是這麼寫的。其實佛法有它一定的內涵，每一個人一世一世修行而延續下來，三大阿僧祇劫以後成佛，絕對不是偶然。

所以你們如果有體驗到往世的情境，就會知道今天來正覺修學也不是偶然。如果是偶然來正覺，很快就會離開的。很快是說也許待下來三年、五載，也許十年、二十年，然後離開了，那就是偶然；因緣際會跟我遇見了，進來學法得少爲足，然後就離開了，或者學一點皮毛就說「**我比您蕭老師厲害**」。我弘法將近三十年，不乏這種人，所以挑戰的人也不少。老實說，外面的人沒辦法挑戰，但是會裡面的人發起挑戰的，規模比較大的已經有三批了。現在有人繼續挑戰，他所挑戰的法義，三年前也挑戰過，挑戰的都是同一些問題，《涅槃》書中都已經寫過了，可能他讀不懂吧？但是每一個人進得正法來都不是偶然，即使是偶然進來的，也是過去世曾經有個偶然的因緣結了緣，然後現在進來，但是緣不夠，現在又退出去，就這麼簡單；所以那就不叫偶然了，因爲往世有一個偶然的因緣，現在就不偶然，但是未來世就繼續這樣延續下去，那就有一個定數。

所以 世尊說一切法都叫作假名，不單單說《本生經》是假名，即使是了義的經典，譬如《大品般若經》、《小品般若經》，又譬如第三轉法輪的唯識增上慧學諸經，也都是假名。今天我坐在這裡說的也都是假名，譬如說我講個眞如，那麼還沒有證眞如的人，心裡面很想望，可是等你證悟了以後說：「**原來眞如也是假名，講的就是如來藏的眞實如如的法性，沒有另一個眞如，所以一切都是假名。**」但是 如來說了很多假名，你要從那些假名裡面去體會背後的眞實法。因爲《不退轉法輪經》是依第八識來說的，所以很多人聽完信行、法行一直聽到這個地方來說：「**喔！原來如來說的那一些法，所謂四雙八輩、信行、法行，原來都是假名。**」就瞭解了。

所以那「二萬比丘」以前自認爲是聲聞，現在知道原來 如來說的是這個道理，現在懂了：「**我們現在住於假名法中。**」接著住於辟支佛乘的人，他們也說：「**我**

們現在終於可以現前看見了，我們這個緣覺菩提說有證菩提，其實也是如來方便施設假名言說；但是我們這個緣覺菩提是依第八識如來藏方便宣說的，從這如來藏來看的時候一切都是假名，所以我們現在知道我們證這個緣覺果也是不可思議的。」因爲這緣覺法是假名，緣覺果也是假名，眞的不可思議，這只是假名。

那麼爲什麼要說假名？你們不要看說假名兩個字好像沒什麼，這兩個字其實也是佛法的綱要之一，因爲如果沒有假名，世間就不能成立。譬如說你一個家庭，上有長輩下有兒孫，互相見面了不用稱呼嗎？如果不用假名施設那些名稱來稱呼，你見了堂上二老跟他們談起孫子的事，但是你又沒有一個名字可以講，或者說我的孫子、你的曾孫，也沒有這個假名可以講，那你要怎麼說？你無法言說，所以爲世間、爲佛法、爲解脫、爲佛菩提，都必須要施設假名。

又譬如說，你講佛法的時候說什麼叫作解脫？就是脫離於我與法的繫縛，就是解脫。但是要如何脫離我跟法的繫縛呢？你如果不施設假名也無法言說。你出世度化眾生總得要跟弟子們說你啊、我啊、他啊，要有這些代名詞，也需要有名字，有時甚至要加上姓；你如果不這樣施設這些假名，佛法也無法傳，因爲連講通都有問題。

所以假名爲我、假名爲法，那就要有很多的假名施設。比如說佛菩提，或者這個叫八識心王，這個叫五遍行，這個叫五別境，這個叫作煩惱心所等等，都要有假名，否則你無法爲人宣說。那二乘菩提也是一樣，說要證初果，初果是什麼呢？叫作七次人天往返。初果要證什麼呢？初果不證什麼，就是要斷煩惱而已。煩惱是什麼煩惱？你得要一一爲他說明。那三縛結到底內容是什麼？爲什麼叫三縛結？你都要用假名言說，這就是法。可是這些法要證得，你得要先瞭解自我，才能離開那些法的繫縛；那麼自我到底是什麼本質？你得要施設五陰，施設十二處、六入、十八界，甚至於有的人講六入不夠，還要跟他講外六入、內六入，那都要假名言說；但假名是假的，只是個名詞的施設。

那麼轉依於眞如、轉依於如來藏的時候，一切也都是假名。我也是假名，法也是假名。這一切都是假名的時候，還需要跟信徒計較說：「你這個月還沒有供養我。」需不需要呢？不需要，因爲這五陰也是假名，假名五陰所指涉的這個色身、這個覺知心尚且是假的，那還需要跟信徒計較說：「你這個月沒有供養我喔！」需要嗎？不需要了，有一口飯吃，過得去就行了。所以我讀高中的時候想法很簡單，我將來不想要幹什麼，我也沒有想要當工程師。有的人說我要當縣長，有的小朋友說我要當總統，可是我什麼都沒想要當，想來就是這樣的習氣。所以我這個人弘法就弘法，我不要人家供養，道理也是一樣，因爲這都是假的。錢財來了，錢財也是法；然後收了很多供養，損了來世的福德，來世繼續當窮光蛋；如果這世收了供養把它花光了，也沒有所得。

所以你要能夠看透假名，什麼叫作假名爲我？什麼叫作假名爲法？你把它看透了以後就解脫了，否則你要被「我」繫縛著，也被「法」繫縛著。被自我繫縛著，就一天到晚計較，計較什麼？計較世間的種種法：我財產多不多、我名聲夠不夠好、我的眷屬多不多、我的供養多不多，一切法都要計較。如果弄清楚這一切都是假名，自我也是假名，而我這一個五陰也不是眞實的我。所以當我跟人家計較的時候，我落在假名裡，那我就是沒有學好。我如果落在外我所裡面跟人家計較：「我沒什麼好名聲，你們都在毀謗我，害我眷屬越來越少；原來是你在說我的法不對，你說我怎麼樣，所以我眷屬越來越少。」都被法所繫縛，但不論我或者法都是假名。

那麼問題來了，既然都是假名，釋迦牟尼佛為什麼要講那麼多的我、法？所以如來要教導大家說：「我與法雖然假名而有，但是這個假名背後所指涉的我、指涉的法也是虛妄的，都是因為無始劫來虛妄分別，不斷的熏習而造成了這樣的我與法的執著；這些執著其實都是從虛妄分別而生，只要能把虛妄分別給斷除了，就不再被這一些假名的我與法所繫縛，這就是解脫。」所以你看，阿羅漢不受後有，他就是離開假名而已。這所謂的名、所謂的色，名色也是假名，名色所指涉的背後的那些我與法也是假名，不受假名所繫縛就得解脫。所以假名在《成唯識論》裡面一開始就講這個道理，在卷一就講了，這也是一個重要的法。

然後接下來，後面倒數的第三段與第二段說：「爾時眾中復有百萬比丘尼，取須陀洹、斯陀含、阿那含、阿羅漢果想，聞說偈已，從座而起，住於佛前俱說偈言：願於女身相，皆入平等法；世尊無異說，照明為最上。」這一段說的也是「果想」，可是把假名法的一部分又點了出來。這一些人是百萬比丘尼。但是要瞭解她們這一些人都是女眾，但她們有證果是從初果到阿羅漢果，她們確實有證果，但是證果之後，以前還住於身相之中，所以她們很清楚認知自己是女眾，跟男眾就不能混淆。現在她們知道這都是假名，證果也是假名，男女相也是假名，所以現在「願於女身相，皆入平等法」，也就是說男眾女眾平等，這才是大乘法的精神。在二乘菩提之中，於比丘尼要行八敬法，有沒有聽過？有喔？二乘菩提中要行八敬法，但是大乘菩提中不行八敬法，不管你是比丘還是比丘尼，大家平等平等沒有差別。

所以大約十年前，有個某慧比丘尼，出來主張說要廢除八敬法。我說原來她是聲聞人，如果她修學的是大乘佛法，就不需要廢八敬法，比丘、比丘尼平等。在我們同修會裡面也是一樣，男眾女眾平等，因此以法為歸，不看身相。而這一些人有證果之想，那就表示還住在假名法之中，所以跟著就有男身相、女身相的差別了；現在知道說原來這一切都是假名，所以進入平等法中就沒有身相可言。

下面這一段也有道理：「爾時眾中復有八百萬優婆塞、優婆夷，皆作須陀洹、斯陀含、阿那含、阿羅漢果想，聞說偈已，從座而起，住於佛前而說偈言：我今心無垢，淨如毘琉璃；今始名出家，得住於佛法。」諸位有沒有覺得這首偈怪怪的？有沒有？沒有啊？怎麼可能沒有？前面一句說「**爾時眾中復有八百萬優婆塞、優婆夷**」，這是第一個前提，他們是優婆塞、優婆夷，不是比丘、比丘尼。第二個前提「**皆作須陀洹乃至阿羅漢果想**」，表示他們都有證果，證的是二乘菩提果。有這兩個前提，是不是？但他們的偈，諸位讀讀看，第三句是「**今始名出家**」。

但他們明明是優婆塞、優婆夷，為什麼現在自稱是出家了？大聲一點，聽不清楚。喔！心出家？講大聲一點！我都聽不清楚。那叫作心出家，以前是有證果想，也有身想，所以是在家人；現在沒有證果想、沒有身想了，依於眞如，也就是依於第八識如來藏的境界而住。因此以前他們都想：「**我證初果、證二果三果，乃至我證第四果了。**」因為古時候在家人證阿羅漢果也不少，只是沒有留下紀錄而已，有的經典沒有記載到這些事情。

但是即使證得阿羅漢果、證眞如了，他們也是想：「**我是個在家人。**」他們都想自己是在家人。但是這八百萬優婆塞、優婆夷，現在竟然說「**今始名出家**」，公開說「**我現在才算是眞正的出家人**」。他們明明是在家人，為什麼現在自稱是出家人？因為心出家了，依於眞如而住，而眞如不是三界中法，眞如出三界家宅，所以他們證眞如以後就是出家人。也許他們身上穿著很華麗名貴的衣服，頭上又戴著瓔珞等；也許女眾還有一頭秀髮，用很多莊嚴的器具來作莊嚴，然後又點了胭脂、擦了白粉等，衣服又穿得很莊嚴，看來正是個在家人，但她的心是出家的——出三界家。這時你不能要求她說：「妳爲什麼一定要撲了粉、點了胭脂，還要戴那一身的行頭，還穿得那麼花俏的衣服。」因爲她證果之前就有買了，你難道叫她丟掉喔？有就穿，穿破了不再買，改買樸素一點的。

但也許你看來他是樸素的穿著，可是也許那一件衣服值得百千兩金，不是嗎？這就是菩薩。經中不是有時候哪個菩薩聽完了經很歡喜，脫下他的寶衣價值百千兩金而以奉 佛，有沒有？有啊！常常遇見的。有時候某一個菩薩身上瓔珞價值三千大千世界，有沒有？非常名貴的，就脫下來供佛。又譬如像《法華經》中無盡意菩薩趕快解下頸上眾寶珠瓔珞供養 觀世音菩薩，觀世音菩薩依佛命受供以後自己不用，就轉而供佛，所以分成兩半，一半供養 釋迦牟尼佛，一半供養 多寶如來。

所以你如果看見菩薩穿得很華麗、很莊嚴，不要覺得奇怪，因爲他家財萬貫；但是他的心不被這一些我、這一些法所繫縛，他就是個出家人，不管他身相是出家或者在家，全都依於所證的出三界家證量而叫作出家人。所以這裡告訴我們說**「今始名出家」**，因為他依止的是大乘法。如果依二乘菩提而言，他們還是在家人，證得阿羅漢果也叫作在家人。但是這樣說有沒有問題？有！因為即使他們是優婆塞、優婆夷，證得的是沙門果，所以才有須陀洹想乃至阿羅漢果想。然而請問：**四沙門果，這個沙門到底是指什麼？**就是出家人，沙門果就是四種出家果。所以你看那個牧牛的阿支羅迦葉，中午擾亂著 佛陀，不讓 佛陀去托缽，硬要 佛陀為他說法；說完法，他證阿羅漢果了，結果那個下午就被公牛的角牴死了。然後 如來還派舍利弗，還不是派一般的阿羅漢，是派舍利弗領著諸阿羅漢，先供養他的屍身然後再荼毗，為什麼？因為他是證得聲聞果中的第一果阿羅漢，所以他就是個出家人，已經證得沙門果。既然證沙門果、證出家果，那就是出家人；要懂這個道理。

最後就是由虛空中六十億那由他諸天來作供養，用天曼陀羅華而散 佛上，然後他們就說偈：「**我先取乘想，貪著於諸果；我今悉捨離，始覺菩提道。**」現在才算眞正的覺悟佛菩提，以前還沒有覺悟佛菩提。換句話說，他們已經得到眞見道的功德。眞見道就是證得七住眞如，你要能現觀眞如，才算是眞正的見道。如果你眞見道之後，沒有明心的功德，要怪誰呢？你見道後發不起根本無分別智，要怪誰？怪我蕭平實，還是怪誰？要怪自己啊！表示次法沒有修好，所以無法轉依成功。如果次法有修好，就等於你要蓋房子之前，要先把地基打好了。地基如果沒有打好，房子直接蓋起來，也許住個一年兩年三年，地震一來就倒了，颱風一吹就倒了，經不起考驗的。如果你次法有修好，就沒有這些問題，因爲你的根本無分別智很清楚在運作了。所以鼓勵大家，還沒有讀善思菩薩那一套《次法》的人，該去買一套回去讀一讀，如實付諸於實行。

有發起根本無分別智，那就是他自己的問題，不要怪別人。證眞如是學佛人一個很重要的分界點，這就是眞見道的前半。眞見道就是證得第八識，然後把附帶於第八識周遭的各種我與法全部砍掉，確定這些都是生滅法，只有第八識才是眞實而如如的。第八識究竟是怎麼樣眞實、怎麼樣如如，要有能力現觀。所以我們現在禪三要考這一些，早期去打禪三沒有考這一些，只要找到如來藏，印章就蓋給他。我們早期弘法是以禪宗的印證標準來印證的，但現在不了，現在以唯識五位的眞見道來作勘驗，所以現在勘驗標準高。

我們開親教師座談會，有位老師說：「我去擔任實習監香才知道現在打禪三的人多辛苦，要考那麼多、那麼深。」早期沒有考那麼多、那麼深，現在我把標準提高了，爲什麼提高標準？因爲退轉的人一批又一批，所以我要提高標準。當你證得眞如之後，還要有許多現觀，可以把我與法看清楚，然後把我跟法殺了，唯有第八識是眞如；然後要去體驗祂如何眞、如何是如，體驗完了就能確認：「果然我證眞如了。」到這個地步，如果還不能發起根本無分別智，我乾脆去廚房拿把刀把他砍了。

所以，依二乘菩提的所證以及依大乘菩提的所證並不一樣。那麼這六十億那由他的諸天之前取乘想，就是他們攝取了二乘的解脫果，認爲自己是二乘人，所以「貪著於諸果」，就是從初果到四果的貪著，他們證了以後都有貪著。現在從如來藏來看時「我今悉捨離」，全部都離開果想，因爲證果就沒有果，證果以後即使入了無餘涅槃，還是自己如來藏的涅槃，跟五陰我沒有關係，五陰還是沒有證得涅槃；因爲涅槃就是如來藏，而如來藏本來就涅槃，就不必證。所以學人來求禪師說：「請禪師幫忙我解脫。」禪師就反問：「誰縛汝？」誰綁了你？沒有人綁你，你本來就解脫；可是他弄不懂，因爲他落在假名法裡面，落在我跟法裡面，所以要來求解脫。可是等你證得解脫以後，你發覺原來不是五陰這個我帶著諸法去解脫的境界裡面住，而是五陰的我消失了，然後如來藏本來解脫，那麼是誰證解脫？還是如來藏，而如來藏不用證解脫，祂本來就解脫。

你看，這個法讓我出去外面時，叫我跟誰說？所以只能跟你們講，我出去外面都不說法的。有時候比如說，我去某個醫院健檢，也許遇到一個人，那個醫師或者檢驗師或者什麼人，他問說：「你爲什麼穿這樣？你是學佛嗎？」我說：「對啊，學佛。」「你在哪裡學？」我說：「我在正覺。」（大眾笑…）他說：「喔！就是承德路那一間嘛！」我說「對啊！」「你們蕭老師還有沒有在上課？」我說：「有啊！他週二還在講經啊！」然後我就沒有說什麼。不過那個人很特別，他很有善根。我進去了，我人有得坐，我背的包包也有一個椅子可以「坐」。你看，照顧到這麼細緻。

所以有時候你眞的不能從三乘菩提的「乘相」來看，這三乘看起來都不一樣，其實說穿了都是佛菩提乘，無二亦無三，就是唯一佛乘。如果你不貪著於諸果，就不會覺得：我是初果、我是阿羅漢。當他悟得大乘的眞見道，證眞如了，這時候就是第一次覺悟菩提道，叫作始覺。始覺這兩個字，諸位有沒有回憶起哪一部論？對啊！《大乘起信論》。依於不覺說有始覺，如果不是因爲一般人都沒有覺悟，就不會施設說你現在叫作始覺，也就是你現在第一次開悟了；然後依於始覺，接著就有隨分覺乃至究竟覺；那麼依於始覺，就說一般人叫作不覺。所以覺到底是覺什麼？覺悟很重要，因爲覺悟就是見道，覺悟的內涵就是第八識如來藏，就是阿賴耶識所示現的眞如。

如果有誰跟你講：「你這個開悟不對，你們證如來藏、證阿賴耶識，這不叫覺悟。」那你得反問他了：「那你是說佛陀也沒開悟了？」因爲 佛陀也是證第八識，那初地到十地都沒悟了？因爲他們也是證第八識，那 如來說的「般若正觀現前」，《大正藏》多加了一個字叫作「般若正觀現在前」，那是第七住位。請問如何能使般若正觀現前？就是證如來藏，沒有證如來藏的時候，般若不會有正觀，更不會使正觀現前。所以你如果要罵古今所有祖師、上及 如來，很簡單一句話就罵盡了，說證悟第八識不叫開悟，那就全部都罵了，等於說 如來也是凡夫，觀世音菩薩、文殊、普賢菩薩全部是凡夫，歷代祖師都是凡夫，正覺菩薩眾當然也是凡夫，那就全部罵盡了，一句話就造下無間地獄業，很簡單！

所以始覺的內容一定要瞭解，始覺到底是覺悟什麼而叫作第一次覺悟，一定有道理啊！所以這一些人因爲證得第八識的眞如了，他們現在認爲自己是「始覺菩提道」，表示他們已經迴心入大乘了；以前自認爲是二乘人、自認爲是聲聞人，所以「取乘想」，攝取那初果到四果的果位之想而執著。那這樣子這一段經文說的道理，諸位聽完之後對於在家與出家、對於假名、對於證果，應該有不同的看法了。好，現在我們來進入〈除想品〉：

## 〈除想品〉第六

**經文：【爾時衆中復有無量百千阿羅漢，舍利弗、大目揵連、須菩提、阿那律、阿耨樓馱、劫賓那、憍梵波提而爲上首，從座而起整其衣服，住世尊前曲躬恭敬，白佛言：「世尊！我今發眞實願：離於妄想、摧伏衆魔，具足五逆，具足五欲，具足邪見，離於正見；斷於無量衆生命者，我今當令悉成菩提，入無餘涅槃。」爾時世尊默然而住。無量百千在會大衆皆生疑惑：「何故爾耶？而今我等盡皆盲冥無所覺知，諸阿羅漢尚作是說，何況凡夫？」各坐一處而不動搖，一切坐者不能得起，若有立者亦不能坐，皆言：「何故作如是說？」】**

**講義：**〈除想品〉，「想」有兩個意涵：一個就是一般人所說的，有語言文字而落在那些語言文字的意思裡面，那就叫作想；但是想還有一個意涵，就是《阿含經》講的「想亦是知」，只要有知，那就是想陰的想。現在要說〈除想品〉，表示對於某一些語言文字所說的那個道理，瞭解了以後生起了那個想，想也要滅除而回歸實際。比如說，這位叫作阿羅漢，那一位叫作初果，另一位叫作菩薩；這麼介紹過以後，一見到了那個人的名字，阿羅漢、菩薩等語言都還沒有生起，就已經知道他是菩薩、他是阿羅漢，但沒有這個名字，而這個想是先於語言存在的；也就是說這個了知是存在的，知道他是阿羅漢，知道他是菩薩，這個叫作想。〈除想品〉就是要除這樣的想，這是第六品，我來語譯一下：

**語譯：**【這時候大眾之中還有無量百千的阿羅漢，領頭的人是舍利弗、大目揵連、須菩提、阿那律、阿耨樓馱、劫賓那、憍梵波提，他們幾個人作爲大眾的上首，從座位上起立整理他們的衣服都平順了以後，住在世尊的面前，彎曲了身子恭敬面對世尊，向世尊稟白說：「世尊！我們如今發起眞實的願：離開種種的妄想、摧伏一切眾魔，具足於五逆，具足一切五欲，也具足邪見，遠離正見；斷除無量眾生的命根，我們如今將要令他們全部成就菩提，進入無餘涅槃。」這時候世尊默然而住沒有說話。無量百千在會的大眾全部都生起了疑惑：「是什麼緣故這樣說呢？而如今我們大家全部都像瞎子一樣、像聾子一樣竟然無所覺知，而那一些阿羅漢們尚且是這樣子說的，何況是凡夫們呢？」於是各自坐在所坐的地方竟然不能動搖，一切坐在座位上的人沒有辦法立起身來，如果有人是站立著聽的，這時候也沒辦法坐下來，大家都說：「是什麼緣故竟然講出這樣的話來？」】

**講義：**請諸位把這一段跟「想」連結在一起，這一品你一定要聽懂，下一品的〈降魔品〉聽起來就太棒了，就會拍案叫絕說：「絕啊！絕啊！」表示太妙了、太妙了。這一個〈除想品〉若沒有聽懂，聽〈降魔品〉時你就沒有法樂。現在說，大眾之中有非常多的阿羅漢，例如舍利弗、大目揵連、須菩提、阿那律、阿耨樓馱、劫賓那、憍梵波提（憍梵波提叫作牛呞比丘，還記得喔？），以他們這一些人作爲上首，他們是領頭的人。也許大迦葉尊者等阿羅漢，這時候剛好不在場，也不是所有阿羅漢每一場說法之聚會都在場。他們要向 佛稟白時，不能隨隨便便站起來就講，所以站起來以後要整理一下衣服，把它整理平整了，才可以合掌稟告。這是身爲弟子者對 如來應該有的禮節，所以我下座以後一定要先整衣服，然後才敢問訊，這是禮節，大家都要學會。

在 世尊前「曲躬」，爲什麼「曲躬」？躬就是身體，把身體彎曲了，就是表示恭敬。恭敬的時候一定要合掌，然後向 佛陀稟白：「世尊！我如今發起眞實的願望，我的願望眞的發起來，而這個願望是眞實的，不是虛假的。」換句話說，如果依於世間法的層面而發的願，那個願是虛妄的，因爲世間法是假有。他們現在依眞實法來發願，所以叫作「眞實願」。這「眞實願」的內容前兩句還好：「離於妄想、摧伏眾魔，」「妄想」，在我們弘法之前，一百個道場有一百個道場這麼講：「你每天要打坐，打坐的時候不要生起語言文字，那都是妄想，要把它滅掉。」可是佛法中說的妄想不是這個，而是說對於佛菩提、對於二乘菩提，不論是道或者是果生起了錯誤的想法，叫作「妄想」，所以並不是覺知心中生起語言文字叫作「妄想」。如果你爲大眾宣說佛法時沒有虛妄之法，從開始所講的那一個字，直到最後一個字，所說全都正確就不叫作「妄想」，雖然語言文字一堆。所以「妄想」，是指對佛菩提道或者二乘菩提的證果等等有了虛妄之想，所說才叫作「妄想」。

能夠「離於妄想」的人一定能摧伏眾魔—煩惱魔、五陰魔、生死魔、天魔—一定可以過度四魔境界。但是諸位聽到這裡，心裡會想：「那他很厲害。」因爲可以「摧伏眾魔」。可是這個「摧伏眾魔」的境界不是修來的，而是第八識如來藏的境界，所以一切魔到不了如來藏的境界，才說「言語道斷」，因爲祂的境界中沒有任何言語；又說「心行處滅」，因爲如來藏的境界中，沒有覺知心所行之處，七識心的心行完全不見了。所以才說無我無人亦無法，這樣就是「離於妄想、摧伏眾魔」，四魔都到不了這個境界。

接下來讓一般人聽了就覺得怪了：「具足五逆。」諸位想想，五逆是多重的罪——殺父、殺母、殺阿羅漢、出佛身血、破和合僧。所以發動法難是很重的罪，因爲一發動法難的時候，本來其實是對人不滿，又譬如說：「我到同修會裡來，應該要被怎麼樣優厚的對待；結果沒有辦法達到，所以要發動法難；但是不能講我爲什麼要因爲這樣發動法難，所以我只好說你的法錯了。」歷次法難全都一樣沒有差別。然而說人家的法不對時，人家提出來證明法沒有錯，是他自己搞錯了，然後他就說：「你這個團體不好，你這個廟不好，你這個寺院不好，你的制度不好，你的什麼不好。」就變成這樣。那麼這樣一來，破法、謗賢聖，又破和合僧，因爲要鼓動一些人跟隨他離開。你看，這樣犯下十重罪之中這三個，也正是具足謗三寶。想想看，這個五陰進到這家寺院來，想要求得的那些法只是世間境界，最多一世擁有；就算眞的得到了，來世也不歸自己所有，何苦來哉！犯了這三個重戒，眞要追究下去，還有很多微細的重戒。

由重戒引生出來的根本、方便、成已三罪，也許不具足，也許都具足；那麼五逆罪眞的不能犯，殺父、殺母、殺阿羅漢、出佛身血、破和合僧，其中的出佛身血以現在來講，佛身血是什麼呢？經藏中的妙法就是佛的身血；至於破和合僧，就是分裂正法僧團；竟然他們說要「具足五逆」，這是何等重大的事！可是諸位如果回想一下，讀過《楞伽經詳解》的人，有沒有想到書中說的「具足五逆」？也有啊！你們有些人沒有反應，就是沒有讀那一部書。如果沒有好好讀那一部書，上了禪三一定通不過考驗的。「具足五逆」怎麼解釋呢？不用我來解釋，大菩薩 文殊師利就會解釋，因爲後面阿難尊者會爲我們爭取法寶，不用擔心我現在爲什麼不解釋。

接下來要「具足五欲」，犯了五逆罪還要「具足五欲」，那一定有它的道理，然而到底是什麼道理？不但如此還要「具足邪見，離於正見」。竟然遠離正見，不要正見了，而且還要具足邪見，這眞的好怪！並且「斷於無量眾生命者」，要把無量眾生的命根都斷除，都斷除了不就死掉了嗎？竟然還說要「當令悉成菩提」，還要幫助他們「入無餘涅槃」。咦？這有問題吧？

可是這些大阿羅漢講了以後，世尊竟然沒有訶叱他們、沒有制止他們，由著他們講，就這樣默然而住。這時候問題就來了，無量百千在會大眾皆生疑惑，因爲大家想不通：他們明明是大阿羅漢，講了這樣的離經叛道的話，而世尊竟然默然而住，這個很奇怪！是很奇怪！所以他們就想：「到底爲什麼這樣呢？而我如今竟然全部都像瞎子一樣看不見，就像聾子一樣聽不懂，對於他們講的道理完全無法理解；然而他們全都是阿羅漢，他們這樣的講，一定有道理，而我也聽了，可是完全聽不懂；但是他們講的明明是離經叛道，那何況是諸多凡夫們又如何能聽懂？」

老實說，這時候不是只有凡夫們聽不懂，凡是落在二乘果想之中的那一些證果者，同樣也是聽不懂的，只有證眞如的人才能聽懂的；所以本來坐著的，也根本沒想到要站起來，站著的也沒想到要坐下去，就杵在那邊說：「到底這是什麼意思？究竟是什麼意思？」就這樣弄不清楚，呆在那裡了。你看，那種情況是什麼樣的場面呢？就好像說，有個人正在吃飯，然後突然有個人問他一句話，他答不上來，他就忘了要扒飯、要夾菜，他就端著飯，筷子舉高高的，就杵在那邊動不得了，道理是一樣的。這時候大家都私下問來問去說：「他們爲什麼這樣講？」「何故作如是說」？他們當然要互相詢問，看有沒有人知道這些阿羅漢們爲何這麼講。好，再下一段：

**經文：【爾時阿難即爲大衆百千萬億衆生故，以佛神力令自心知、亦知他心，問文殊師利言：「如是大眾百千億等，聞諸羅漢作是說已，皆生疑惑，唯願文殊爲我分別說其因緣。」爾時如來默然而住。文殊師利告阿難言：「是不退轉地菩薩，見諸大德因緣，故作如是說。」阿難言：「文殊師利！不退轉地是菩提耶？」文殊師利答言：「如是！如是！不退轉地是諸大德菩提。」阿難問言：「諸尊者何故作如是說？」】**

語譯：【這時候阿難就爲大眾百千萬億眾生的緣故，藉著佛陀的神力令自己了知、也能了知他人心中所想，他就問文殊師利菩薩說：「像這樣子大眾有百千億等，大家聽聞諸阿羅漢們作了這樣的說法之後，心中全部都生起了疑惑，如今只有一個希望、盼望您文殊菩薩爲我作這些道理上的分別，把這裡面的因緣爲我演說。」這時候如來依舊默然而住。文殊師利菩薩告訴阿難說：「這一些不退轉地的菩薩們，看見諸位大德的因緣，所以作出了這樣的說法。」阿難就問：「文殊師利！不退轉地就是菩提嗎？」文殊師利菩薩答覆說：「就像你說的這樣！就像你說的這樣！不退轉地是諸位大德的菩提。」阿難就問：「諸位尊者又是什麼緣故作出這樣的說法呢？」】

**講義：**所以想要當佛也不輕鬆，因爲要能知諸眾生心；如果眾生心在想什麼而他不知道，就沒資格當佛。所以末法時代很多的佛，連眞如也不懂，連三縛結也不懂，就宣稱自己是佛，這就怪了！其實不怪，那一些「佛」都叫作凡夫，因爲 彌勒菩薩還沒有來人間成佛以前，就不會有誰眞的成佛了。就算有佛來示現，祂也不會以佛地的功德來示現，祂可能以八地、九地，可能以七地、三地的身分來示現；因爲佛示現在人間不是小事，要有各種因緣條件的配合。如果是爲度少數人，這一些人跟某一尊佛有緣，而祂有空閒就前來示現，因爲有的世界人壽很長，那麼在這裡只要幾十年就可以了，最多不超過一百年，所以祂可以來示現；

但不會示現爲佛，因爲度那少數一些人，幾十年就能度他們，祂不會示現爲佛。

這時候 佛當然都知道，接下來要幹什麼？佛是法主，其實都安排好了，這些大菩薩們、阿難以及舍利弗等阿羅漢菩薩們，早就知道要幹什麼，因爲追隨 如來已經無量數劫了，當然知道，而且也知道各自要作什麼，佛以他心通一個一個都通知好了，他們到時候就照本宣科。所以這時候由阿難來問 文殊師利：「像這樣的大眾有百千億等，他們聽聞諸阿羅漢作出這樣的說法以後，心中全部都生起疑惑，我現在唯一的希望就是請文殊師利菩薩爲我分別一下，讓我了知這舍利弗等大菩薩們，他們這樣說的道理是什麼。」其實阿難眞的不知道嗎？他也是明知故問，因爲他一直都當 佛的侍者，一尊佛又一尊佛這樣聽聞過來，早就聽過了，所以他是爲大眾而問，文殊師利當然配合演出，所以他就說：「這些不退轉地的菩薩，因爲看見諸位大德的因緣，所以才故意這樣講的。」

不退轉，不退轉共有五種不退：信不退、位不退、行不退、念不退、究竟不退。那麼《菩薩瓔珞本業經》有說，菩薩在第六住位修學般若波羅蜜多，修到最後般若正觀現前。正觀現前好不好？好還是不好？（有人答：好。）好？不一定欸！

不一定好，眞的不一定好，因爲有但書，所以世尊又說：「值諸佛菩薩善知識所護故，出到第七住常住不退。」所以常住不退有前提，他願意被諸佛、諸菩薩、善知識所攝受；不願意被攝受就退，退轉的人會怎麼樣？如來說：「若一劫、若十劫退菩提心，」乃至「千劫之中無惡不造。」無惡不造的結果是怎麼樣呢？對啊！依戒律來講就叫作「不起、有墮」，不起就是善根不會再生起了，有墮就是死後會下墮。從人間下墮要到哪裡去？不會下墮在人間，當然就是三惡道，就看犯得重與輕來確定來世的去處。

因此說，位不退都難了，所以如果無法在第七住常住不退，譬如說否定第八識的證悟，說這個不叫證悟，不叫般若正觀現前，而說思惟三無性才是證眞如的現觀，那就是否定正法，那就「不起、有墮」，因爲第八識正法才是最重要的宗旨。譬如說佛教爲什麼能夠成立與存在？是因爲正法，如果正法被否定了，那就是最嚴重的罪，很簡單。那麼不退有這五種，三賢位要到第七住位開始叫作位不退，六住以下都稱爲有退，不是不退菩薩。那麼到入地以後，那叫作行不退，八地開始叫作念不退，如來地是究竟不退。但是在唯識學中，究竟地有三位—等覺、妙覺、如來——都叫作究竟地，都叫作究竟不退。

現在文殊師利菩薩說這一些不退轉地菩薩，如果是三賢位的不退轉菩薩，叫作不退轉住；從不退轉住開始是不退轉行、不退轉迴向，但是都歸類為不退轉位，不能稱為不退轉地。表示舍利弗這一些大菩薩們都是地上的菩薩，不是三賢位的菩薩，因此稱為不退轉地菩薩。他們看見在座有許多大眾有證悟的因緣，所以就說了那些看來不合邏輯的話，但文殊菩薩知道為何這麼說的原因，所以答覆說：「見**諸大德因緣，故作如是說。**」

那麼既然文殊說他們是不退轉地菩薩，阿難就特地為大家問了一下：「**不退轉地是菩提耶？**」說不退轉地是從佛菩提來講的嗎？文殊就說：「**如是！如是！不退轉地就是諸位大德的菩提。**」所以表示舍利弗等人是不退轉地的大菩薩們，在座也有許多人未來將會成為不退轉地的菩薩。你看，如來說一場法能利樂多少有情？所以弘法到今天，我都覺得自己好差好差，增上班得不退轉的也不過六百人，還有一些人正要退轉中，唉！真是太差了。如來這一部經講下來，多少人得無生忍，多少人發菩提心，那還都是其餘的小事，有很多人會得無生法忍，這才是大事。所以我們要跟　如來比的話，只能說爲枝末。但是你要成佛，總得有個開始；就像　如來在人間建立三寶僧團也有個開始，所以先對一位居士說了法；居士證果之後，接著就是對五比丘，也不過五個人，但總是有個開始。我們一樣有開始，有開始就好，就怕沒有開始；所以我們會裡，你看親教師們也沒有領薪水，也沒有領車馬費，全都是義務的，他們來上課還要自己花車資，但是已經開始攝受佛土了，這就是一個開始，大家藉這個因緣繼續行菩薩道。

阿難聽了就問，當然要回到原來的主題問：「諸位尊者是什麼緣故作出了這樣的說法？」因爲這樣的說法是很奇怪的事，要「具足五逆」，然後還要把無量眾生斷了命根；斷了命根以後，教他們都能證菩提、都能「入無餘涅槃」；這眞的很奇怪。這時候，我們來看　文殊師利菩薩怎麼回答：

**經文：【爾時文殊師利語阿難言：「無明爲母，從行生愛；究竟滅盡，悉除怨害。倒想爲父，離於顚倒，除滅欲愛。作阿羅漢堅固不壞，盡凡夫想及以僧想；壞是想故，能修一切無壞法想。乃至不取如來之想，習學無生，究竟永離。尊者阿難！諸**

大德作如是說：『我今云何具足五逆？』何以故？無來去想，是故名為具足五逆。又，阿難！言何者為五欲？是諸比丘，知於五欲如夢、如幻、如水上泡、如呼聲響，如是智慧具足。云何具足智慧不增不減？云何五欲亦不增不減？何以故？如是五欲究竟無體無相，如實知已，即五欲相得證智慧，是故名為具足五欲。以是義故，諸大德作如是說：『我今具足五欲。』」

語譯：【這時候文殊師利菩薩告訴阿難尊者說：「無明就是母親，從諸行之中出生了貪愛；究竟滅盡了，無行以後，就把所有的怨家災害滅除了。顛倒想就是父親，離開了各種的顛倒想，也就除滅了諸欲的貪愛。如果證得阿羅漢果以後，心裡想阿羅漢果是堅固不壞的，那麼滅盡了凡夫想以及僧寶之想；毀壞了這樣想的緣故，就能夠修證一切無壞法之想。乃至於不取如來之想，習學無生之法，到達究竟的地步而永遠捨離。尊者阿難！諸位大德他們這樣子說：『我如今要怎麼樣具足五逆？』為什麼呢？於五逆之中沒有來去之想，由這個緣故就稱為具足五逆。此外，阿難！說什麼是五欲呢？這一些比丘們，知道五欲猶如夢境、又猶如幻化、如水上暫有的泡沫、猶如呼喚的聲響，像這樣子智慧具足。什麼叫作具足智慧而不增不減？什麼叫作五欲也不增不減呢？為何這麼說呢？像這樣的五欲從究竟地來看，根本就沒有一個眞實體，也沒有什麼法相可說，如實了知這個道理以後，就在五欲的行相當中得到了所證的智慧，由於這個緣故，所以名為具足五欲。由於這個道理的緣故，諸位大德就這樣子說：『我如今具足五欲。』】

**講義**：這裡講的「無明為母，倒想為父」，這跟《楞伽經》講的有一點不同，但道理是一樣的。《楞伽經》裡面說「無明為父，貪愛為母」，但這裡有不同的說法，是說無明是一切有情的親生母親，諸位想想看是否如此？有時候說「無明為父，貪愛為母」，所以出生了這個五陰，道理是一樣的。但是這裡說無明為母，那麼無明是母親就表示無明跟眾生最相應，時時刻刻都跟眾生同在一起，所以眾生才會不斷的出生，猶如母親一樣。

無明有兩種，就是無始無明、一念無明。一念無明屬於煩惱障，無始無明屬於所知障，所知障函蓋煩惱障。所以《勝鬘經》也說，一念無明等無明叫作四住地無明，以無始無明為最大，因為一念無明也是無始無明中的一部分，所以煩惱障是所知障所攝，是所知障裡的一部分，但是為了解脫道的實證，就把它分離出來叫作煩惱障，叫作一念無明。

所以無明就函蓋了所有的不如理作意，以無明爲母就會有種種行不斷的出現。行就是無明的具體表現，除非你依無分別智或者依解脫智爲出發點，然後去作任何事情，那才叫非無明，否則都是無明所行。但是無始無明有時候會以一種很奇特的模式表現，譬如說你們來學法，在正覺學法最有名的作功夫就是無相拜佛，要作無相念佛的功夫；可是學上兩個月，後來有時會一兩週就是無法拜佛，老是不想拜佛，心裡想著就是要出去走一走。出去走一走到底要幹嘛？也不幹嘛，不貪不瞋、不煩不躁，但就是要出去走一走，不爲什麼。這就是無始無明的具體表現，沒有目的，就是要出去走一走，所以無明會有很多狀況出現。

一般人常常會說：「沒辦法呀！我們家裡那位老人家就閒不住啊！」有沒有聽過？常常聽過，他年紀大了又不必賺錢，也不必營生幹什麼，家裡也不分配工作給他，就是要給他養老，結果他總是閒不住，一定要東摸摸、西摸摸，這樣動一動、作一作，你問他爲什麼？「我也不知道。」他就這麼答。這也是無明。所以無明的表現有很多種狀態，因此無明跟任何有情都息息相關、念念相應，就說爲眾生的母親。

因此「無明為母」就會產生各種行，有時候他坐在那裡，眼睛發呆看著前方地上，他也沒在想什麼，就呆呆的坐在那裡，這也是無明。你說：「奇怪！可是他沒有行啊！」不！坐在那裡不動時也有行，他的心行有點類似定，但又不是定，他心中也不起妄想，就在那裡呆呆的坐著。這也是無明的表現，所以無明的樣態很多種，隨時都會顯示出來。

無明具體的表現就是行，所以有這個五蘊在的時候，他就藉著五蘊有各種行相出現。可是行，行之已久變成串習，串習以後就生愛了。所以如果有人要請你上館子，能推就推，眞推不掉的話，就跟他先約好，一次為限；因為你不想串習，如果串習成功了，串習上一年以後，換你邀約他：「這裡又有家新館子開了，那個素食做得很好吃，你來、你來，我請客，我請客。」成為串習以後，接著還會影響別人，會呼朋引伴。從這樣的串習成功，由行生愛就必然了。如果能夠究竟滅盡，也就是徹底的把它滅盡了，這個無明怨害就消失了。所以無明是一切有情之母，當然要把它殺掉，這樣殺掉就成就第一逆。

接下來：「倒想為父，離於顛倒，除滅欲愛。」顛倒想就是眾生受生的原因之一，由於種種的顛倒，所以會有種種的行，然後執著說：「我這樣才對，你那樣不對。」而其實他說的不一定對。所以這樣的顛倒想，就是促使他繼續受生的因緣，因為不能如理作意了知實相，對假名的我與法看不透，無法遠離二取，就會繼續對蘊處界有所貪愛。如果顛倒想滅除了，他再也沒有顛倒，欲愛也就滅了，那就是殺父，具足第二逆。今天只能講到這裡。

《不退轉法輪經》〈除想品〉第六，上週講到六十五頁第二段第二行中間：「害無明母，殺倒想父，」這兩逆已經說過了。五逆已經犯了兩逆，犯這兩逆到底好不好？好？本來說不好，現在說好了。接下來還有三逆：殺阿羅漢、破和合僧、出佛身血。

接下來，這兩句一起講：「作阿羅漢堅固不壞，盡凡夫想及以僧想；」假使有人證得阿羅漢以後，他心裡都想：「我是阿羅漢，我等著捨壽入無餘涅槃。」那表示他的阿羅漢果還在，只是等候入無餘涅槃的時機，所以這阿羅漢果還在，還沒有殺掉。這阿羅漢也真的能入無餘涅槃，可惜就是他心中始終有阿羅漢想，然後等捨壽的時候把一切捨了，不會生起中陰與後有。但你如果是證眞如，依眞如來看阿羅漢時，阿羅漢還在不在？爲什麼搖頭呢？因爲從眞如來看時，無一法可得，又怎麼還會有阿羅漢存在呢？那就表示你心中眞的把阿羅漢殺了，這是第三逆。

這阿羅漢殺了，剩下什麼？剩下你的第八識眞如獨存。所以二十年前，我在桃園講了《邪見與佛法》，根本就把阿羅漢殺了，我說：「**阿羅漢沒有證涅槃，現世沒有，死後入了無餘涅槃也沒有證涅槃。**」就是不作阿羅漢想，依於滅阿羅漢想而說的。這就是大乘法的所證，這樣叫作殺阿羅漢。如果於世間相上眞的殺了阿羅漢，不是這種破所知障或斷所知障的殺阿羅漢，那果報是如何？這是七逆罪，必墮無間地獄，不能殺的。不說阿羅漢，就說去毀謗一個證四禪的人就好了，還不到阿羅漢，只是謗凡夫，那果報是怎麼樣？也不輕欸！就像我以前入二禪等持位時看到後嚇一大跳，爲什麼會當老鼠？只因爲謗一個證四禪的人，那世死後就是當老鼠。好在福德修很多，所以當老鼠那一世還沒有成家立業就死在貓爪下，就又回來人間了，所以可見修福還是很重要。

但即使是謗一個凡夫所得四禪，果報也是這麼重；那如果謗阿羅漢，而那位阿羅漢是眞的，結果會是怎麼樣？諸位想想看；所以七逆罪每一樣都不可以碰。但我們現在依於經中所說的「具足五逆」是從理上來造五逆罪，這是依實證的眞如來看有沒有阿羅漢，結果一看，竟然沒有阿羅漢。這樣就是阿羅漢不堅固而可壞，就是把阿羅漢殺了，這樣的逆罪卻是厥功至偉，功德很大的。

下一個是「盡凡夫想及以僧想」，一般人學佛看到有人實證了二乘菩提或者實證了大乘菩提，說這個叫作僧，不管他有沒有剃頭、有沒有穿染衣，或者穿壞色衣，只要他證得沙門果就是出家人；而他心裡想這個人是出家人，那他有沒有斷僧想？有沒有滅盡僧想？沒有，這樣就不對了，只要他心裡有想：「這是出家人。」那就是僧想繼續存在。有僧想就有凡夫想，因爲起了分別說，證悟了叫作僧，沒有證悟叫作凡夫。

所以菩提達摩也說：「即使剃頭著染衣，出家了沒有見道，那叫作出家的在家人。」意思就是說，只要他沒有證道，出家了也是在家人；可是他如果證道了，那位在家人也就是眞正的出家人。我們講過有四種出家：身出家，身不出家，心出家，心不出家。如果出家之後，心裡想的都是財色名食睡，或者只要其中一種就好，心裡想的都是錢財、都是供養，不管他有沒有證三乘菩提，當他心裡這樣想時，表示就算眞的證悟了，也是沒有轉依成功，心未決定，當然還是個在家人，瞭解嗎？所以實證的人不貪錢財，不但明著不貪，暗裡也都不貪。

身爲法主，錢財來路很多，這一條路也可以，那一條路也可以，第三條路也可以。還有很多人會暗地裡送來，什麼樣的情況都有，所以收錢財的機會很多；但可以不受誘惑，打心眼裡就不受誘惑，不是藉著戒律來制衡自己說：「**我不幹這個事。**」也不是藉著智慧去判斷說：「**我拿了這個錢最多幾十年，帶不到未來世去，我轉依眞如，所以我不要錢財。**」不是用智慧去思惟衡量而產生的，他是打心眼裡根本就沒有想要的習性，像這樣在家而證悟了，他也就是出家人，因爲他轉依眞如成功了。如果知道般若密意了，可是轉依沒有成功，他還是個在家人。所以出家與在家要這樣去分辨，不要看色身的表相。但是也別今晚聽了，去到外面看見那一些出家人就搖頭，也別這樣。因爲這是我們關起門來說話，自家人可以講，不要對人家凡夫們也這樣講。

你如果證眞如了，從眞如的境界，轉依於眞如的時候，你看有沒有凡夫、有沒有出家人？都沒有了，所以「盡凡夫想及以僧想」，這時候沒有在家的生活也沒有僧團的生活；僧團的生活也不存在了，所以這時候你還講個和合僧，已經是分外事了。從眞如來看，也沒有和合僧，那你就把和合僧給破了，這樣破和合僧有罪無罪？無罪！因爲這是證眞實理，這樣來破和合僧，不但沒罪，還有大功德。要是在僧團之中去挑撥是非，不論從法上挑撥是非或者從人間的事務上來挑撥是非，造成僧團的分裂，這是七逆罪之一，管保要下無間地獄，這不好玩。但是從證眞如來破和合僧，這事情是好的，不但沒有罪過，而且還有大功德，所以和合僧要破，是從理上破，不是從事相上破。

事相上的破和合僧很容易犯，諸位可能還沒有聯想到什麼，可我出來弘法經歷三次法難，那都是破和合僧；可是造作這種惡業的人，他會覺得需要恐怖嗎？不會，因爲他們有個觀念「眼見爲憑」，他們心裡面想：「我就算把你正覺分裂了，我也沒怎麼樣，我還是活得好好的。」但他們不知道的是，這一些業都要一期生死到來之時才會全部算總帳。如果離死前還久就有什麼事發生，倒是好的，因爲是重罪輕報，才會立刻報。這一些事情都很容易犯，所以理上說了，事上我也得說；也就是說，一不小心就會犯，幾句話講一點是非，然後產生一些結果，影響某些人從正法中脫離出去，自己又立一個共修的團體，破和合僧就成就了。

接著說：「**壞是想故，能修一切無壞法想。**」這裡有一點不同了，修學二乘菩提時都說一切法無常、苦、空、無我，都是要修壞想，告訴你沒有一法是不壞的；結果現在竟然告訴你說，你把僧想、凡夫想斷盡了，阿羅漢想也斷盡了，還殺了無明母，害死了倒想父；竟然告訴你說，你壞掉這一些想，可以「**修一切無壞法想**」。這可怪了，一切法竟然是無壞。那達賴喇嘛，他就是不懂這個道理，所以他想：「**這大乘法一定是僞經，因爲二乘法說的是一切法都會壞，你大乘法竟然這樣講。**」釋印順也是這樣想的，所以他的《妙雲集》、《華雨集》都是這麼講的，他認爲大乘非佛說，但他們卻不知道：「**如來講《阿含經》的時候，是以大乘法八識論的主旨來講《阿含經》的。**」他們都不懂，還虧印順把《阿含經》讀到都起毛邊了，結果依舊沒讀懂。

所以《阿含經》說一切法苦、空、無我、無常，沒有眞實不壞的法，也沒有常住不死的我，所以我與法都是無常、苦、空、無我；來到大乘經竟然說一切法本來不生不滅、自性涅槃，聽起來很奇怪吧？好像前後顚倒，但其實不顚倒，因爲蘊處界以及所生的一切法，當然都是有生之法，都屬於現象界中的生滅法，《阿含經》講的正是這一些法，所以苦、空、無我、無常；可是大乘經講的是眞如，是第八識，講的是實相法界，不再只是單談現象法界了。這個實相法界本來無生無滅，巧的是這個實相法界含攝了《阿含經》所講的一切現象法界諸法，然後把這一切法全部攝歸如來藏，全部攝歸第八識的時候屬於第八識所有，所以這一切法就不生不滅了。就譬如一面明鏡，如果你沒看見明鏡，只看見明鏡上的影像就說這些影像生滅不住；可是你看見明鏡了，就說明鏡本來就有影像，明鏡常住不滅，所以影像在明鏡裡面生起變異過後壞滅，又重新再生起，那全都是明鏡中的一部分，所以這一切生滅性的諸法跟著明鏡也就不生不滅了。由於證眞如的關係，你壞除了僧想、阿羅漢想、凡夫想，就能夠「修一切無壞法想」。

最後一逆：出佛身血。出佛身血很難，也許諸位想：「提婆達多推下大石，那碎石不也砸了如來腳上大拇指出血了嗎？」其實提婆達多與如來有過去劫的因緣，也得要這樣示現；要是一般人不管誰，都不可能作到，因爲應身如來身邊有金剛護法在，那金剛密跡的威神力很大，但因爲有過去劫的因緣，所以大石頭滾下山來落地迸出個碎塊，就砸了 如來的腳拇指。而且任何一尊佛既然福慧圓滿了，當祂福德圓滿時就不會受這種果報，何況還有金剛密跡護持著，所以那是有往世的因緣，因此要出佛身血很難。

可是出佛身血還有一個定義，佛陀入滅之後，祂的身血還在人間。什麼是祂的身血？就是 如來傳下來的法，或名法舍利。假使 如來說這個法，大眾聽了以後就說這叫作佛法，因爲是 佛說的。可是如果上座說法，或者沒有上座，在跟一般人說法的時候說完了，然後他說這個是佛法，意謂他所說的就是 佛說的，可是他卻是曲解了以後說是 佛講的，就是誣賴於 如來；因爲 如來沒有那樣說，而他說 如來那樣說，那就是謗佛。

謗佛是針對 如來個人，如果是針對 如來所說的法加以否定，那叫作破法，就是出佛身血。所以末法時代出佛身血還是很容易而且很普遍的，你們看看釋印順，四十一冊、四十二冊著作，他說的都宣稱是佛法，可是他說的義理跟 佛說的都不一樣，所以他就是出佛身血的人。但因爲他不信因果，不相信有因果律，所以讀釋印順的書讀到習慣了、信受了以後，就跟著他不信因果律。

但是人眞的要信因果律，因爲每一個有情自生至死都活在如來藏裡面，不曾活在如來藏外面。那麼所造的一切善業、惡業、無記業，落謝之後成爲種子都會存在如來藏裡面，不會跑到外面去，更不會遺失。證如來藏的人，要有這樣的現觀；如果沒有這樣的現觀，他那個證悟就是假的。如果有這個現觀，絕對不敢造惡業，因爲不管人家有沒有看見，如來藏會記錄；如來藏記錄了，留下這一些業種，後世不會給別人受報，一定是自己受報，因爲是自己的種子，跟別人無關。所以出佛身血很容易的，譬如我們曾經有過三次法難，他們曲解了佛法說是佛講的，並堅持那就是佛法，那就是破法，叫作出佛身血。好在他們也聰明，雖然沒臉回來，但至少懂得改過，佛前懺悔，求見好相，來世還可以保得人身。如果不懂得懺悔，不求見好相，來世豈止不在人間，那果報很慘，因爲他就是壞法者。

又譬如說，佛明明講：眞如是第八識的眞實性。這在經中都有結集出來，結果有人顚倒主張：「**眞如出生了阿賴耶識，所以眞如是一個法，阿賴耶識是另一個法。**」他把佛法作了增益，變成有九個識了。但是 如來說「**眞如是阿賴耶識的眞**

**實性**」，就好比花顯示出美麗一樣，那麼眞如能不能拿來用？不能的，因爲眞如是所顯法，所顯法只是顯示出第八識心體有那樣的法性，但眞如不能拿來作什麼。就好比花，花有美麗的法性，那你能拿美麗來炒菜嗎？不行，但花可以拿來當菜炒了吃；結果有人說美麗出生了花，諸位聽了一定想：「**這個人腦袋壞掉了**。」這樣以邪見取代正法也叫作出佛身血，因爲他是在破壞佛法。

又比如說《菩薩瓔珞本業經》，世尊說：「**如果有人修學六度波羅蜜，修到第六住位時把般若波羅蜜修完了，般若正觀現在前。**」也就是般若正觀已經現前了，知道原來這就是眞如，原來《般若經》講的八不中道或者無量不的中道，就是在講這個眞如心與所生的諸法之間的事，這叫「**般若正觀現在前**」。如來說：「**這個人如果有佛菩薩或是有善知識攝受，他就出到第七住常住不退。**」也就是說，你證得第八識以後現觀祂的眞如性，然後這一個心體是常而種子非常，所以祂具足一切的中道，離兩邊又即兩邊，即兩邊又離兩邊之後，你全部攝歸眞如來看的時候，又變成不即不離，那麼這樣才叫作第七住菩薩；從此以後常住不退，如果不接受佛菩薩、善知識攝受就退轉了。

這表示什麼？「般若波羅蜜正觀現前」就是眞見道，就是眞正的證悟。那麼現在有個張志成出來說：「眞見道是初地，不是第七住。」他正是把 佛的聖教推翻了，這也叫作出佛身血；還要加上謗佛，因爲等於 佛陀說的，他不信，他的言外之意就是 佛陀在經中講錯了，要不然就是認爲那一部經是僞經而成爲謗經、謗法。如果另外有一個人也這樣講，他認爲：「證得如來藏，現觀祂的眞如法性，應該是初地，《菩薩瓔珞本業經》講錯了。」那問題就來了，他也是謗佛，也是出佛身血，隨學者就是被他誤導了；因爲 佛是那樣講，有般若正觀的人，他是怎麼樣得到般若正觀，不是像釋印順講的把《般若經》讀完就自以爲懂了，說那叫作證般若。不是那回事，而是要證如來藏眞如心，然後從如來藏的立場來看待一切法，這樣就通了各種無量的中道，這就是「般若正觀現前」。

現在有人說：「般若正觀現前不是證如來藏。」等於他要用另外一種說法來取代證如來藏的般若正觀現前，那也是謗佛，也是出佛身血；那樣的出佛身血不但障礙了自己的佛道，也障礙了隨學者的佛道，損人不利己。那從另一個方面來講，如果有一個道場，他弘揚的正是 如來講的第八識如來藏的妙義，而且也能實證；

然後這個人去把它否定，說人家證那個第八識不叫開悟，那不叫般若正觀，因爲證第八識不是開悟。那麼問題就來了，等於從這個團體往上追，一切證悟者包括歷代祖師到達禪宗第一代 釋迦牟尼佛都沒有開悟，因爲大家同樣都是證第八識眞如；這樣也是出佛身血，也是謗佛。這個現象在末法時代很普遍，我們正覺弘法之前，佛教界不都是這樣嗎？所以我剛出來弘法的前十五年，都還被印順派的人罵是自性見外道。結果咱們把它講清楚：「**他們落在自性見裡面，因爲都落入意識的自性境界中，而咱們如來藏沒有在自性見裡面。**」他們才算閉嘴，所以他們也是謗佛，也是出佛身血，所以這種惡業是很容易造的。

我們不要去造那種惡業，因爲不管是基於氣憤或者基於其他世間的利得來看，都不值得造作。如果貪求世間的名聞或利養，以正法的實證用來謀取世間資財，造作這種業，來世不在人間還算是好的，因爲頂多生到餓鬼道、畜生道去而已，回來還算快。若是造這種業，不是那兩道的果報可以了掉，那是無間地獄業；可是他們都沒有感覺，因爲還不到臨死算總帳的時間，果報不會現前；因此釋印順一生都不懺悔，還把他的傳記命名爲《看見佛陀在人間》繼續流通，這叫作愚癡人。但我們不要追隨他，我們是有智之人，可是我怕的是那些自以爲有智之人，所謂的有智並不是眞有智。眞正有智之人看起來都笨笨的，像我這樣笨笨的，不會貪名貪利、貪世間法，只會想辦法去把正法給人家。有的人，你看他很聰明，可是有一句俗話說「聰明人專幹傻事」，聽過吧？對啊！

所以事相上的「**出佛身血**」絕對不幹，可是反過來，從理上「**出佛身血**」的事情，我們要幹到底，絕不放棄；從理上就是從眞如來看「**出佛身血**」這件事情，絕對要作。所以證眞如之後，依於眞如來看諸佛如來時，沒有如來，如來不存在了。還記得以前講《金剛經宗通》，我們舉出了經中的公案，那國王證眞如而且發起無生法忍之後，要供養 文殊菩薩，文殊不見了；要供養諸菩薩，諸菩薩也不見了；回宮裡供養他的王后、他的妃子等一切人，結果全都不見了，最後供養了自己，還是自己穿了，一切法又現前了，因爲他又回到現象法界來了。這種「**出佛身血**」一定要作，而且一直作下去，所以你從眞如來看佛的時候就沒有佛了，原來佛跟我們一樣是第八識眞如心。

這樣「**不取如來之想**」就可以「**習學無生**」，因爲證得眞如以後，從眞如來看諸佛如來時，他不一定能夠心得決定；心中還沒有決定的時候，他就不會轉依成功。諸位也許想：「這是您講的，我爲何要信。」可是諸位有沒有讀到經典裡面常常講：「這部經講完時有多少人得無生法忍，多少人得無生忍，多少人得法眼淨。」有沒有？有啊！常常讀到，爲什麼呢？因爲他本來就有那個智慧，可是心中不得決定；心中不得決定就無法轉依，他的無生忍生不起來，法眼淨或者無生法忍都生不起來。

這就像二〇〇三年那一批人一樣，當他們把阿賴耶識否定以後，另外要去找一個眞如，結果他們所講出來的法就全盤皆墨，全部都錯了。所以我們二〇〇三年法難時出了那麼多本書，講的就是這個道理。所以證得如來藏之後，如果他又否定說這個不叫如來藏，想要另外去找一個如來藏，那他的智慧就因此全部喪失，所講出來的理就全部錯，因爲變成不如理作意。如果他心中在猶豫還沒有決定，可是他也沒有否定，後來當 如來把某一部經講完了，他心得決定了，於是他的無生法忍或者法眼淨就出現了，所以心得決定很重要，這個定心所又名三昧。

如果實證之後，理路沒有通達，因爲善知識送得太快，他沒有體驗，理路沒有通透而弄不清楚，心中不得決定，倒也罷了，因爲他不否定正法；他只要繼續跟隨善知識修學繼續深入，就可以次第進步，到某一天聽聞到經中哪一段的說法相應了，於是心得決定，他的無生忍就起來了。那麼因此證得眞如之後，不一定人人心得決定；我爲了要復興佛教，所以有時候不免操之過急，那個水果可能只有五分熟，我就把它剪下來，這叫作早計成熟。如果等到八分熟時再剪下來，他又沒有慢心，繼續修學以後就繼續進步，然後心得決定就不會有這個問題，這樣的人就可以「習學無生」；他心得決定了，轉依這個如來藏眞如心，可以學無生法，學到最後「究竟永離」。因爲縱使有疑，使他的眞見道不能心心無間，未能成就「無間道」，然而他肯繼續修學，到最後他發覺沒有任何一個法可以是無生的，一定只有這個如來藏才是無生的，於是最後他心得決定，而能「究竟永離」。

文殊師利菩薩解釋完了，就說：「尊者阿難！諸大德作如是說：『我今云何具足五逆？』何以故？無來去想，是故名爲具足五逆。」你看，文殊菩薩有沒有慢心？他對阿難還稱爲尊者，其實 文殊菩薩已經成佛了，祂是來襄助 釋迦古佛，故意示現爲菩薩，可是祂對阿難稱爲「尊者阿難」。你想，祂是不是履行身爲菩薩該作的事？既然你來護持 釋迦古佛，示現爲菩薩，那你作的就得是菩薩的事，可別說：「**我也是佛，我叫你阿難就好。**」不能這樣。這個規矩，諸位得懂。可是，阿難不會叫人家稱他爲尊者。應該如是啊！那將來諸位都會當法主，可能下一世、可能下一劫不一定，總是遲早都要當，否則你未來憑什麼成佛？但是當法主的時候，不用去要求人家要稱呼你什麼。

當你的德行到了那裡，你顯示的智慧、顯示的解脫到了那裡，人家最後終於知道了就會叫你什麼。這是事實，我就是個現成的例子。我剛出來弘法時，大家都叫蕭師兄、蕭師兄；過了幾年，可能大概有十年，人家改稱呼了，叫蕭老師、蕭老師；後來我在那個差別智的課程裡面，我說在禪門稱呼爲老師，那是最高的尊稱，因爲禪宗祖師中沒有誰敢自稱老師的；如果被稱爲老師，譬如說陳老師陳尊宿，或者稱爲王老師南泉普願，南泉普願還自稱「**我王老師**」，那是很高的稱呼，可是我也沒當回事。又過一段時間又變了，又變成「**導師**」，最近這幾年就變成「**師父**」了，也就是如師如父的意思。它會演變，可是我還是我，我沒有變。

我以前剛講《成唯識論》是這樣講的，八個月後我繼續講《成唯識論》時，還是會這樣講、不會變。但是你所說的法，你次第鋪陳開來的時候，人家會看到你解脫道的證量怎麼樣、佛菩提道的證量怎麼樣，越瞭解就越有淨信。當然還是有人不淨信，我們不理他。你看，二〇〇三年那一批人有淨信嗎？沒有。以及後來有的人離開了去搞名聞利養，也是一樣沒有淨信，對於根本上師的身教、言教不想學習，那我們不用理他，因爲他們不是正法中人。

這意思就是說，阿難跟 釋迦如來在往昔無量劫前，他們是同時學佛的同一輩，其他人則與釋迦如來的輩分不同。文殊菩薩已經成佛了，當然知道這個道理，因爲諸佛都有十力，當然會知道，就稱呼：「尊者阿難！」然後說：「他們那一些大菩薩、大阿羅漢們，那些大德這樣講：『我如今應該怎麼樣具足五逆？』」那文殊菩薩就來解釋說：「爲什麼要具足五逆？因爲沒有來去之想，這樣就稱爲具足五逆。」沒有來也沒有去，那廣老走的時候，不是以臺語說「沒有來也沒有去，沒什麼代誌」，有沒有？對啊！說沒什麼事情。

我記得，我這一世證悟的時候，用六百字的稿紙寫了報告遞出去，因爲那時候根本沒有去檢查聖嚴法師到底有沒有悟，我主要偏在佛性上去寫，因爲見性之後就具足明心與見性兩個部分了，其中我就寫到：「**信知我從來不曾念佛、不曾禮佛、不曾修行。**」爲什麼？因爲從如來藏、從佛性來看，什麼時候禮過佛？什麼時候念過佛？什麼時候曾經修行？都沒有啊！可是當初沒先去檢討對方到底有沒有資格讀這個報告？直到後來，他竟然當著眾幹部的面否定這個法，我說：「**咦？怎麼會這樣？難道他沒有證悟嗎？**」因爲證悟的人若是否定這個法，他的「所悟」一定錯了才會否定這個法，那就是沒有悟，很簡單。

所以你在增上班，如果有人告訴你說：「**你悟錯了。**」那就表示，你悟的跟他悟的不同。那你先不要管對方，先管自己：「**到底我上禪三悟的這個心，是不是第八識如來藏？所觀的眞如是不是第八識的眞如法性？**」你用這個心的現量去觀察，因爲你可以體驗這個心；此外，這個心除了五遍行心所法以外，祂有沒有五別境心所法？如果有，那就不對了，因爲一定是意識。這個心有沒有六根本煩惱？有沒有二十隨煩惱？如果有，這個心一定不是如來藏，因爲如來藏妙眞如心只有五遍行心所法。你用心所法來檢驗也可以，不然你就用三自性等法來檢驗都可以，其實只要用心所法來檢驗就可以確定了。你自我檢討沒有錯：「**我證的這個是第八**

識如來藏，不與六塵相應；而且祂有眞實性不可毀壞，祂又永遠都是如如不動的法性。」你確定這一點了，就可以反過來檢查對方，看對方到底悟了什麼，這樣你就可以不被人所轉。

被人轉走而退失了，是天下最冤枉的事，因爲被轉走了就是空入寶山；本來挑著一擔黃金回家，被轉走的時候卻說這不是黃金，把它丟掉了，結果換了一堆鍍金的黑鉛挑回家，那不是最冤枉的事嗎？所以要自己這樣去檢討。如果自己所證的心是如來藏，祂一定沒有來去；沒有來也沒有去，就不會落入是與非之中，就不會落入人我之中，不會落入一切事相之中，你就可以把一切事相全面否定，轉依眞如。這時候你就把無明母殺死了，或者如同這一段經文講的，把「倒想父」殺死了，把「無明母」也害死了；這時見了阿羅漢就把阿羅漢想殺了，因爲沒有阿羅漢，離阿羅漢想；然後也沒有凡夫想、沒有僧想，破和合僧，又不取佛想，這樣就叫作具足五逆，成就大功德。你看，同樣叫作具足五逆，結果成就大功德，可是一般人成就五逆，不說五逆，一逆就好，那就是無間地獄罪；搞不好還要更慘，下墮阿鼻地獄罪。這樣五逆講過了，接著另外再提說：

「阿難！什麼叫作五欲呢？這一些比丘們，他們都知道五欲猶如作夢、猶如幻化、猶如水上冒起來的水泡、猶如大呼而產生了聲響，像是這樣子智慧具足。」如果你證眞如了，想想看，你每天不離五欲，色聲香味觸統統具足，不離五欲。你如果示現在家相，也是不離五欲，因爲財色名食睡也跟你連在一起。也許有人抗議說：「我又沒什麼名氣，哪來的名？」好，那我請問了：「人家見了你，都叫王某某、孫某某、余某某、蕭某某。」有沒有？你有名啊！怎麼沒有名？然後人家談起來說：「喔！這蕭某某厲害，這余某某厲害，他怎麼樣、怎麼樣……。」風聲漸漸的又傳開了，公開沒有怎麼樣，私下裡人家就知道有你這麼一號人物，那你有沒有名？有啊！

每天晚上睡不睡覺？睡啊！你總不能像經上講的：「出家人只是晚上睡四個鐘頭就好。」沒有啊！照睡不誤。如果開了個新的素食館，人家邀請：「你無論如何，讓我請一次。」因爲他知道你是無上福田，所以請你去。這一去，口腹之欲都有了，這是食的方面。那你證悟之後，是不是把以前買的名牌衣服都給燒了？沒有啊，還是繼續穿。這一些統統合起來，叫作五欲。還有一點，你是個在家人，以前法師們教導在家徒弟都有一點叫作「敦倫盡分」，有沒有？敦倫有五倫：身為人子人父，身為人夫、人妻，身為人君、人臣，身為人家的弟子等，總共五倫。這五倫你都要敦睦，不能弄到僵持；弄到僵持時就是沒有敦倫，你也沒有盡本分。敦倫之中還有個夫妻這一倫，是五倫之一，那你有沒有欲？有，你也不能拒絕對方，這樣五欲具足。也因為你還繼續在賺錢，就像世俗人說的，他已經很有錢了還在賺錢，人家這麼一說，他就說：「抱歉！貪財、貪財。」有沒有？對啊！

可是我告訴你，身為菩薩，五欲不離身，繼續證禪定，為什麼？因為從菩薩的眼光來看，眞如的境界中無有一法可得，而這些事情繼續存在又何妨，也不需要說：「因為悟了，我就不吃飯。」照吃不誤，吃飯時不會說：「這個比較好吃，我不吃。」不會，照吃不誤。但會不會因為好吃就多吃一碗？不會，連多吃一口都不會，為什麼呢？因為這都是人生大夢中的事。如果你有如夢觀，看待這一世的事，把往世往劫的事情套到這一世來同樣去作比對，也就是夢中的事。夢中的事需要執著嗎？不需要，所以如果有人包了一個紅包來供養——五百萬元，馬上就想：「夢中收個五百萬元不必高興，不用收啦！」因為用不著，你未來世能帶去嗎？你這一世還需要那五百萬嗎？也不需要，因爲自己都還在捐款，竟然還要讓人家供養這五百萬，沒意思吧！

也許有人懷疑：「眞的嗎？」我就告訴諸位：「其實你們捐款比我多的人很少。」我不是說出版社賺的錢去捐，因爲正智出版社捐是出版社捐的，不是我個人捐的。我是說我個人拿錢出來捐的，你們能捐比我多的人還不多。爲什麼這樣？因爲就像世俗話說的：「生不帶來，死不帶去。」那麼爲了未來世的行道，我捐了，來世又有更多的道糧。大部分的道糧不要把它實現，每一世都實現一小部分就好，這樣滾雪球一直滾到佛地去才會快。所以你證眞如以後，從眞如來看待這一切五欲，都好像作夢一樣。

又說「猶如幻化」，諸位想想看，你昨天上館子吃了很好吃的食物，而今安在？才只是昨天的事，還不談過去世的事，早不見了，你還有口齒留香嗎？才昨天吃的，所以它「猶如幻化」，因爲你一吃完，最後茶一喝，什麼味道都沒了。同樣的道理，這一世所有的五欲都是這樣。又好像「水上泡」，那雨水落到地面跳起來成爲一個水泡，又落地就沒了，很短暫。學佛三大阿僧祇劫，這一世比起來就好像白駒過隙，跳過那一條縫時根本沒感覺。又好像「呼聲響」，叫上這麼一聲馬上消失了，從三大阿僧祇劫來看就這樣了。如果你從無始以來到現在來看，更是如此。

在菩薩的眼光中，五欲就像作夢、就像幻化、就像水上泡、也像呼聲響一樣。所以菩薩遇到五欲不逃避也不貪愛，每一世就在五欲中打轉，但是就像禪宗參禪人講的說：「**百花叢中過，片葉不沾身。**」五欲沾不上，照樣證禪定，所以叫作「**在欲行禪，火中生蓮**」。如果有人是隱居在山上去修禪定，就算他發起禪定了，他那個禪定也不會很好，因爲不太能經得起考驗，特別是靜坐中修來的禪定。你如果一天到晚都在五欲中活動，可是心是清淨而起念的，到最後什麼時候要發起初禪，你不知道，但保證會發起。現在這個事情也證明了，不是我一個人，還有別的同修也這樣發起初禪。所以不要去打坐修定，因爲初禪不是修定修成的，初禪是降伏五蓋成就的。

這個道理，我已經講過很多遍了，再特地提醒一下，因爲我知道有的人很努力在修初禪，他每天就打坐，可是色身坐在那裡都不動搖，腦袋裡亂想很多，亂七八糟，他再怎麼打坐都不會有禪定，因爲初禪的發起不在定力。初禪只要有普通的未到地定就夠了，發起禪定最主要的原因就是降伏五蓋；如果你已經得二乘見道或大乘見道，那就是要斷除五蓋。所以不用努力在那邊打坐，努力爲眾生作事到無私無我、心地清淨，五蓋滅除了，初禪就起來了。所以修福對禪定有沒有幫助？（有人答話，聽不清楚。）答那麼小聲，應該大聲說：「有！」因爲去給眾生磨，磨到後來沒有脾氣了，心性變好了，初禪就現前。如果一天到晚在算計別人，也在算計自己的利益，然後每天在那邊打坐，我說他：「**坐上十劫，初禪亦不現前。**」

所以菩薩看待「**五欲如夢、如幻、如水上泡、如呼聲響**」，這樣看待的時候，不被五欲所繫縛。所以五欲來了隨緣而應，好吃的來了，來了就吃。出去辦事時看到好的風景，好看的就看也無所謂，但不會多看一眼。這樣來面對五欲的時候，五欲於我有什麼影響？沒有影響，然後禪定就現前，這個就叫作於五欲如實知。

「**云何具足智慧不增不減？**」像這樣「**智慧具足**」的時候，五欲於我何有哉？他會這樣看待，雖然我在五欲中，但我也沒有領受五欲；好吃的吃了，說我沒有吃；好看的看了，說我沒有看。也許你隔壁開了家音響店，他開得稍微大聲一點，可那音響眞的棒，聽就聽，可是我也沒有聽，這樣來看待五欲，這叫作「**智慧具**

足」。可是這樣「智慧具足」的人，領受了五欲也沒有領受五欲，這樣才叫作「具足五欲」，而他這樣的智慧其實是「不增不減」的。如果像二乘人那樣，出了家躲到山上去遠離五欲，縱使他得到初禪也經不起考驗，很快就被老虎叼走了，要不然被口腹之欲叼走了，他的初禪就退失了，因爲他智慧不具足。

接著說：「云何五欲亦不增不減？何以故？如是五欲究竟無體無相，」這是說，像這樣的五欲，你從究竟的地步去看它，「五欲無體無相」；因爲五欲不久住，有體才能有常住相。五欲是被生之法，是許多的因緣輾轉而出現五欲。領受五欲的見分尚且「無體無相」，何況被領受的五欲，當然也是「無體無相」。講到這裡要請問諸位：「是什麼有體有相？」嗄？是如來藏喔？那如來藏有相囉？不能說祂有相，也不能說祂無相，因爲如來藏運行的過程顯示出祂有行相，有運行的法相叫作行相；而祂的行相顯示出如來藏的眞實性與如如性，所以祂有眞如法性，眞如就是第八識心體的行相所顯示出來的法相，因此如來藏有相；但是這個相不是世間相，所以又稱爲無相。但是五欲完全是世間相，全都是在六塵境界法中示現出來的；既是世間相就是所生法，所生法則必壞滅，會壞滅之法就無體，因爲沒有眞實體，是眾緣假合而成。

你可以去看，五欲不論是哪一種，財色名食睡、色聲香味觸，全都是假合之相，假合之相就是「無體無相」。你從眞如心來看這五欲的時候，發覺在五欲中之所領受的一切境界相，莫非是眞如心所顯示出來的內六塵相分，然後你用自己覺知心這個見分去領受眞如心顯示出來的五欲相分，結果就是如來藏自己顯示的見分來領受如來藏自己顯示的相分，因爲你沒有接觸到外五塵，你接觸的是內五塵的相分，這樣變成自己玩自己，跟外五塵無關。打從無始劫以來，每一世的五陰都沒有領受到外五塵，法塵亦復如是。

**「如實知已，即五欲相得證智慧，是故名爲具足五欲。」**那麼你這樣「如實知已」，就在五欲的行相上面「得證智慧」。如果今晚第一次來聽我講經，聽到這裡一定說：「**您說這個，我眞的聽不懂。**」沒關係，多聽幾次，聽久了就會懂，懂了以後你就會想去求證是不是眞的這樣。當你想要求證，就進來正覺同修會好好學；上過幾次禪三悟了，你就可以證實果然如此。（義工菩薩舉牌了，請諸位把手機關掉；手機響了被人家左鄰右舍看著，不好意思吧！）好，當你在五欲相上面已經「得證智慧」了，由於這樣的緣故，就叫作「具足五欲」。

然後 文殊菩薩作了個結論：「以是義故，諸大德作如是說：『我今具足五欲。』」你看，這「具足五逆、具足五欲」的道理，你得要「般若正觀現在前」，生起實相智慧之後才有辦法說，否則依文解義時，大家聽了會覺得搔不到癢處。就像知道有個地方在癢，可是搔不到，或者說衣服很厚就搔不到了。可是你如果證悟第八識如來藏了，可以如實了知此義而爲人說，然後大家聽了都很清楚明白。聽清楚了，確定現觀是如此了，回家該作的第一件事情就是浮一大白；以茶代酒，別眞的喝酒。好，下一段：

經文：【「阿難！何者是具足邪見、離於正見？於一切法而皆取著，是名邪見，邪見者是虛妄想。一切諸法非依非無依，猶如虛空無歸無依，何以故？一切法無實可得，應如是知。一切法皆悉平等，除其等想是名正見，何以故？如是等想，即是惡想；以是義故，諸大德比丘不見等想，亦不見惡想，何以故？盡一切想，名佛菩提。逮菩提已，而亦不見少法可得，阿難！以是因緣，大德比丘作如是說：『離於正

見，具足邪見。』」】

語譯：【「阿難！什麼是具足邪見、遠離於正見呢？在一切法當中全部都加以執取執著，這樣就稱爲邪見，邪見的人都是虛妄想的人。一切諸法沒有所依但也不是沒有所依，猶如虛空一樣沒有歸屬也沒有所依，爲何這麼說呢？一切法其實都沒有眞實性可得，應當要像這樣子了知。一切諸法全部都平等，除滅了對一切諸法的種種平等想，這樣就稱之爲正見，爲何這麼說呢？像這樣的種種的平等想，它就叫作惡想；由於這樣的道理的緣故，諸多的大德比丘不見一切諸法平等之想，也沒有看見有什麼惡的想，爲何如此呢？滅盡一切的想，就稱之爲佛菩提。捉到了這個菩提以後，也沒有看見有任何一點點的法可得，阿難！由於這樣的因緣，大德比丘們就這樣子說：『遠離了正見以後，具足了邪見。』」】

**講義**：這〈除想品〉一開始，大阿羅漢菩薩們說：「具足五逆，具足五欲，具足邪見，離於正見。」這段經文說的是第三個，後面還有一個：「斷於無量眾生命者，我今當令悉成菩提，入無餘涅槃。」現在講的是：「具足邪見，離於正見。」

文殊菩薩說：「什麼叫作具足邪見、離於正見？」在《佛藏經》裡面說眾生最大的煩惱、最大的惡處就叫作邪見。現在這裡反過來，說要「具足邪見」，還擺明了說要「離於正見」。這有道理啊！因為諸大德不會亂講。如果不懂的人就說：「這不可能，一定是僞經。以前說要滅掉邪見，現在竟然說要具足邪見，而且還要遠離正見。你看，這不是自相顚倒嗎？」密宗達賴喇嘛就是這樣，他不懂經文中的眞實義，然後就說　佛陀說法前後矛盾，說初轉法輪跟二轉法輪、三轉法輪互相矛盾。他不懂也就罷了，還有一個眾生出版社，層次就在眾生位中，所以就出版他的書，成就凡夫眾生所說法。這就是說，對於一切法全部都加以取著，這叫作邪見，邪見就是「虛妄想」。

我問諸位：「你們來正覺學法，證眞如之後，是不是就要入無餘涅槃？」不入！那不入無餘涅槃，你能夠遠離一切法嗎？難道每天把眼睛遮起來，耳朵塞起來，甚至於把鼻孔也塞起來，嘴巴也封起來，不然你怎麼遠離一切法？你有這五色根加上意根，六識就是每天在領受六塵，領受六塵時難道六塵中不都是法嗎？不談六塵，你證悟之後，為什麼還要繼續學法？因為要成佛啊！喔！是要成佛，所以要學一切法；那你學一切法時，有沒有遠離一切法？不但不遠離，而且要不斷地攝受一切法，這不就是「於一切法而皆取著」？

也許有人說：「沒有啊！我攝取的都是佛法。」好像是喔！但也只能說好像是。譬如八個月後我就要講《成唯識論》了，《成唯識論》說種種心所法，那意根、意識相應的心所法中也有好多的煩惱，那些煩惱心所法你要不要弄懂它？要啊！你弄不懂它，如何遠離它？所以你對那些煩惱的法，也要去把它弄清楚，那你不就是「而皆取著」嗎？不管粗的法、細的法、遠的法、近的法、高的法、下的法，你全部都要去弄懂它，而且不可以丟棄。如果你弄懂了就丟棄，當你成佛的時候，你棄盡了一切法，結果你變成一個白癡，那還成什麼佛？

所以成佛是具足了知一切法，無有一法遺漏。那要具足了知一切法，不就是「於一切法而皆取著」嗎？對啊！說這樣叫作邪見。可是成佛之道教你了知一切法，將來才能成佛而成爲一切智。可是成爲一切智的時候，還有邪見嗎？又沒有了。你具足了知一切法，等於是「於一切法而皆取著」；可是你具足了知一切法，「具足取著一切法」時，卻沒有一切法可說。所以這時候如果還認爲有邪見的話，那就是「虛妄想」，因爲到那個地步就沒有邪見了。

又說「一切諸法非依非無依」，為什麼「非依非無依」？這時候一定有人想：「一切諸法都依如來藏而有，怎麼說非依？」他一定這麼想。但是如來藏有形有色嗎？你依止於如來藏，如來藏有形有色嗎？無形無色時你依什麼？當然無所依。從事相來說，沒有聽聞過如來藏妙義的人，他根本不知道有如來藏存在，那他這五陰十八界是依什麼而存在？也沒有依啊！但其實是有所依，可是被五陰所依的如來藏無形無色，你怎麼能夠說五陰等法有所依？所以一切諸法「非依」，但是在「非依」當中「非無依」，因為畢竟還是依無形無色的如來藏，才能持續不斷的生住異滅。

那麼到底哪個是第八識如來藏？這時覺得有點奇怪、有點納悶。譬如說，你們很多人都會背《心經》、會背〈大悲咒〉，請問你在背的時候，是你意識記得的嗎？你背得飛快的一直過去，是意識記得的嗎？意識都還沒有想，它就被唸出來了。那是誰保存了那些種子、記住了那些種子？是如來藏。喔！這樣就是證如來藏了？好快！其實還沒有！告訴諸位：證如來藏並不簡單。在早期我們是依禪宗的標準來勘驗，等於放水，而且比禪宗標準還要低；所以上個週日親教師座談會，有一位老師說：「我現在上了禪三去當實習監香、當監香，才知道現在同修們好辛苦，找到如來藏以後還要參出那麼多的法來。」我告訴你，他們是幸福，因為那些法都是經論上沒有講過的法。

早期破參的同修，讓他們現在重新再上山，考三次也考不過去。那到底早悟好，還是晚悟好？（有人答：晚悟好！）不見得！（大眾笑…）因為早悟的人跟著我繼續修學，這些全都能懂。可是早期悟的人，他們只知道總相，心中無慢繼續修學，學得更快更多，今天智慧比諸位好。但是有例外，也就是說，我發覺他的心性有問題，所以我不讓他上山去護三，也不能讓他上山去當實習監香，更不讓他當監香，那他就停留在眞妄不分的狀態，因爲時間久了，他的所悟也有點模糊了，這樣他就不會壞法。眞正的佛法並不是經論上公開講的這樣，你要能懂文字背後的意思才算是實證。所以經論上講的都是公開的，你可以公開到處去印；經也印出來公開流通，論也印出來公開流通，就像《瑜伽師地論》裡面，你證悟了說這就是明講的，可是人家就讀不懂。

那麼如來藏不提，我說佛性好了，因爲很多人明心以後對佛性很有興趣。我有時候也故意講：「佛性其實是如來藏的用。」我說的沒錯，但有的人就誤解了。十幾年前，將近二十年前，我就講過這道理了，當時有的同修就來告訴我：「老師！我明心又見性了。」我說：「你怎麼個見性法？」他就講：「你不是說佛性就是如來藏的用嗎？那我怎麼樣、怎麼樣、怎麼樣，這不就是如來藏之用、不就是佛性嗎？」我說：「你誤會了。」

有時候我又講：「佛性其實就是如來藏的五遍行心所法。」有的人又開始去理解思惟，而且寫了一篇文章說：「如來藏的心所怎麼樣、怎麼樣、怎麼樣。」遞了上來，我說：「你遞這個給我作什麼？」他說：「這是不是佛性？」我說：「你誤會了。」這佛性裡面有很大的文章，經上這麼寫、論上這麼寫，我公開又這麼說，但實證卻不是這樣證。經論上有講如來藏是怎麼樣、怎麼樣，公開流通，但證的時候也不是這樣證。你們之中如果有二十年前破參的老參不信，再來報禪三，我給你額外的機會去鍛鍊看看，看你考三次過不過得去，我不要幫忙。這意思就是說，其實如來藏有很多個層面，一般人能懂一個層面就很厲害了。而我在《成唯識論釋》、在講解《瑜伽師地論》裡面所說的，還有兩個層面，這一些就算上山下來，悟了就能聽懂嗎？也不一定懂，所以佛法很深，千萬不要得少為足。

那麼你不能夠說它沒有所依，因為一切諸法畢竟還是依如來藏，才能持續生住異滅，所以一定有所依，否則任何一法都不可能出現，更不會有住異滅的現象。然而你如果要說一切諸法都有所依，可是所依的這個如來藏無形無色，怎麼稱為能依與所依？假使你沒有這個五陰，一切諸法單憑如來藏作所依就能現前嗎？也不行！所以說個「**所依**」也不對，說個「**非所依**」也不對，得要具足「**非依非無依**」，因為一切諸法歸屬於如來藏的時候「**猶如虛空無歸無依**」。第八識如來藏猶如虛空，因為如來藏無形無色，可是祂有能生的作用，祂也顯示本來解脫、本來涅槃的自性；但如來藏心體畢竟猶如虛空一樣，所以歸屬於如來藏的時候，就變成「**無歸無依**」了。

然後從另一方面來解釋：「**何以故？一切法無實可得，應如是知。**」一切諸法生滅無住，你學得一切諸法時怎麼可以說我得到了什麼法。縱使你得到了某一個法，那個法也是無形無色而且終歸壞滅，所以一切諸法都要收歸如來藏，而一切諸法都沒有一個眞實體，所以「**一切法無實可得**」；將一切法歸依如來藏時，如來藏又無形無色，所以也是「無歸無依」，修證佛法應當如是知。

接著說：「一切法皆悉平等，除其等想是名正見。」佛法是平等法，甚至於證眞如的時候，你所證的智慧還要內遣，遣除以後歸於眞如心而無一法可得，說你這個智慧這樣就跟眞如平等平等，這樣叫作證眞如，不管是七住眞如、十住眞如，乃至佛地眞如都一樣平等平等。可是這一切諸法皆悉平等的現觀之後向內遣除，連平等想也要滅除；平等想滅除了以後，還有智慧嗎？「無智亦無得」，又回歸《心經》的「無智亦無得」。那麼能夠這樣向內遣除，使所證智慧與眞如平等平等時，名爲證眞如，所以連這個「等想」也要滅除，這樣才算是眞正的正見。

那麼文殊菩薩解釋說：「何以故？如是等想，即是惡想。」你看，如果你心裡老是想著：「我現在智與眞如平等平等，我證眞如了。」文殊菩薩告訴你說：「你這樣又落在法裡面了，落在法裡面就是『惡想』。」他說這是「惡想」，可是多少人一心要證眞如而證不得，好不容易證得了，竟然告訴你說你這個「等想」也要滅掉，然後解釋說：「以是義故，諸大德比丘不見等想，亦不見惡想。」所以當你向內遣除證眞如的智慧以後，連智與眞如平等平等的這個「等想」也得把它滅了，當你全部歸依眞如心的時候，哪還有證眞如？因爲眞如的境界中，沒有證眞如可說，也沒有一切法或一切智慧，所以「**諸大德比丘**」他們就是「**不見等想**」，當然同時也「**不見惡想**」。

那爲什麼要這樣呢？因爲「**盡一切想，名佛菩提**」，所以佛菩提的究竟解脫境界中滅盡一切想，只有第八識如來藏眞如心，而如來藏的境界是本來解脫的，不是修行以後才解脫；可是不修行又不得解脫，所以大乘究竟解脫的修行是怎麼回事呢？「**非修非不修**」。要依這樣的智慧來修行，修到這個地步才叫作佛菩提。可是證得這個佛菩提之後呢？而「**亦不見少法可得**」；如果證悟了，心裡面想：「**我證悟了，接下來可以廣收供養。**」他就是沒有證得佛菩提，就是沒有證悟。有的人甚至還在參禪，都還沒有證悟，完全沒有找到如來藏，他就這樣想了，那你說他有沒有證佛菩提？當然沒有；因爲佛菩提之中無少法可得，一點點的法都沒有。然後 文殊菩薩作個結論：「**阿難！以是因緣，大德比丘作如是說：『離於正見，具足邪見。』**」正因爲這樣的因緣，所以諸多大德比丘才會這麼說：「**離開了正見，具足邪見。**」今天講到這裡。

《不退轉法輪經》我們今天要從六十六頁第二段開始：

**經文：【「阿難！何以故是諸比丘言『我今實斷百千眾生命』？諸大德出是語時，百千萬億諸天聞如是說，皆即得解諸法如夢、如幻、如水中影、如呼聲響；得如是解已，便斷眾生、丈夫、壽命及人等想，亦即得解無有種於菩提善根，一切諸法皆無起、無作、無所修習，聞說假名深信無疑。及優婆塞、優婆夷等，皆悉除斷眾生、丈夫、壽命及人等想，除是惡已，便得不復數數受生，何以故？斷除眾生、丈夫、壽命、人及餓鬼想，有是想故數受生死；離是想已，即得究竟自證無生。以是因緣，諸大德如是方便善說假名，言『斷無量眾生之命』，是故說言具足得佛菩提。」】**

**語譯：【**文殊師利菩薩又告訴阿難說：「阿難！是什麼緣故這一些比丘阿羅漢們說『我們如今確實斷了百千眾生的命』？諸位大德發出這樣的語言時，有百千萬億諸天聽聞他們像這樣子說，全部的人都立即產生勝解而了知諸法都是如夢、如幻、如水中影、如呼出的聲響一樣；得到這樣的勝解以後，當時便斷了眾生想、丈夫想、壽命想以及人等想，同時也立即可以勝解到一個事實，就是沒有什麼人種於菩提善根，一切諸法全部都不曾生起、沒有所作、也沒有所謂的修學與熏習，聽說到這樣的假名時，他們深心之中信受而沒有懷疑。以及優婆塞、優婆夷等人，全部都除斷了眾生想、丈夫想、壽命想以及人等想，除掉了這一些惡想以後，就可以不必再三再四不斷的受生，為何如此呢？斷除了眾生想、丈夫想、壽命想、人想以及餓鬼想，有這種想的緣故就會不斷地繼續領受生死；離開這樣的想以後，便可以究竟的自己親證無生之法。由於這樣的因緣，諸位大德就像這樣子方便善巧地來宣說一切法的假名，而說『斷除了無量眾生之命』，由於這樣的緣故而說他們已經具足證得佛菩提。」】

**講義**：今天要講這一段經文就正好有現成的內容可以為大家說明，有時候因緣頗難逆料，因為你如果要懂這一段經文，必須先知道如來藏的心體與自性，至少要知道如來藏的自性是什麼，否則我解釋了，你一樣聽不懂。我先把如來藏、意根、意識的自性解釋清楚了，然後諸位再來回想我剛剛的語譯，自然就懂了；但我還是會解釋一遍，因為不是只有講給諸位聽，未來還要印成書籍流通。

這兩天不是有人網上貼文說：「蕭老師亂說法，作主的是意識，不是意根。」有沒有看到這篇文章？有喔？你們沒有去點閱，其實不用點閱，我講給諸位聽就好了。但是我有一個、也說是感嘆吧！打從佛世以來，佛教正法中不斷的在作淘汰的動作，但不是佛菩薩去作淘汰，而是眾生自己在淘汰自己。我們弘法將近三十年來，也是這樣不斷在淘汰。那麼作這種淘汰到底是好還是不好？對！大家要認同，淘汰是好的。換句話說，如果他們的因緣還不夠就讓他們自己先淘汰掉，免得他們繼續留在會裡而我幫他們證悟之後，他們心中無法得忍，忍不了就會否定正法，那就是謗三寶，犯十重戒；結果不是只有下一世不在人間，而是很多劫的事。

那麼那一篇貼文說作主的是意識，不是由意根作主，顯然他對意識與意根的自性弄不清楚，這便是完全不懂唯識性的凡夫。可是有個問題，我講經時也常常講，學唯識學的人也都知道，六七八三個識自性不同，那琅琊閣等人不懂唯識性，卻反過來指責說我從來不講唯識性，竟然聽我講了將近三十年的唯識性而仍然說我不講。現在就來說明八識心王的識性，先從第八識說起，恆而不審；第六意識，審而不恆，剛好顛倒。第六意識的自性跟第八阿賴耶識剛好顛倒，阿賴耶識恆而不審，意識審而不恆；那麼意根，剛好介於這二者中間，所以祂的特性就是恆審思量。

所有學唯識學的人都懂這個道理，阿賴耶識祂是常住的，無始劫以來就這樣常住，有人問：「爲什麼祂是常住的？」沒有道理可說，佛陀說這叫作「法爾如是」。那麼祂無始劫來，不曾中斷過，連一剎那都不曾，不但如此，現在世如此，盡未來際依舊如此，所以祂恆；可是祂不審，不審就是說祂對於六塵的境界，祂完全不了知；至於意根，只了知法塵有沒有變動，除非是六俱意根。我們有情在人間或者在三界中會了知所住的境界，不論五塵或者六塵，或者說四塵，或者乃至單獨的定境法塵都能了知，那是意識；意識都能審，審就是知道。阿賴耶識恆而不審，要記住這個道理，祂對於六塵境界法完全不知道，否則我解釋了這一段，你還是聽不懂，你要記住這一點。可是琅琊閣、張志成貼文竟然公開說第八識能了知五塵，眞好笑！

可是先要提醒諸位，因爲你如果還沒有所證，就要學〈唯識三十頌〉那一句：「現前立少物，謂是唯識性；」要記住這一句，現前建立好像有一個東西，那個東西不是東西，把祂建立起來說我五陰身中有這麼個東西叫作如來藏；而這個如來藏恆而不審，所以我作了什麼，祂都不知道；而我作了什麼都是我作的，跟祂無關，所以叫作業道，因為我作而祂不作；有這麼個心，可是你又不能離開祂，如果你離開祂，什麼都幹不了，所以又不是祂沒有作。

你身上有這麼個心，因為祂對六塵完全都不了別，所以請問諸位：「這樣的一個第八識如來藏，像不像你以前所知道的心，像不像？」大大的不像！因為我們在證悟之前所知道的心都是能了知六塵，而祂從來不了知，不了知就什麼都不能作，但是在什麼都不能作之中，祂又能作很多事，但是跟境界法無關。恆而不審，這是第八識的自性，所以你修行的時候祂沒有修行，你發願的時候祂沒有發願，你吃飯的時候祂沒有吃飯，因為飯是你吃的，祂哪有吃飯？要記住這個原則，然後你來聽這一段才會聽懂，要這樣來理解第八識的識性。

反過來，意識審而不恆，所以意識能參禪，能了知五塵的當然也是意識，因此琅琊閣等人全都落入意識中，把離念靈知當作是第八識，才會說第八識能了知五塵，因為他們認為心中沒有語言思惟時就是無分別，就是第八識。參禪的是意識，不要叫如來藏來替你參禪，祂不會參禪，因為祂對六塵完全不了別。所以意識審，可是不恆，每天晚上都會中斷，五位斷滅，例如正死位、悶絕位等，在五個階位中意識都會斷滅，這也是瞭解意識的唯識性。

現在琅琊閣、張志成說作主的是意識，那我問你：「**晚上**睡**著了以後，你意識不在了，意識等六識都斷滅了，是誰作主而能醒過來？**」嗄？意根喔？可是他說意根不作主，他說「**是意識作主，你蕭老師亂講**」。喔！原來還得要有第七識意根作主，否則沒有人可以作主醒過來，因爲六識已經睡著消失了，而如來藏是全然的被動性，祂不會自己要醒過來；也因爲祂從來沒有睡覺也沒有清醒，睡覺與清醒都跟祂無關，那是誰使祂流注出六識種子而醒過來？是意根啊！這個道理很簡單，可是有人不懂，在網路上貼文說：你蕭老師亂發明佛法，你亂講。

意識審，所以能參禪，因此禪師就教導徒眾們：「**如果你還沒有參出來，每天早上洗過手臉，到我方丈室前來道個『不審』，然後再去出坡。**」不審的意思就是不知道。這是禪門的規矩，所以還沒有破參的眾弟子們洗過手臉，那廚房正在忙也還沒得吃，大家先去出坡；出坡回來洗過手臉，再請和尚上五觀堂，再過堂。所以他們每天早上洗過手臉出坡以前，先去和尚方丈室門前稽首，道個「不審」，然後再去工作，就是要提醒他們：「你身中有個不審一切法的心，那個心不像心。」然後去出坡，這樣出坡就很容易開悟，所以多作義工是有道理的。人家問廣欽老和尚說：「師父！我要怎麼樣才可以開悟？」廣欽老和尚說：「你多作義工。」就是這個道理。

意識可以廣作分別，作了分別以後，祂只能作什麼決定？意識也有思心所，五遍行是「觸、作意、受、想、思」，意識也有思啊！而前五識也有思心所。但那意識的思心所就是判斷後決定說，這個事情應該這樣才是正確的，祂只能這樣決定；可是祂決定了作不了什麼事，要有意根決定而下命令才會去作，所以背後作決定的、眞正作決定的是意根。

我也常常舉例說，以前臺北街頭常常有人推著腳踏車，後面有一個架子，架子上面一個比較小的類似桅架，上面掛滿了香腸，有沒有？（大眾答：有。）然後平面的木板上放一個大碗公、裡頭三個骰子；有許多人學佛以後，遠遠看見了，意識心裡想：「不可以再吃香腸了，現在學佛了，要有慈悲心，不能再吃眾生肉。」意識下了決定不可以吃眾生肉，可是腳卻一直走過去，一點都沒有停頓，那是誰決定要走過去？（大眾答：意根。）對了，所以作決定的是意根，意識的決定只是在理上說應該這樣；祂在理上說應該這樣，可是作決定的意根不一定聽你意識的，因爲串習的緣故，所以意根作了決定，腳就一直往香腸攤走過去，一剎那都不遲疑。走過去時意識在那段路上一直在強調說不應該吃、不應該吃，想要拉回來，可是腳繼續走過去，控制不了，所以眞正作決定的是第七識意根。

那麼六俱意根爲什麼能作最後的決定？祂有三個特性「恆、審、思量」，因爲祂思量，這是學唯識學的人都知道的事，琅琊閣、張志成等人卻不知道，白學了。所以現在張志成說他懂得《成唯識論》，結果講出來，連基本的唯識學中最簡單的唯識性都講錯了。那現在諸位知道這六七八三個識不同，如果你證得阿賴耶識，就可以現前觀行；我說了，你就現觀，現觀之後，你說：「果然如此，妙哉！妙哉！」

我也跟諸位報告過，大約三十年前，那時候我還有一臺光陽的金旺九十，載著我同修要去華榮市場買菜，到文林路遇到紅燈時等在那裡，我正在整理這八個識，整理到六七八三個識的時候滿心歡喜，我就笑了起來，這就是在整理唯識性；當時我同修說：「你在笑什麼？」我說：「沒什麼、沒什麼。」因爲一時也講不清，那時她也還沒有開始學佛。因爲這三個識配合得恰到好處，祂們就這樣分工合作；那眾生感覺上這三個識就是一個心，沒有八個心，也沒有三個心，就是一個心；因爲這八個識之間互相也是等無間緣，不是同一識前後種子的等無間，而是八個識之間也是等無間。所以，這個意根無始劫來不曾剎那中斷；既然如此，爲何祂是生滅法？因爲祂可滅，阿羅漢位可以把祂滅掉，於是入了無餘涅槃以後意根再也不見了；由於可滅而且祂有遍計執性，所以祂不是眞實法，只有第八識如來藏才是眞實法。

以上是說意根的恆，那意根還有審；換句話說，只要意識在，凡是意識之所了別，祂都立即知道，沒有前後剎那，因爲祂跟意識之間是等無間緣，中間沒有間隔；所以意識知道什麼，六俱意根就知道什麼；意識決定什麼，六俱意根也知道意識決定了什麼，但是意識決定了，祂不一定照你意識的決定去作，所以意根有祂的特性，叫作審。所以祂兼有如來藏的恆，也有意識的審，然後祂多出一個特性，叫作思量。思量就是去決斷要作或不作，或者繼續不作或是繼續作，這就是思量，這就是六俱意根的特性。

這樣六七八三個識，諸位都知道特性了，就是懂得最基本的唯識性。現在回到這一段經文來，諸位要依〈唯識三十頌〉那兩句講的：「**現前立少物，謂是唯識性；**」也就是說，在你五陰現前的當下，建立好像有那麼一個東西，叫作一切法唯識的眞實性；一切法唯識的眞實性就是能生萬法而且永遠如如不動的第八識，也就是禪宗講的眞如，這叫作唯識的眞實性。

現在有人說作主的是意識，如果眞的是由意識作主，那麼諸位！明天我們要開個大法會慶賀，要像世人那樣開香檳，我敬諸位每個人一杯茶，大家浮一大白。爲什麼呢？要慶祝啊！要慶祝什麼？嗄？還沒有想到吧！我告訴你：「**妙哉！妙哉！所有的惡業種子，我意識下個決定，就可以把它全部丟掉。**」對吧？對啊！下了決定就把它全部丟掉，由意識來作主，多棒！可是不行，意識作不了這個主，所以還是要等到捨壽的時候，意識與意根當然還是繼續想要作主，把惡業種子全部丟棄，可是丟棄不了，因爲那個叫作因果，那一些種子都必須要業報現前受償之後，而且是要受償完畢，那些惡業種子才會消滅，所以意識作主沒有用。

如果意識眞能作主，所有有情都要高興死了，因爲所有惡業種子都可以丟棄，而且所有人都可以才剛一修行就成為阿羅漢。但是如果惡業種子都可以丟棄，你別出門了，因為你一出門可能遇到什麼人馬上捅你一刀、搶你錢，因為他也知道：「我惡業種子，我自己作主，我可以丟掉，所以我可以幹惡業，未來根本沒事。」對吧？那又不好了，所以還是得有因果律。可是因果律不是人建立的，而是因為人都活在如來藏裡面，你所接觸的五塵或者六塵，看來好像是外面的六塵，其實是如來藏變生給你的六塵，所以你意識、意根、前五識都活在如來藏變現的六塵境界之中，藉著如來藏來與外界連結才可以生活，所以業種當然會留存在第八識中，意識不能作主。

那麼諸位已經「現前立少物，謂是唯識性」，你就想：「我身中有這麼一個心，這個心不像心，可是祂有真實性與如如性；而且祂不曾有生，叫作本來無生。」二乘菩提是將滅止生，把一切有生之法滅了以後，不再出現有生之法，就是入無餘涅槃，所以六祖叫作「將滅止生」。但大乘法不是講現象界的法，所以不談這個無生；大乘法談的是第八識如來藏，這個如來藏心是無始劫以來從來無生，祂沒有出生過，因為祂本來就存在，這叫作本來無生。可是本來無生很難證，證得以後也不見得能信受，就是不能生起忍法，所以一定會有人退轉，這個正常，沒有什麼奇特。如果會退轉於意識，那個才叫奇特，因為一般人都會認同意識或離念靈知，永遠不退轉於意識境界；所以諸位才是奇特的人，退轉於意識而認定第八識。那凡夫都喜歡意識的境界，永遠不會否定意識，所以永遠不退轉於意識。

但是，你五陰身中有這麼一個第八識「恆而不審」，既然恆而不審，你要拜佛，所以你就去拜佛；當你拜佛的時候，祂知道你在拜佛嗎？知不知道？不知道啊！你上香的時候，祂知道你在上香嗎？也不知道，你吃飯的時候，祂也不知道吃飯；你走路、搭車看風景，祂都不知道，第八識就像這樣，所以叫作恆而不審；這跟意識剛好顛倒，意識審而不恆。可是意根呢？只要意識在，祂什麼都知道，這句有語病，應該說「你什麼都知道」，或者說「我什麼都知道」，因為意根才是真正的眾生我。可是意根常常被意識騙，如果意識有智慧了，六俱意根就跟著有智慧，所以意根只要跟意識在一起，意根就非常伶俐。

現在知道如來藏的自性了，回來這一段經文：「何以故是諸比丘言『我今實斷百千眾生命』？」這是從現象界來看，在複述前面舍利弗尊者他們幾個大阿羅漢們、大菩薩們說：「我們如今確實斷了百千眾生的生命。」百千是多少？一百個千就是十萬，我們已經斷了十萬個眾生的命；其實這個不叫十萬，這裡的百千意思是說很多的眾生。

諸大德發出這樣的言語時，百千萬億諸天聽聞到這樣的說法，全部都對於「諸法如夢、如幻、如水中影、如呼聲響」，生起了勝解。勝解跟理解不同，勝解是如實知，理解不一定是如實知；所以有時候我說了法，書也印了出去，人家還罵我說：「你亂說法，你既然說證得無分別，為什麼一天到晚在分別別人的法錯了？」因為他把我說的有分別與無分別混在一起。

諸天為何對於「諸法如夢、如幻、如水中影、如呼聲響」，生起了勝解呢？一定有原因啊！一般人都要聽聞到很多法以後，才能生起勝解，否則他們都會認為：「一切諸法有生有滅、虛幻無常。」都會這樣講，心裡也是這樣想的。但是當舍利弗等諸大阿羅漢說「我今實斷百千眾生命」的時候，他們竟然生起了勝解說：「原來五陰、六入、十二處、十八界，全部都是如夢、如幻、如水中影、如呼聲響，五陰命見確實應該斷除。」因為他們知道如來藏的自性了。以前也知道如來藏的自性，也證得如來藏了，可是不完全信受，心中還在疑著；可是現在聽聞 世尊講了佛菩提道的信行、法行、四雙八輩等法之後，也懂得聲聞、緣覺是什麼了，所以聽聞諸大德這樣講的時候，他們這時就能心得決定，才算成就無間道。以前也知道如來藏是什麼，也能作現觀，可是沒有心得決定，他沒有如實轉依，心中不得決定；現在聽聞這些大阿羅漢們、大菩薩們都這樣說，心中不由得不信。這一信，心得決定，就懂一切諸法都是如夢、如幻、如水中影、如呼聲響。那麼這樣子勝解以後，見了眾生不當作眾生想，見了在世間法運作的一切士夫、丈夫等人，不作士夫想、丈夫想；見了一切有情也不作壽命想，見了一切人、一切旁生有情也不作人想、旁生想，爲什麼呢？因爲這一切都是如來藏，沒有不是如來藏。

也許有人想：「**悟、我都悟了，你也印證過我了，我也是這樣看的。**」然而同是這樣的心得決定，還是有深有淺；因爲你這樣看，十住位也這樣看，十行、十迴向位也是這樣看，初地、二地、十地、等覺、妙覺也是這樣看，乃至如來還是這樣看，但爲什麼你在七住位，他是十迴向位，他是八地、等覺，這其中還是有不同的。所以從「得勝解」開始，心得決定是另一個階段，這心得決定邁入另一個內門廣修六度萬行的階段以後要繼續深修，直到根本不必思惟、不必作觀說本來就這樣，放眼所見也就是這樣，所以這還是有所不同的。既然看見一切畜生都是如來藏，一切昆蟲也是如來藏，一切人、一切天、一切賢聖都是如來藏；這時候沒有眾生、沒有丈夫、沒有壽命、沒有人等想，那不是把無量百千眾生的命都斷了嗎？是啊！這樣這一句懂了喔？果然斷了。

接著：「亦即得解無有種於菩提善根。」還記得四個字嗎？三輪體空。請問：去布施的時候是不是種善根？是。回來共修在道場布施也是種善根，看見了根本上師，遞個水果供養也是種善根。如果上師很愛錢，送上十萬、一百萬、一千萬、一億也是供養，也是種善根。回到家裡，見了堂上二老，趕快合掌說我遇見了兩尊活佛，趕快供養也都是種善根。可是當你種這一些善根的時候，其實沒有種善根，因爲種善根的是你五陰，五陰是虛假的，而如來藏陪著你種善根；你既然轉依如來藏了，如來藏沒有種善根，祂陪著你種善根時是你種的，祂沒種。現在依如來藏來講，你有種善根嗎？（大眾答：沒有！）對！答得這麼大聲還眞不錯，直截了當，表示深心有信，所以沒有誰「種於善根」。

所以我今生寫的那一篇見道報告，我沒有寫見道報告四個字，我寫的是「修學心得」，我在那篇心得裡面就說：「信知我從來沒有禮佛，信知我從來不曾修行……」這樣寫了好幾句的「信知」，可惜收受我那一篇報告的聖嚴法師沒資格讀它，因為他絕對讀不懂。當你依於如來藏的時候，或者說當你依於佛性的時候，不管你依哪一種或者兩種都依，再來看這一切「種善根」的事，就沒有種善根這回事了。所以種善根的人，被種善根的對方，以及所種善根這回事，這三輪自體都空；空是指什麼？是第八識如來藏，所以 文殊菩薩說「亦即得解無有種於菩提善根」，所以修行佛菩提中種善根的事根本不存在。所以如果有人護持正法之後去到佛前，把護持的收據在佛前燒了，於 如來前迴向說：「我弟子某某某今天種於佛菩提的善根。」如來聽了會笑說：「這個愚弟子還不懂得三輪體空。」

今天諸位聽了覺得好笑，可是這種事情在佛教界是平常事，特別是末法時代的今天。所以有人寫信給我抱怨說：「我在同修會種了那麼多的福德，您現在就要把我的福德給收走了。」我回信說：「你種的所有的福德都在你身上，我沒有一絲一毫把你收走，我不曾、也不能收走你種的任何福德。」為什麼？因為他種的福德是他自己的，我收不過來，所以未來世得可愛的異熟果報時也是他得，而我不得。我種的福德主要是把法布施給大家，我布施法給大家以外，我還拿錢出來布施。我自己在世間賺得的世間財，還拿出來布施給講堂；現在他們來得到我這個法，還要從我這個法裡面得到世間財的利益；一旦得不到世俗利益就來怪我，你說這個有道理嗎？我又沒有收受他的供養，我是義務把法傳給他，還拿自己世間財出來護持講堂，結果竟然要被他們說到一塌糊塗，這沒道理吧！

也就是說，誰種了福德，那是他在正法中種了福田，未來世可愛異熟果報歸他得，跟我無關。我也是在這一方大福田裡面種福田，我不但作法布施，我也作財布施。所以一個愚弟子才會去佛前說：「如來啊！我今天種了多少福德。」如來從所見的現量來看說：「根本就沒有誰種福德，你這個愚弟子，還到我面前來告訴我說，你為我種了多少福德。」所以不能夠說：「如來啊！我為您種了多少福田。」如來也沒有得到你的福德，但是你可以在 如來前稟告說：「我以此修福功德迴向早日證道。」或是迴向什麼，這是可以的，如來不會笑，因為一切菩薩都應該迴向，不論種什麼福田都應該迴向；迴向道業增長，迴向早除性障，迴向早發初禪，迴向次第成就一切道業；應該要迴向，這才是佛弟子。所以當你轉依如來藏的時候，你看，從如來藏來看待一切法的時候，根本沒有什麼人種植了什麼佛菩提上的福德。

那麼又現前看見：「**一切諸法皆無起、無作、無所修習。**」在現象界中看到的一切諸法，就是我們五陰、六入、十二處、十八界乃至各種心所法等，這一切諸法，在現象界中都有生起，當然就會壞滅。如果這一切諸法不生起，你就不叫作有情了，所以一切諸法都有生起，一切諸法也都有所作。所以早上起來，刷牙洗臉、搭公車上班，作各種事情都有所作，一切諸法也都有所修習。所以去到公司，不懂的要跟著修學熏習，懂的就教給別人，有所作、有所熏習。可是你有所起、有所作、有所修習的過程當中，你的第八識如來藏無所起，沒有一法生起，因爲如來藏的境界中，無有一法可得所以「**無起**」。你作了各種事情，如來藏的境界中沒有作任何一件事。你熏習各種法、修學各種法，而如來藏沒有修學熏習各種法。

那麼這一些大德們說了「**我今實斷百千眾生命**」的時候，有百千萬億諸天因爲聽了他們這樣講，所以心得決定，心得決定的時候實相智慧就出生了。如果推翻了，心不信，智慧就跟著消失；智慧消失了，取而代之的叫作邪慧、邪分別。我們弘法以來，三次法難的結果都是這樣，乃至這一次有人繼續要推翻正法，結果現在寫出文章來，都成爲邪慧、邪分別，才會說作主的是意識，才會說第八識能了知五塵。你們看，要命不要命！他的關鍵就在於沒有心得決定，於是退回意識的自性中了。心得決定的時候，智慧就一分一分開始逐漸出來。如果推翻了以後就變邪慧，所講的法就不斷地往下墮，然後越來越粗淺，你看現在琅琊閣、張志成講的法不是很粗淺嗎？竟說意識才是作主的心，完全違背了唯識性。

到了這個階段，這百千萬億諸天「聞說假名深信無疑」，他們聽到一切諸法中的假名言說完全深信，一絲一毫的懷疑都沒有，表示他們已經證得大乘無生忍。大乘這個無生法很難忍，能安忍的人就叫作得無生忍；所以善知識幫助而悟的人之中，總是會有一些人無法生忍，就會退轉回意識境界中，與常見外道合流。這百千萬億諸天以前不得無生忍，因爲對於大乘這個本來無生之法，心中無法接受，雖然已經知道如來藏是什麼，可是他們無法接受，所以不得無生忍，心中仍然有疑。當他們後來聽經而心得決定完全無疑的時候，他們的轉依就成功了，這個時候「聞說假名深信無疑」。

那我要請問諸位：「修學佛法時究竟是有疑的好，還是無疑的好？」嗄？我沒聽見，有疑喔？呵呵！不對了？那是應該無疑嗎？其實要看是什麼情形。所以該疑的時候得疑，該心得決定的時候就不要疑。我說的這個道理，諸位都能接受，但是你接受了這個道理是否作得到？不一定！諸位試想，淨目天子、王子法才、舍利弗，他們三個人無數劫前證眞如的時候，他們那時已經能現觀這第八識就是眞實而如如，他們何曾想疑，但終究還是疑。這一疑，不信因果了，所以 如來說他們三個人，「一劫、十劫」之後退轉，退轉後乃至「千劫之中無惡不造」，十劫喔！即使不談十個大劫，說十個小劫退轉好了，那「千劫之中無惡不造」也是造了很多惡，所以下墮無數劫，就因爲一個疑。

那個時候他們不該疑的，可是他們疑，會疑是因爲沒有佛菩薩、沒有善知識攝受，所以起了疑，不信因果。不信因果就「一劫、十劫」後退轉乃至「千劫之中無惡不造」，那當然是要下墮；一直到無數劫後，又遇到了 釋迦牟尼佛，才悟入正法中。你看，這是多久的時間？沉淪三惡道，回到人間還是疑。可是如果經過這麼一次輪轉，從三惡道中回來以後，重新又證悟的時候就不疑了，因為經歷過那個慘痛的經驗了。

我現在作的工作就是希望使所有人於上禪三第一次證眞如的時候不疑，所以即使我禪三放水幫忙讓大家過關，但我繼續開增上班的課攝受大家。可是有一種例外，如果不接受我的攝受，又覺得自己很了不得，他就是抵制及毀謗正法與善知識，來世就不在人間了；因為疑的結果就是會謗法，謗法的緣故就會謗賢聖，這是正常事。你如果問他們說：「你證眞如了，為什麼還要疑？」他說：「我們就要疑啊！這到底對不對？我也不知道。」所以他要疑。所以你教導他不要疑，他就不疑嗎？他照樣疑。如果經歷過那個過程或者善根深厚、性障淺薄就不疑，因為從經教上，從論上、從現量上、從比量上，都可以證明這個就是眞如，佛法就是以證眞如為務，就可以不疑。

即使有時候疑了起來，自己整理、整理以後，又會發覺除了這個是眞如，沒有別的眞如了。然後如果有智慧，一部經又一部經讀過，發覺每一部經都在講這個第八識如來藏，原來成佛的根本就是第八識如來藏的眞如法性。所以，五法、三自性、七種第一義、七種性自性、三種自性、三種無自性性、二種無我，都在講這第八識。他終於弄清楚了，原來佛法的根本就是第八識，乃至於同時也是二乘菩提的根本，還是這個第八識。終於懂了，從此以後放心大膽，一步又一步往前邁進，再也不回頭，這樣才能夠成爲位不退的菩薩。

要不然來到正覺同修會學法多麼辛苦，很多人讀了我的書以後，發覺說：「進到同修會以後，要聽經、要上課；悟了以後還不能走人，還得繼續上課，而且上到死，沒完沒了；不但如此，我還要每天作功夫，喔！太辛苦了，我不要，我不要。」那如果進了正覺同修會得到了珍寶，然而又想說這個是假的就丟了，然後地上拾了幾顆錯石，看來閃閃發光，說這個才是眞金、才是鑽石，就這樣回家了。眞的很冤枉，俗話叫作空入寶山。所以進得門來，要設法證眞如，證眞如以後好好去繼續受學，聽聞善知識各種深妙法的解說後，仍須依自己的現量去作觀察；要有現觀，那就如實不退。如果不能現觀，一天到晚疑這個、疑那個，最後又自以爲是，於是就退轉了還自以爲是增上。

所以諸位看看這一段，爲什麼這百千萬億諸天聽到他們說「我今實斷百千眾生命」，他們就有了勝解又轉依成功，所以他們這個時候「聞說假名深信無疑」。因此，我常常說：「開悟並不是說你知道哪個是第八識就叫作開悟，而是你要有轉依成功。」這「百千萬億諸天」，他們很久以前就知道如來藏在哪裡了，可是他們沒有轉依成功，現在聽到諸大阿羅漢們這樣說，他們才算是心得決定，這時候才算轉依成功。現在他們轉依成功，那麼別人有沒有轉依成功？經文中現在講的是「百千萬億諸天」，那麼人間呢？

接著說，優婆塞、優婆夷等，也全部都除斷了眾生想、丈夫想、壽命想以及人想、餓鬼想、畜生想；除掉了這些惡想以後，他們就可以不必再數數受生了。這表示什麼？表示他們依於所轉依的眞如而把薩迦耶見斷了。如果有人證眞如而不能斷薩迦耶見，那個證眞如是騙人的；可是你如果證眞如了，現見第八識的眞實性如如性之後，再去找別的眞如，結果發覺沒有任何一法可以是眞實而如如的；找不到之後就可以心得決定，轉依就會成功。所以上得山被印證下來，眞正還有疑的人得要設法再去找，看有沒有哪一個法是眞實而如如的，經歷找不到的過程而確定下來時，便可以心得決定。

有人說：「佛法般若正觀就是要能觀察三無性，才是證眞如。」好了，那你觀察三無性之前，要不要先能現觀三自性？要啊！你得要現觀什麼叫作依他起性，什麼叫作遍計執性，什麼叫作圓成實性。可是你要現觀圓成實性時必須要先證眞如，證眞如以後才會知道原來第八識具有圓滿成就一切染淨諸法的眞實性，而眾生都是在依他起性上起了遍計執性。你能觀這三自性時，才能依眞如的境界來現觀三無性，說這三自性在眞如的境界中也不存在。但是如果你把阿賴耶識否定了就沒有圓成實性可證，那你當然也無法觀察遍計執性，連依他起性都觀不成功，因爲會把意識當作是眞實法，那這樣如何能觀三無性？連三自性都觀不得。

那麼他所說的對這三自性無法現觀，不能觀三自性而全憑意識的思惟想像，說這樣叫作圓成實，這樣叫作遍計執，這樣叫作依他起，然後把這三個遣除就叫作三無性。結果這樣的三自性跟三無性全都是意識思惟的境界，是意識想像所得的思想而不是現觀。如果是意識的想像所得，那個境界是附隨於意識，而意識滅了，那個境界就不見了，那就不是常住法，不是眞如。因此釋印順所以爲的佛法是用思惟想像理解，然後說：「這樣就是三無性，那我就是佛了。」可是他的意識滅了，那三自性跟著滅了，三無性也隨之而滅，什麼都沒有了，跟凡夫們一樣，就會繼續流轉、繼續沉淪生死，那就不是佛法了。所以千萬不要像琅琊閣等人一樣落入釋印順的思想境界中，因爲思想不是現觀，當然不是實證佛法。

那麼這些優婆塞、優婆夷等人在現場聽聞佛法，聽聞到這個時候就像百千萬億諸天一樣，他們聽聞這樣的說法時也斷除了「**眾生想、丈夫想、壽命想、人想、鬼想**」等；他們現在也斷除了，表示他們這個時候不但是證眞如，同時也叫作「**我生已盡**」，因爲這時候最多七次人天往返就出三界了，所以他們沒有這一些想。如果仍然有「**眾生想、丈夫想、壽命想、人想、鬼想**」，他的行爲就會跟世俗人一樣。世俗人是怎麼回事呢？你瞪我一眼，我就要回瞪你一眼；你捅我一刀，我也要捅你一刀；你罵我，我也要罵你。這就是世間想，有這樣想的人就是因爲有人、有我、有眾生、有畜生、有壽命、有天，因爲都依於五陰來看待這一切有情，既然是這樣就落在自我當中，落在自我中的人就得數數領受生死，因爲我見沒有斷。

證眞如之後，如果心得決定，我見一定不見了，不可能再有薩迦耶見。那麼沒有薩迦耶見的人永離三惡道，最多七次人天往返就成阿羅漢了。所以說如果能夠遠離人想、我想、眾生想、壽命想等，他就可以「究竟自證無生」。那麼請問諸位：爲什麼這裡要加上「究竟」兩個字呢？那阿羅漢不是也證無生嗎？辟支佛不是也證無生嗎？爲什麼這裡要說是「究竟自證無生」？這個道理後面還會再講到。

也就是說，二乘涅槃所證的無生是方便說，不是眞正的無生，眞正的無生是如來藏本來不生；可是這個法很難令人信受，難以生忍；如果他的因緣還沒有成熟，你幫他悟了，他還會起疑：「有一個法跟我在一起，而祂從來就沒有出生過，祂本來就在，而這個法竟然是這麼平凡、這麼實在，叫我如何信受？」很難信受啦！因爲祂太平凡、太實在，所以我當年要印出第一本書的時候，有的同修問我說：「老師啊！您要用什麼名字出版？」我想想說：「叫蕭平實。」因爲祂很平凡實在，很平凡但是祂很實在，祂可以跟你有一搭沒一搭來來去去互相回應，所以很實在；可是祂太平凡，平凡到你根本無法相信祂，所以我印書筆名就叫作蕭平實，沒想到蕭平實這三個字後來就成爲弘法的法名了。

也就是說，大乘法的本來無生才是究竟的無生，二乘法的無生是方便施設，是 如來慈悲方便施設。歸根究柢，二乘的涅槃那個無生還是依如來藏施設的無生，所以說離開「眾生想、壽命想、丈夫想」等以後，便可以自己親證那個「究竟」的無生。也由於這樣的因緣，所以諸大德們就像是這樣方便來宣說假名了，他們就說「斷無量眾生之命」；由於這樣的緣故，就說他們是「具足得佛菩提」。所以具足得佛菩提不單是意識思惟所得，而是要親證、要現觀，如果不是親證就不能叫作「得佛菩提」。

但這裡爲什麼要講「具足」？他們明明還沒有成佛，爲何文殊菩薩說他們「具足得佛菩提」？因爲佛菩提道中的一切法、一切道，都在這個第八識眞如心裡面，所以你證得眞如心的時候，你就具足得一切佛法。可是這個「具足得」又不是「具足得」，因爲你剛悟的時候只有悟得一個總相，由這個總相再自己詳細去觀察而產生各種的別相，把這些別相觀察完成了才能通達、才能入地。可是入地之前還得要先證阿羅漢果，如何證阿羅漢果？別問我，去讀《阿含正義》就夠了。那麼這樣看來，對於這段經文，諸位應該可以無疑了，我們就進入下一段。

（未完，詳後第七輯中續說。）

# 佛教正覺同修會〈修學佛道次第表〉

## 第一階段

＊以憶佛及拜佛方式修習動中定力。
＊學第一義佛法及禪法知見。
＊無相拜佛功夫成就。
＊具備一念相續功夫—動靜中皆能看話頭。
＊努力培植福德資糧，勤修三福淨業。

## 第二階段

＊參話頭，參公案。
＊開悟明心，一片悟境。
＊鍛鍊功夫求見佛性。
＊眼見佛性〈餘五根亦如是〉親見世界如幻，成就如幻觀。
＊學習禪門差別智。
＊深入第一義經典。
＊修除性障及隨分修學禪定。
＊修證十行位陽焰觀。

## 第三階段

＊學一切種智真實正理—楞伽經、解深密經、成唯識論…。
＊參究末後句。
＊解悟末後句。
＊透牢關—親自體驗所悟末後句境界，親見實相，無得無失。
＊救護一切眾生迴向正道。護持了義正法，修證十迴向位如夢觀。
＊發十無盡願，修習百法明門，親證猶如鏡像現觀。
＊修除五蓋，發起禪定。持一切善法戒。親證猶如光影現觀。
＊進修四禪八定、四無量心、五神通。進修大乘種智，求證猶如谷響現觀。

# 佛菩提二主要道次第概要表——二道並修，以外無別佛法

## 佛菩提道——大菩提道

### 遠波羅蜜多

十信位修集信心——一劫乃至一萬劫

#### 資糧位

初住位修集布施功德（以財施爲主）。
二住位修集持戒功德。
三住位修集忍辱功德。
四住位修集精進功德。
五住位修集禪定功德。
六住位修集般若功德（熏習般若中觀及斷我見，加行位也）。

外門廣修六度萬行

七住位明心般若正觀現前，親證本來自性清淨涅槃。
八住位起於一切法現觀般若中道。漸除性障。
十住位眼見佛性，世界如幻觀成就。

一至十行位，於廣行六度萬行中，依般若中道慧，現觀陰處界猶如陽焰，至第十行滿心位，陽焰觀成就。

一至十迴向位熏習一切種智；修除性障，唯留最後一分思惑不斷。第十迴向滿心位成就菩薩道如夢觀。

內門廣修六度萬行

#### 見道位

初地：第十迴向位滿心時，成就道種智一分（八識心王一一親證後，領受五法、三自性、七種第一義、七種性自性、二種無我法）復由勇發十無盡願，成通達位菩薩。復又永伏性障而不具斷，能證慧解脫而不取證，由大願故留惑潤生。此地主修法施波羅蜜多及百法明門。證「猶如鏡像」現觀，故滿初地心。

二地：初地功德滿足以後，再成就道種智一分而入二地；主修戒波羅蜜多及一切種智。滿心位成就「猶如光影」現觀，戒行自然清淨。

## 解脫道：二乘菩提

→ 斷三縛結，成初果解脫

→ 薄貪瞋癡，成二果解脫

→ 斷五下分結，成三果解脫

入地前的四加行令煩惱障現行悉斷，成四果解脫，留惑潤生。分段生死已斷，煩惱障習氣種子開始斷除，兼斷無始無明上煩惱。

近波羅蜜多　大波羅蜜多　圓滿波羅蜜多

修道位　究竟位

三地：二地滿心再證道種智一分，故入三地。此地主修忍波羅蜜多及四禪八定、四無量心、五神通。能成就俱解脫果而不取證，留惑潤生。滿心位成就「猶如谷響」現觀及無漏妙定意生身。

四地：由三地再證道種智一分故入四地。主修精進波羅蜜多，於此土及他方世界廣度有緣，無有疲倦。進修一切種智，滿心位成就「如水中月」現觀。

五地：由四地再證道種智一分故入五地。主修禪定波羅蜜多及一切種智，斷除下乘涅槃貪。滿心位成就「變化所成」現觀。

六地：由五地再證道種智一分故入六地。此地主修般若波羅蜜多——依道種智現觀十二因緣一一有支及意生身化身，皆自心眞如變化所現，「非有似有」，成就細相觀，不由加行而自然證得滅盡定，成俱解脫大乘無學。

七地：由六地「非有似有」現觀，再證道種智一分故入七地。此地主修一切種智及方便波羅蜜多，由重觀十二有支一一支中之流轉門及還滅門一切細相，成就方便善巧，念念隨入滅盡定。滿心位證得「如犍闥婆城」現觀。

八地：由七地極細相觀成就故再證道種智一分而入八地。此地主修一切種智及願波羅蜜多。至滿心位純無相觀任運恆起，故於相土自在，滿心位復證「如實覺知諸法相意生身」故。

九地：由八地再證道種智一分故入九地。主修力波羅蜜多及一切種智，成就四無礙，滿心位證得「種類俱生無行作意生身」。

十地：由九地再證道種智一分故入此地。此地主修一切種智——智波羅蜜多。滿心位起大法智雲，及現起大法智雲所含藏種種功德，成受職菩薩。

等覺：由十地道種智成就故入此地。此地應修一切種智，圓滿等覺地無生法忍；於百劫中修集極廣大福德，以之圓滿三十二大人相及無量隨形好。

妙覺：示現受生人間已斷盡煩惱障一切習氣種子，並斷盡所知障一切隨眠，永斷變易生死無明，成就大般涅槃，四智圓明。人間捨壽後，報身常住色究竟天利樂十方地上菩薩；以諸化身利樂有情，永無盡期，成就究竟佛道。

七地滿心斷除故意保留之最後一分思惑時，煩惱障所攝色、受、想三陰有漏習氣種子全部斷盡。

煩惱障所攝行、識二陰無漏習氣種子任運漸斷，所知障所攝上煩惱任運漸斷。

斷盡變易生死
成就大般涅槃

# 圓滿成就究竟佛果

佛子蕭平實　謹製
（二〇〇九、〇二 修訂）
（二〇一二、〇二 增補）

# 佛教正覺同修會 共修現況 及 招生公告　　2024/8/13

## 一、共修現況：（請在共修時間來電，以免無人接聽。）

**台北正覺講堂** 103 台北市承德路三段 277 號九樓 捷運淡水線圓山站旁 Tel..總機 02-25957295（晚上）（**分機：九樓**辦公室 10、11；知客櫃檯 12、13。 **十樓**知客櫃檯 15、16；書局櫃檯 14。 **五樓**辦公室 18；知客櫃檯 19。**二樓**辦公室 20；知客櫃檯 21。）Fax..25954493

**第一講堂**　台北市承德路三段 277 號九樓

**禪淨班**：週一晚班、週三晚班、週四晚班、週五晚班、週六下午班（共修期間二年半，全程免費。皆須報名建立學籍後始可參加共修，欲報名者詳見本公告末頁。）

**進階班**：週六早班。

**增上班**：**成唯識論釋**：單週六晚班。雙週六晚班(重播班)。17.50～20.50。平實導師講解，2022 年 2 月末開講，預定六年內講完，僅限已明心之會員參加。

**禪門差別智**：每月第一週日全天　平實導師主講（事冗暫停）。

**菩薩瓔珞本業經**　本經說明菩薩道六度、十度波羅蜜多之修行，要先修十信位，於因位中熏習百法明門，再轉入初住位起修六種瓔珞，總共四十二位，即是十住位、十行位、十迴向位、十地位、等覺位、妙覺位，方得成就六種瓔珞成爲一生補處，然後成就佛道，名爲習種性、性種性、道種性、聖種性、等覺性、妙覺性；連同習種性前的十信位，共爲五十二階位實修完畢，方得成佛。於本經中亦說明大乘初見道的證眞如、發起般若現觀時，若有佛菩薩護持故，即得進第七住位常住不退，然後向上進發，速修佛菩提道。如是實修佛菩提道方是義學，而非學術界所說的相似佛法等玄學，皆是可修可證之法，全都屬於現法樂證樂住並且是現觀的佛法，顯示佛法眞是義學而非玄談或思想。本經已於 2024 年一月上旬起開講，由平實導師詳解。每逢週二晚上開講，第一至第七講堂都可同時聽聞，歡迎菩薩種性學人，攜眷共同參與此殊勝法會現場聞法，不限制聽講資格。本會學員憑上課證進入第一至第四、第七講堂聽講，會外學人請以身分證件換證進入聽講（此爲大樓管理處安全管理規定之要求，敬請諒解）；第五及第六講堂（B1、B2）對外開放，不需出示任何證件，請由大樓側門直接進入。

**第二講堂**　台北市承德路三段 267 號十樓。

**禪淨班**：週一晚班。

**進階班**：週三晚班、週四晚班、週五晚班、週六下午班。禪淨班結業後轉入共修。

**增上班**：**成唯識論釋**：單週六晚班，影音同步傳播。雙週六晚班（重播班）

**菩薩瓔珞本業經**：平實導師講解。每週二 18.50~20.50 影像音聲即時傳輸。

**第三講堂**　台北市承德路三段 277 號五樓。

**增上班**：**成唯識論釋**：單週六晚班，影音同步傳播。雙週六晚班（重播班）

**進階班**：週一晚班、週三晚班、週四晚班、週五晚班、週六下午班。

**菩薩瓔珞本業經**：平實導師講解。每週二 18.50~20.50 影像音聲即時傳輸。

**第四講堂**　台北市承德路三段 267 號二樓。

**進階班**：週一晚班、週三晚班、週四晚班（禪淨班結業後轉入共修）。

**菩薩瓔珞本業經**：平實導師講解。每週二 18.50~20.50 影像音聲即時傳輸。

**第五、第六講堂**　台北市承德路三段 267 號地下一樓、地下二樓

**進階班**：週一晚班、週三晚班、週四晚班。

**菩薩瓔珞本業經**：平實導師講解。每週二 18.50~20.50 影像音聲即時傳輸。第五、第六講堂為**開放式講堂**，不需以身分證件換證即可進入聽講，台北市承德路三段 267 號地下一樓、地下二樓。每逢週二晚上講經時段開放給會外人士自由聽經，請由大樓側面梯階逕行進入聽講。**聽講者請尊重講者的著作權及肖像權，請勿錄音錄影，以免違法；若有錄音錄影被查獲者，將依法處理。**

**第七講堂**　台北市承德路三段 267 號六樓。

**菩薩瓔珞本業經**：平實導師講解。每週二 18.50~20.50 影像音聲即時傳輸。

**正覺祖師堂**　大溪區美華里信義路 650 巷坑底 5 之 6 號（台 3 號省道 34 公里處 妙法寺對面斜坡道進入）電話 03-3886110　傳眞 03-3881692 本堂供奉 克勤圓悟大師，專供會員每年四月、十月各兩次精進禪三共修，兼作本會出家菩薩掛單常住之用。開放參訪日期請參見本會公告。教內共修團體或道場，得另申請其餘時間作團體參訪，務請事先與常住確定日期，以便安排常住菩薩接引導覽，亦免妨礙常住菩薩之日常作息及修行。

**桃園正覺講堂（第一、第二講堂）**：桃園市介壽路 286、288 號 10 樓（陽明運動公園對面）電話：03-3749363（請於共修時聯繫，或與台北聯繫）

**禪淨班**：週一晚班（1）、週一晚班（2）、週三晚班、週四晚班、週五晚班。

**進階班**：週三晚班、週四晚班、週五晚班、週六上午班。

**增上班**：**成唯識論釋**。雙週六晚班（增上重播班）。

**菩薩瓔珞本業經**：平實導師講解。每週二晚上，以台北正覺講堂所錄 DVD 放映；歡迎會外學人共同聽講，不需出示身分證件。

**新竹正覺講堂** 新竹市東光路 55 號二樓之一　電話 03-5724297（晚上）

**第一講堂：**

**禪淨班：**週五晚班。

**進階班：**週三晚班、週四晚班、週六上午班。由禪淨班結業後轉入共修

**增上班：成唯識論釋**。單週六晚班。雙週六晚班（重播班）。

**菩薩瓔珞本業經：**平實導師講解。每週二晚上，以台北正覺講堂所錄 DVD 放映。歡迎會外學人共同聽講，不需出示身分證件。

**第二講堂：**

**禪淨班：**週一晚班、週三晚班、週四晚班、週六上午班。

**菩薩瓔珞本業經：**每週二晚上與第一講堂同步播放講經 DVD。

**第三、第四講堂：**裝修完畢，已經啓用。

**台中正覺講堂**　04-23816090（晚上）

**第一講堂**　台中市南屯區五權西路二段 666 號 13 樓之四（國泰世華銀行樓上。鄰近縣市經第一高速公路前來者，由五權西路交流道可以快速到達，大樓旁有停車場，對面有素食館）。

**禪淨班：**週四晚班、週五晚班。

**進階班：**週一晚班、週三晚班、週六上午班（由禪淨班結業後轉入共修）。

**增上班：成唯識論釋**。單週六晚班。雙週六晚班（重播班）。

**菩薩瓔珞本業經：**平實導師講解。每週二晚上，以台北正覺講堂所錄 DVD 放映。歡迎會外學人共同聽講，不需出示身分證件。

**第二講堂**　台中市南屯區五權西路二段 666 號 4 樓

**禪淨班：**週一晚班、週三晚班。

**第三講堂**台中市南屯區五權西路二段 666 號 4 樓

**禪淨班：**週一晚班。

**第四講堂**台中市南屯區五權西路二段 666 號 4 樓。

**進階班：**週三晚班、週四晚班、週五晚班、週六上午班，由禪淨班結業後轉入共修

**菩薩瓔珞本業經：**每週二晚上與第一講堂同步播放講經 DVD。

**嘉義正覺講堂** 嘉義市友愛路 288 號八樓之一　電話：05−2318228

**第一講堂：**

**禪淨班：**週四晚班、週五晚班、週六上午班。

**進階班：**週一晚班、週三晚班（由禪淨班結業後轉入共修）。

**增上班：成唯識論釋**。單週六晚班。雙週六晚班（重播班）。

**菩薩瓔珞本業經：**平實導師講解。每週二晚上，以台北正覺講堂所錄 DVD 放映。歡迎會外學人共同聽講，不需出示身分證件。

**第二講堂**　嘉義市友愛路 288 號八樓之二。

**第三講堂**　嘉義市友愛路 288 號四樓之七。

**禪淨班：**週一晚班、週三晚班。

## 台南正覺講堂

**第一講堂**　台南市西門路四段 15 號 4 樓。06-2820541（晚上）

**禪淨班：**週一晚班、週四晚班、週五晚班、週六下午班。

**增上班：成唯識論釋**。單週六晚班。雙週六晚班（重播班）。

**菩薩瓔珞本業經：**平實導師講解。每週二晚上，以台北正覺講堂所錄 DVD 放映。歡迎會外學人共同聽講，不需出示身分證件。

**第二講堂**　台南市西門路四段 15 號 3 樓。

**菩薩瓔珞本業經：**每週二晚上與第一講堂同步播放講經 DVD。

**第三講堂**　台南市西門路四段 15 號 3 樓。

**進階班：**週一晚班、週三晚班、週四晚班、週五晚班（由禪淨班結業後轉入共修）。

**菩薩瓔珞本業經：**每週二晚上與第一講堂同步播放講經 DVD。

## 高雄正覺講堂　高雄市新興區中正三路 45 號五樓 07-2234248（晚上）

**第一講堂**（五樓）：

**禪淨班：**週一晚班、週三晚班、週四晚班、週五晚班、週六上午班。

**進階班**：週六下午班（由禪淨班結業後轉入共修）。

**增上班：成唯識論釋**。單週六晚班。雙週六晚班（重播班）。

**菩薩瓔珞本業經：**平實導師講解。每週二晚上，以台北正覺講堂所錄 DVD 放映。歡迎會外學人共同聽講，不需出示身分證件。

**第二講堂**（四樓）：

**進階班**：週三晚班、週四晚班（由禪淨班結業後轉入共修）。

**菩薩瓔珞本業經：**每週二晚上與第一講堂同步播放講經 DVD。

**第三講堂**（三樓）：

**進階班：**週四晚班（由禪淨班結業後轉入共修）。

## 二、招生公告

**本會台北講堂及全省各講堂，每逢四月、十月下旬開新班，每週共修一次**（每次二小時。開課日起三個月內仍可插班）；**各班共修期間皆爲二年半，全程免費，欲參加者請向本會函索報名表**（各共修處皆於共修時間方有人執事，非共修時間請勿電詢或前來洽詢、請書），**或直接從本會官方網站(http://www.enlighten.org.tw/newsflash/class)或成佛之道網站下載報名表**。共修期滿時，若經報名禪三審核通過者，可參加四天三夜之禪三精進共修，有機會明心、取證如來藏，發起般若實相智慧，成爲實義菩薩，脫離凡夫菩薩位。

三、**新春禮佛祈福** 農曆**年假**期間停止共修：自農曆新年前七天起停止共修與弘法，正月 8 日起回復共修、弘法事務。新春期間正月初一～初七 9.00～17.00 開放台北講堂、正月初一~初三開放新竹、台中、嘉義、台南、高雄講堂，以及大溪禪三道場（正覺祖師堂），方便會員供佛、祈福及會外人士請書。

**密宗四大派修雙身法，是外道性力派的邪法；又以生滅的識陰作為常住法，是常見外道，是假的藏傳佛教。**

**西藏覺囊巴以他空見弘揚第八識如來藏勝法，才是真藏傳佛教**

# 佛教正覺同修會　弘法行事表

2024/1/2

1、**禪淨班**　以無相念佛及拜佛方式修習動中定力，實證一心不亂功夫。傳授解脫道正理及第一義諦佛法，以及參禪知見。共修期間：二年六個月。每逢四月、十月開新班，詳見招生公告表。

2、**進階班**　禪淨班畢業後得轉入此班，進修更深入的佛法，期能證悟明心。各地講堂各有多班，繼續深入佛法、增長定力，悟後得轉入增上班修學道種智，期能證得無生法忍。

3、**增上班 成唯識論釋**　詳解八識心王的唯識性、唯識相、唯識位，分說八識心王及其心所各別的自性、所依、所緣、相應心所、行相、功用等，並闡述緣生諸法的四緣：因緣、等無間緣、所緣緣、增上緣等四緣，並論及十因五果等。論中闡釋**佛法實證及成就的根本法即是第八識，由第八識成就三界世間及出世間的一切染淨諸法，方有成佛之道可修、可證、可成就，名爲圓成實性**。然後詳解末法時代學人極易混淆的見道位所函蓋的眞見道、相見道、通達位等內容，指正末法時代高慢心一類學人，於見道位前後不斷所墮的同一邪謬處。末後開示修道位的十地之中，各地所應斷的二愚及所應證的一智，乃至佛位的四智圓明及具足四種涅槃等一切種智之眞實正理。由平實導師講述，每逢一、三、五週之週末晚上開示，每逢二、四週之週末爲重播班，供作後悟之菩薩補聞所未聽聞之法。增上班課程僅限已明心之會員參加。未來每逢講完十分之一內容時，便予出書流通；總共十輯，敬請期待。（註：《瑜伽師地論》從 2003 年二月開講，至 2022 年 2 月 19 日已經圓滿，爲期 18 年整。）

4、**菩薩瓔珞本業經**　本經說明菩薩道六度、十度波羅蜜多之修行，要先修十信位，於因位中熏習百法明門，再轉入初住位起修六種瓔珞，總共四十二位，即是十住位、十行位、十迴向位、十地位、等覺位、妙覺位，方得成就六種瓔珞成爲一生補處，然後成就佛道，名爲習種性、性種性、道種性、聖種性、等覺性、妙覺性；連同習種性前的十信位，共爲五十二階位實修完畢，方得成佛。於本經中亦說明大乘初見道的證眞如、發起般若現觀時，若有佛菩薩護持故，即得進第七住位常住不退，然後向上進發，速修佛菩提道。如是實修佛菩提道方是義學，而非學術界所說的相似佛法等玄學，皆是可修可證之法，全都屬於現法樂證樂住並且是現觀的佛法，顯示佛法眞是義學而非玄談或思想。本經已於 2024 年一月上旬起開講，由平實導師詳解。不限制聽講資格。

5、**精進禪三**　主三和尚：平實導師。於四天三夜中，以克勤圓悟大師及大慧宗杲之禪風，施設機鋒與小參、公案密意之開示，幫助會員剋期取證，親證不生不滅之眞實心——人人本有之如來藏。每年四月、十月各舉辦三個梯次；平實導師主持。僅限本會會員參加禪淨班共修期滿，報名審核通過者，方可參加。並選擇會中定力、慧力、福德三條件皆已具足之已明心會員，給以指引，令得眼見自己無形無相之佛性遍佈山河大地，眞實而無障礙，得以肉眼現觀世界身心悉皆如幻，具足成就如幻觀，圓滿十住菩薩之證境。

6、**阿含經**詳解　選擇重要之阿含部經典，依無餘涅槃之實際而加以詳解，令大眾得以現觀諸法緣起性空，亦復不墮斷滅見中，顯示經中所隱說之涅槃實際—如來藏—確實已於四阿含中隱說；令大眾得以聞後觀行，確實斷除我見乃至我執，證得**見到**眞現觀，乃至**身證**……等眞現觀；已得大乘或二乘見道者，亦可由此聞熏及聞後之觀行，除斷我所之貪著，成就慧解脫果。由平實導師詳解。不限制聽講資格。

7、**精選如來藏系經典**詳解　精選如來藏系經典一部，詳細解說，以此完全印證會員所悟如來藏之眞實，得入不退轉住。另行擇期詳細解說之，由平實導師講解。僅限已明心之會員參加。

8、**禪門差別智**　藉禪宗公案之微細淆訛難知難解之處，加以宣說及剖析，以增進明心、見性之功德，啓發差別智，建立擇法眼。每月第一週日全天，由平實導師開示，僅限破參明心後，復又眼見佛性者參加（事冗暫停）。

9、**枯木禪**　先講智者大師的《小止觀》，後說《釋禪波羅蜜》，詳解四禪八定之修證理論與實修方法，細述一般學人修定之邪見與岔路，及對禪定證境之誤會，消除枉用功夫、浪費生命之現象。已悟般若者，可以藉此而實修初禪，進入大乘通教及聲聞教的三果心解脫境界，配合應有的大福德及後得無分別智、十無盡願，即可進入初地心中。親教師：平實導師。未來緣熟時將於正覺寺開講。不限制聽講資格。

**註**：本會例行年假，自 2004 年起，改爲每年農曆新年前七天開始停息弘法事務及共修課程，農曆正月 8 日回復所有共修及弘法事務。新春期間（每日 9.00～17.00）開放台北講堂，方便會員禮佛祈福及會外人士請書。大溪區的正覺祖師堂，開放參訪時間，詳見〈正覺電子報〉或成佛之道網站。本表得因時節因緣需要而隨時修改之，不另作通知。

# 佛教正覺同修會　贈閱書籍 目錄　2024/8/20

1.**無相念佛**　平實導師著　回郵 36 元
2.**念佛三昧修學次第**　平實導師述著　回郵 52 元
3.**正法眼藏—護法集**　平實導師述著　回郵 76 元
4.**真假開悟簡易辨正法&佛子之省思**　平實導師著　回郵 26 元
5.**生命實相之辨正**　平實導師著　回郵 31 元
6.**如何契入念佛法門**（附：印順法師否定極樂世界）平實導師著　回郵 26 元
7.**平實書箋**—答元覽居士書　平實導師著　回郵 52 元
8.**三乘唯識**—如來藏系經律彙編　平實導師編　回郵 80 元
（精裝本　長 27 cm　寬 21 cm　高 7.5 cm　重 2.8 公斤）
9.**三時繫念全集**—修正本　回郵掛號 52 元（長 26.5 cm×寬 19 cm）
10.**明心與初地**　平實導師述　回郵 31 元
11.**邪見與佛法**　平實導師述著　回郵 36 元
12.**甘露法雨**　平實導師述　回郵 36 元
13.**我與無我**　平實導師述　回郵 36 元
14.**學佛之心態**—修正錯誤之學佛心態始能與正法相應　孫正德老師著　回郵52元
附錄：平實導師著**《略說八、九識並存…等之過失》**
15.**大乘無我觀**—《悟前與悟後》別說　平實導師述著　回郵 36 元
16.**佛教之危機**—中國台灣地區現代佛教之真相（附錄：公案拈提六則）
平實導師著　回郵 52 元
17.**燈　影**—燈下黑（覆「求教後學」來函等）　平實導師著　回郵 76 元
18.**護法與毀法**—覆上平居士與徐恒志居士網站毀法二文
張正圜老師著　回郵 76 元
19.**淨土聖道**—兼評選擇本願念佛　正德老師著　由正覺同修會購贈 回郵 52 元
20.**辨唯識性相**—對「紫蓮心海《辯唯識性相》書中否定阿賴耶識」之回應
正覺同修會 台南共修處法義組 著　回郵 52 元
21.**假如來藏**—對法蓮法師《如來藏與阿賴耶識》書中否定阿賴耶識之回應
正覺同修會 台南共修處法義組 著　回郵 76 元
22.**入不二門**—公案拈提集錦 第一輯（於平實導師公案拈提諸書中選錄約二十則，
合輯爲一冊流通之）平實導師著　回郵 52 元
23.**真假邪說**—西藏密宗索達吉喇嘛《破除邪說論》真是邪說
釋正安法師著　上、下冊回郵各 52 元
24.**真假開悟**—真如、如來藏、阿賴耶識間之關係　平實導師述著　回郵 76 元

25.**真假禪和**—辨正釋傳聖之謗法謬說　孫正德老師著　回郵76元

26.**眼見佛性**—駁慧廣法師**眼見佛性的含義**文中謬說 游正光老師著 回郵52元

27.**普門自在**—公案拈提集錦 第二輯（於平實導師公案拈提諸書中選錄約二十則，合輯爲一冊流通之）平實導師著　回郵52元

28.**印順法師的悲哀**—以現代禪的質疑為線索　恒毓博士著　回郵52元

29.**識蘊真義**—現觀識蘊內涵、取證初果、親斷三縛結之具體行門。

—依《成唯識論》及《唯識述記》正義，略顯安慧《大乘廣五蘊論》之邪謬

平實導師著 回郵76元

30.**正覺電子報** 各期紙版本　免附回郵　每次最多函索三期或三本。

(已無存書之較早各期，不另增印贈閱)

31.**現代人應有的宗教觀**　蔡正禮老師 著　回郵31元

32.**遠惑趣道**—正覺電子報般若信箱問答錄　第一輯　回郵52元

33.**遠惑趣道**—正覺電子報般若信箱問答錄　第二輯　回郵52元

34.**正覺教團電視弘法三乘菩提 DVD 光碟（一）**

由正覺教團多位親教師共同講述錄製 DVD 8 片，MP3 一片，共 9 片。有二大講題：一爲「三乘菩提之意涵」，二爲「學佛的正知見」。內容精闢，深入淺出，精彩絕倫，幫助大眾快速建立三乘法道的正知見，免被外道邪見所誤導。有志修學三乘佛法之學人不可不看。(製作工本費 100 元，回郵 52 元)

35.**正覺教團電視弘法 DVD 專輯（二）**

總有二大講題：一爲「三乘菩提之念佛法門」，一爲「學佛正知見(第二篇)」，由正覺教團多位親教師輪番講述，內容詳細闡述如何修學念佛法門、實證念佛三昧，以及學佛應具有的正確知見，可以幫助發願往生西方極樂淨土之學人，得以把握往生，更可令學人快速建立三乘法道的正知見，免於被外道邪見所誤導。有志修學三乘佛法之學人不可不看。(一套 17 片，工本費 160 元。回郵 76 元)

36.**喇嘛性世界**—揭開假藏傳佛教譚崔瑜伽的面紗　張善思 等人合著

由正覺同修會購贈　回郵52元

37.**假藏傳佛教的神話**—性、謊言、喇嘛教　張正玄教授編著

由正覺同修會購贈　回郵52元

38.**隨　緣**—理隨緣與事隨緣　平實導師述　回郵52元。

39.**學佛的覺醒**　正枝居士 著　回郵52元

40.**意識虛妄經教彙編**—實證解脫道的關鍵經文　正覺同修會編印　回郵36元

41.**邪箭囈語**—破斥藏密外道多識仁波切《破魔金剛箭雨論》之邪說

陸正元老師著　上、下冊回郵各52元

42.**真假沙門**—依 佛聖教闡釋佛教僧寶之定義

蔡正禮老師著　俟正覺電子報連載後結集出版

43.**真假禪宗**—藉評論釋性廣《印順導師對變質禪法之批判
及對禪宗之肯定》以顯示真假禪宗
附論一：凡夫知見 無助於佛法之信解行證
附論二：世間與出世間一切法皆從如來藏實際而生而顯
余正偉老師著　俟正覺電子報連載後結集出版　回郵未定

★ 上列贈書之郵資，係台灣本島地區郵資，大陸、港、澳地區及外國地區，請另計酌增（大陸、港、澳、國外地區之郵票不許通用）。尚未出版之書，請勿先寄來郵資，以免增加作業煩擾。

★ 本目錄若有變動，唯於後印之書籍及「成佛之道」網站上修正公佈之，不另行個別通知。

**函索書籍**請寄：佛教正覺同修會　103 台北市承德路 3 段 277 號 9 樓
台灣地區函索書籍者請附寄郵票，無時間購買郵票者可以等值現金抵用，但不接受郵政劃撥、支票、匯票。大陸地區得以人民幣計算，國外地區請以美元計算（請勿寄來當地郵票，在台灣地區不能使用）。欲以掛號寄遞者，請另附掛號郵資。

**親自索閱**：正覺同修會各共修處。　★請於共修時間前往取書，餘時無人在道場，請勿前往索取；共修時間與地點，詳見書末正覺同修會共修現況表（以近期之共修現況表爲準）。

**註**：正智出版社發售之局版書，請向各大書局購閱。若書局之書架上已經售出而無陳列者，請向書局櫃台指定洽購；若書局不便代購者，請於正覺同修會共修時間前往各共修處請購，正智出版社已派人於共修時間送書前往各共修處流通。 郵政劃撥購書及 大陸地區 購書，請詳別頁正智出版社發售書籍目錄最後頁之說明。

**成佛之道 網站**：http://www.a202.idv.tw　正覺同修會已出版之結緣書籍，多已登載於 成佛之道 網站，若住外國、或住處遙遠，不便取得正覺同修會贈閱書籍者，可以從本網站閱讀及下載。

**＊＊ 假藏傳佛教修雙身法，非佛教 ＊＊**

# 正覺口袋書 目錄

2024/6/15

1.**如何契入念佛法門**　平實導師著　回郵 26 元
2.**明心與初地**　平實導師述著　回郵 31 元
3.**生命實相之辨正**　平實導師述著　回郵 31 元
4.**真假開悟簡易辨正法&佛子之省思**　平實導師著　回郵 26 元
5.**現代人應有的宗教觀**　蔡正禮老師著　回郵31 元
6.**確保您的權益**—器官捐贈應注意自我保護　游正光老師 著　回郵31 元
7.**甘露法門—解脫道與佛菩提道**　佛教正覺同修會著　回郵 31 元
8.**概說密宗(一)**—認清西藏密宗(喇嘛教)的底細
正覺教育基金會著　回郵 36 元
9.**概說密宗(二)**—藏密觀想、明點、甘露、持明的真相
正覺教育基金會著　回郵 36 元
10.**概說密宗(三)**—密教誇大不實之神通證量
正覺教育基金會著　回郵 36 元
11.**概說密宗(四)**—密宗諸餘邪見(恣意解釋佛法修證上之名相)之一
正覺教育基金會著　回郵 36 元
12.**概說密宗(五)**—密宗之如來藏見及般若中觀
正覺教育基金會著　回郵 36 元
13.**概說密宗(六)**—無上瑜伽之雙身修法　正覺教育基金會著　回郵 36 元
14.**成佛之道**　正覺教育基金會著　回郵 36 元
15.**淨土奇特行門**—禪淨法門之速行道與緩行道
正覺教育基金會著　回郵 36 元
16.**如何修證解脫道**　正覺教育基金會著　回郵 36 元
17.**淺談達賴喇嘛之雙身法**—兼論解讀「密續」之達文西密碼
正覺教育基金會著　回郵 36 元
18.**密宗真相**—來自西藏高原的狂密　正覺教育基金會著　回郵 36 元
19.**導師之真實義**　正禮老師著　回郵 36 元
20.**如來藏中藏如來**　正覺教育基金會著　回郵 36 元
21.**觀行斷三縛結**—實證初果　正覺教育基金會著　回郵 36 元
22.**破羯磨僧真義**　佛教正覺同修會著　回郵 36 元
23.**一貫道與開悟**　正覺教育基金會著　回郵 36 元
24.**出家菩薩首重**—虛心求教 勤求證悟　正覺教育基金會著　回郵 36 元
25.**博愛 —愛盡天下女人**　正覺教育基金會著　回郵 36 元

26.**邁向正覺(一)**　作者趙玲子等合著　回郵 36 元
27.**邁向正覺(二)**　作者張善思等合著　回郵 36 元
28.**邁向正覺(三)**　作者許坤田等合著　回郵 36 元
29.**邁向正覺(四)**　作者劉俊廷等合著　回郵 36 元
30.**邁向正覺(五)**　作者林洋毅等合著　回郵 36 元
31.**繫念思惟念佛法門**　正覺教育基金會著　回郵 36 元
32.**邁向正覺(六)**　作者倪式谷等合著　回郵 36 元
33.**廣論之平議(一)~(七)**—宗喀巴《菩提道次第廣論》之平議
作者正雄居士　每冊回郵 36 元
34.**俺曚你把你哄**—六字大明咒揭密　作者正玄教授　回郵 36 元
35.**如何契入念佛法門(中英日文版)**　平實導師著　回郵 36 元
36.**明心與初地(中英文版)**　平實導師述著　回郵 36 元
37.**您不可不知的事實**—揭開藏傳佛教真實面之報導(一)
正覺教育基金會著　回郵 36 元
38.**外道羅丹的悲哀(一)~(三)**—略評外道羅丹等編《佛法與非佛法判別》之邪見 正覺教育基金會著　每冊回郵 36 元
39.**與《廣論》研討班學員談心**　正覺教育基金會著　回郵 36 元
40.**證道歌略釋**　平實導師著　回郵 36 元
41.**甘願做菩薩**　郭正益老師　回郵 36 元
42.**恭祝達賴喇嘛八十大壽**—做賊心虛喊抓賊~喇嘛不是佛教徒
張正玄教授著　回郵 36 元
43.**從一佛所在世界談宇宙大覺者**　高正齡老師著　回郵 36 元
44.**老去人間萬事休，應須洗心從佛祖**—達賴權謀，可以休矣
正覺教育基金會編印　回郵 36 元
45.**表相歸依與實義歸依**—真如為究竟歸依處
正覺同修會編印　回郵 36 元
46.**我為何離開廣論？**　正覺同修會編印　回郵 36 元
47.**三乘菩提之佛典故事(一)**　葉正緯老師講述　回郵 36 元
48.**佛教與成佛—總說**　師子苑居士著　回郵 36 元
49.**三乘菩提概說(一)**　余正文老師講述　回郵 36 元
50.**一位哲學博士的懺悔**　泰洛著　回郵 36 元
51.**三乘菩提概說（二）**　余正文老師講述　回郵 36 元
52.**三乘菩提之佛典故事(二)**　郭正益老師講述　回郵 36 元
53.**尊師重道**　沐中原著　回郵 50 元
54.**心經在說什麼？**　平實導師講述　回郵 36 元

## **正智出版社** 籌募弘法基金**發售書籍目錄** 2024/04/10

1.**宗門正眼**—公案拈提 第一輯 重拈 平實導師 著 500 元

因重寫內容大幅度增加故，字體必須改小，並增爲 576 頁 主文 546 頁。比初版更精彩、更有內容。初版《禪門摩尼寶聚》之讀者，可寄回本公司免費調換新版書。免附回郵，亦無截止期限。（2007 年起，每冊附贈本公司精製公案拈提〈超意境〉CD 一片。市售價格 280 元，多購多贈。）

2.**禪淨圓融** 平實導師 著 200 元（第一版舊書可換新版書。）

3.**真實如來藏** 平實導師 著 400 元

4.**禪—悟前與悟後** 平實導師 著 上、下冊，每冊 250 元

5.**宗門法眼**—公案拈提 第二輯 平實導師 著 500 元

（2007 年起，每冊附贈本公司精製公案拈提〈超意境〉CD 一片）

6.**楞伽經詳解** 平實導師 著 全套共 10 輯 每輯 250 元

7.**宗門道眼**—公案拈提 第三輯 平實導師 著 500 元

（2007 年起，每冊附贈本公司精製公案拈提〈超意境〉CD 一片）

8.**宗門血脈**—公案拈提 第四輯 平實導師 著 500 元

（2007 年起，每冊附贈本公司精製公案拈提〈超意境〉CD 一片）

9.**宗通與說通**—成佛之道 平實導師 著 主文 381 頁 全書 400 頁售價 300 元

10.**宗門正道**—公案拈提 第五輯 平實導師 著 500 元

（2007 年起，每冊附贈本公司精製公案拈提〈超意境〉CD 一片）

11.**狂密與真密 一～四輯** 平實導師 著 西藏密宗是人間最邪淫的宗教，本質不是佛教，只是披著佛教外衣的印度教性力派流毒的喇嘛教。此書中將西藏密宗密傳之男女雙身合修樂空雙運所有祕密與修法，毫無保留完全公開，並將全部喇嘛們所不知道的部分也一併公開。內容比大辣出版社喧騰一時的《西藏慾經》更詳細。並且函蓋藏密的所有祕密及其錯誤的中觀見、如來藏見……等，藏密的所有法義都在書中詳述、分析、辨正。每輯主文三百餘頁 每輯全書約 400 頁 售價每輯 300 元

12.**宗門正義**—公案拈提 第六輯 平實導師 著 500 元

（2007 年起，每冊附贈本公司精製公案拈提〈超意境〉CD 一片）

13.**心經密意**—心經與解脫道、佛菩提道、祖師公案之關係與密意 平實導師述 300 元

14.**宗門密意**—公案拈提 第七輯 平實導師 著 500 元

（2007 年起，每冊附贈本公司精製公案拈提〈超意境〉CD 一片）

15.**淨土聖道**—兼評「選擇本願念佛」 正德老師 著 200 元

16.**起信論講記** 平實導師 述著 共六輯 每輯三百餘頁 售價各 250 元

17.**優婆塞戒經講記**　平實導師 述著　共八輯 每輯三百餘頁 售價各250元

18.**真假活佛**—略論附佛外道盧勝彥之邪說（對前岳靈犀網站主張「盧勝彥是證悟者」之修正）　正犀居士（岳靈犀）著　流通價140元

19.**阿含正義**—唯識學探源　平實導師 著　共七輯　每輯300元

20.**超意境 CD** 以平實導師公案拈提書中超越意境之頌詞，加上曲風優美的旋律，錄成令人嚮往的超意境歌曲，其中包括正覺發願文及平實導師親自譜成的黃梅調歌曲一首。詞曲雋永，殊堪翫味，可供學禪者吟詠，有助於見道。內附設計精美的彩色小冊，解說每一首詞的背景本事。每片280元。【每購買公案拈提書籍一冊，即贈送一片。】

21.**菩薩底憂鬱 CD** 將菩薩情懷及禪宗公案寫成新詞，並製作成超越意境的優美歌曲。 1.主題曲〈菩薩底憂鬱〉，描述地後菩薩能離三界生死而迴向繼續生在人間，但因尚未斷盡習氣種子而有極深沈之憂鬱，非三賢位菩薩及二乘聖者所知，此憂鬱在七地滿心位方才斷盡；本曲之詞中所說義理極深，昔來所未曾見；此曲係以優美的情歌風格寫詞及作曲，聞者得以激發嚮往諸地菩薩境界之大心，詞、曲都非常優美，難得一見；其中勝妙義理之解說，已印在附贈之彩色小冊中。 2.以各輯公案拈提中直示禪門入處之頌文，作成各種不同曲風之超意境歌曲，值得玩味、參究；聆聽公案拈提之優美歌曲時，請同時閱讀內附之印刷精美說明小冊，可以領會超越三界的證悟境界；未悟者可以因此引發求悟之意向及疑情，眞發菩提心而邁向求悟之途，乃至因此眞實悟入般若，成眞菩薩。 3.正覺總持咒新曲，總持佛法大意；總持咒之義理，已加以解說並印在隨附之小冊中。本CD共有十首歌曲，長達63分鐘。每盒各附贈二張購書優惠券。每片320元。

22.**禪意無限 CD** 平實導師以公案拈提書中偈頌寫成不同風格曲子，與他人所寫不同風格曲子共同錄製出版，幫助參禪人進入禪門超越意識之境界。盒中附贈彩色印製的精美解說小冊，以供聆聽時閱讀，令參禪人得以發起參禪之疑情，即有機會證悟本來面目而發起實相智慧，實證大乘菩提般若，能如實證知般若經中的眞實意。本CD共有十首歌曲，長達69分鐘，每盒各附贈二張購書優惠券。每片320元。

23.**我的菩提路**第一輯　釋悟圓、釋善藏等人合著　售價300元

24.**我的菩提路**第二輯　郭正益等人合著　售價300元

（初版首刷至第四刷，都可以寄來免費更換爲第二版，免附郵費）

25.**我的菩提路**第三輯　王美伶等人合著　售價300元

26.**我的菩提路**第四輯　陳晏平等人合著　售價 300 元
27.**我的菩提路**第五輯　林慈慧等人合著　售價 300 元
28.**我的菩提路**第六輯　劉惠莉等人合著　售價 300 元
29.**我的菩提路**第七輯　余正偉等人合著　售價 300 元
30.**鈍鳥與靈龜**—考證後代凡夫對大慧宗杲禪師的無根誹謗。
平實導師 著 共 458 頁 售價 350 元
31.**維摩詰經講記**　平實導師 述　共六輯　每輯三百餘頁　售價各 250 元
32.**真假外道**—破劉東亮、杜大威、釋證嚴常見外道見　正光老師 著　200 元
33.**勝鬘經講記**—兼論印順《勝鬘經講記》對於《勝鬘經》之誤解。
平實導師 述　共六輯　每輯三百餘頁　售價 250 元
34.**楞嚴經講記**—平實導師 述　共 15 輯，每輯三百餘頁　售價 300 元
35.**明心與眼見佛性**—駁慧廣〈蕭氏「眼見佛性」與「明心」之非〉文中謬說
正光老師 著　共 448 頁　售價 300 元
36.**見性與看話頭**　黃正倖老師 著，本書是禪宗參禪的方法論。
內文 375 頁，全書 416 頁，售價 300 元。
37.**達賴真面目**—玩盡天下女人 白正偉老師 等著 中英對照彩色精裝大本 800 元
38.**喇嘛性世界**—揭開假藏傳佛教譚崔瑜伽的面紗　張善思 等人著　200 元
39.**假藏傳佛教的神話**—性、謊言、喇嘛教　正玄教授 編著　200 元
40.**金剛經宗通**　平實導師 述　共九輯　每輯售價 250 元。
41.**末代達賴**—性交教主的悲歌　張善思、呂艾倫、辛燕　編著 售價 250 元
42.**霧峰無霧**—給哥哥的信　辨正釋印順對佛法的無量誤解
游宗明 老師 著　售價 250 元
43.**霧峰無霧**—第二輯—救護佛子向正道　細說釋印順對佛法的各類誤解
游宗明 老師 著　售價 250 元
44.**第七意識與第八意識？**—穿越時空「超意識」
平實導師 述　每冊 300 元
45.**黯淡的達賴**—失去光彩的諾貝爾和平獎
正覺教育基金會　編著　每冊 250 元
46.**童女迦葉考**—論呂凱文〈佛教輪迴思想的論述分析〉之謬。
平實導師 著　定價 180 元
47.**人間佛教**—實證者必定不悖三乘菩提
平實導師　述，定價 400 元
48.**實相經宗通**　平實導師 述　共八輯　每輯 250 元

49.**真心告訴您(一)**—達賴喇嘛在幹什麼？
正覺教育基金會 編著　售價250元
50.**中觀金鑑**—詳述應成派中觀的起源與其破法本質
孫正德老師 著　分爲上、中、下三冊，每冊250元
51.**藏傳佛教要義**—《狂密與真密》之簡體字版　平實導師 著 上、下冊
僅在大陸流通　每冊300元
52.**法華經講義**—平實導師 述　共二十五輯　每輯三百餘頁 售價300元
53.**西藏「活佛轉世」制度**—附佛、造神、世俗法
許正豐、張正玄老師 合著　定價150元
54.**廣論三部曲**—郭正益老師著　　定價150元
55.**真心告訴您(二)**—達賴喇嘛是佛教僧侶嗎？
—補祝達賴喇嘛八十大壽
正覺教育基金會 編著　售價300元
56.**次法**—實證佛法前應有的條件
張善思居士 著　分爲上、下二冊，每冊250元
57.**涅槃**—解說四種涅槃之實證及內涵　平實導師 著 上、下冊　各350元
58.**佛藏經講義**—平實導師 述　共二十一輯 每輯三百餘頁 售價300元。
59.**成唯識論**—大唐 玄奘菩薩所著鉅論。重新正確斷句，並以不同字體及標點符號顯示質疑文，令得易讀。全書288頁，精裝大本400元。
60.**大法鼓經講義**—平實導師 述　共六輯　每輯三百餘頁 售價300元。
61.**成唯識論釋**—詳解大唐玄奘菩薩所著《成唯識論》，平實導師 著述。共十輯，每輯內文四百餘頁，12 級字編排，於每講完一輯的分量以後即予出版，2023 年五月底出版第一輯，以後每七到十個月出版一輯，每輯400元。
62.**不退轉法輪經講義**—平實導師 述 2024年1月30日開始出版　共十輯
每二個月出版一輯，每輯300元。
63.**中論正義**—釋龍樹菩薩《中論》頌正理。孫正德老師 著　共上下二冊
下冊定於2024/6/30出版 每冊300元。
64.**誰是 師子身中蟲**—平實導師 述著　2024年5月30出版，每冊110元。
65.**解深密經講義**—平實導師 述　輯數未定　將於《不退轉法輪經講義》出版後整理出版。
66.**菩薩瓔珞本業經講義**—平實導師 述　約◯輯　將於《解深密經講義》出版後整理出版。
67.**假鋒虛焰金剛乘**—揭示顯密正理，兼破索達吉師徒《般若鋒兮金剛焰》
釋正安法師 著　簡體字版　即將出版 售價未定

68.**廣論之平議**—宗喀巴《菩提道次第廣論》之平議　正雄居士 著
約二或三輯 俟正覺電子報連載後結集出版　書價未定
69.**八識規矩頌**詳解　○○居士 註解　出版日期另訂　書價未定
70.**中觀正義**—註解平實導師《中論正義頌》。
○○法師（居士）著　出版日期未定　書價未定
71.**中國佛教史**—依中國佛教正法史實而論。○○老師 著　書價未定。
72.**印度佛教史**—法義與考證。依法義史實評論印順《印度佛教思想史、佛教史地考論》之謬說　正偉老師 著 出版日期未定 書價未定
73.**阿含經講記**—將選錄四阿含中數部重要經典全經講解之，講後整理出版。
平實導師 述　約二輯　每輯300元　出版日期未定
74.**寶積經講記** 平實導師 述 每輯三百餘頁 優惠價300元　出版日期未定
75.**修習止觀坐禪法要講記**　平實導師 述　每輯三百餘頁
將於正覺寺建成後重講、以講記逐輯出版　出版日期未定
76.**無門關**—《無門關》公案拈提　平實導師 著　出版日期未定。
77.**中觀再論**—兼述印順《中觀今論》謬誤之平議。正光老師 著　出版日期未定
78.**輪迴與超度**—佛教超度法會之真義。
○○法師（居士）著　出版日期未定　書價未定
79.**《釋摩訶衍論》平議**—對偽稱龍樹所造《釋摩訶衍論》之平議
○○法師（居士）著　出版日期未定　書價未定
80.**正覺發願文**註解—以真實大願為因 得證菩提
正德老師 著　出版日期未定　書價未定
81.**正覺總持咒**—佛法之總持　正圜老師 著　出版日期未定　書價未定
82.**三自性**—依四食、五蘊、十二因緣、十八界法，說三性三無性。
作者未定　出版日期未定
83.**道品**—從三自性說大小乘三十七道品　作者未定　出版日期未定
84.**大乘緣起觀**—依四聖諦七真如現觀十二緣起 作者未定　出版日期未定
85.**三德**—論解脫德、法身德、般若德。　作者未定　出版日期未定
86.**真假如來藏**—對印順《如來藏之研究》謬說之平議　作者未定　出版日期未定
87.**大乘道次第**　作者未定　出版日期未定　書價未定
88.**四緣**—依如來藏故有四緣。　作者未定　出版日期未定
89.**空之探究**—印順《空之探究》謬誤之平議　作者未定　出版日期未定
90.**十法義**—論阿含經中十法之正義　作者未定　出版日期未定
91.**外道見**—論述外道六十二見　作者未定　出版日期未定

# 正智出版社有限公司 書籍介紹

**禪淨圓融**：言淨土諸祖所未曾言，示諸宗祖師所未曾示；禪淨圓融，另闢成佛捷徑，兼顧自力他力，闡釋淨土門之速行易行道，亦同時揭櫫聖教門之速行易行道；令廣大淨土行者得免緩行難證之苦，亦令聖道門行者得以藉著淨土速行道而加快成佛之時劫。乃前無古人之超勝見地，非一般弘揚禪淨法門典籍也，先讀爲快。平實導師著 200元。

**宗門正眼**—**公案拈提**第一輯：繼承克勤圜悟大師碧巖錄宗旨之禪門鉅作。先則舉示當代大法師之邪說，消弭當代禪門大師鄉愿之心態，摧破當今禪門「世俗禪」之妄談；次則旁通教法，表顯宗門正理；繼以道之次第，消弭古今狂禪；後藉言語及文字機鋒，直示宗門入處。悲智雙運，禪味十足，數百年來難得一睹之禪門鉅著也。平實導師著　500元（原初版書《禪門摩尼寶聚》，改版後補充爲五百餘頁新書，總計多達二十四萬字，內容更精彩，並改名爲《宗門正眼》，讀者原購初版《禪門摩尼寶聚》皆可寄回本公司免費換新，免附回郵，亦無截止期限）（2007年起，凡購買公案拈提第一輯至第七輯，每購一輯皆贈送本公司精製公案拈提〈超意境〉CD一片，市售價格280元，多購多贈）。

**禪—悟前與悟後**：本書能建立學人悟道之信心與正確知見，圓滿具足而有次第地詳述禪悟之功夫與禪悟之內容，指陳參禪中細微淆訛之處，能使學人明自眞心、見自本性。若未能悟入，亦能以正確知見辨別古今中外一切大師究係眞悟？或屬錯悟？便有能力揀擇，捨名師而選明師，後時必有悟道之緣。一旦悟道，遲者七次人天往返，便出三界，速者一生取辦。學人欲求開悟者，不可不讀。　平實導師著。上、下冊共500元，單冊250元。

**眞實如來藏**：如來藏眞實存在，乃宇宙萬有之本體，並非印順法師、達賴喇嘛等人所說之「唯有名相、無此心體」。如來藏是涅槃之本際，是一切有智之人竭盡心智、不斷探索而不能得之生命實相；是古今中外許多大師自以爲悟而當面錯過之生命實相。如來藏即是阿賴耶識，乃是一切有情本自具足、不生不滅之眞實心。當代中外大師於此書出版之前所未能言者，作者於本書中盡情流露、詳細闡釋。眞悟者讀之，必能增益悟境、智慧增上；錯悟者讀之，必能檢討自己之錯誤，免犯大妄語業；未悟者讀之，能知參禪之理路，亦能以之檢查一切名師是否眞悟。此書是一切哲學家、宗教家、學佛者及欲昇華心智之人必讀之鉅著。　平實導師著　售價400元。

**宗門法眼**——**公案拈提**第二輯：列舉實例，闡釋土城廣欽老和尚之悟處；並直示這位不識字的老和尚妙智橫生之根由，繼而剖析禪宗歷代大德之開悟公案，解析當代密宗高僧卡盧仁波切之錯悟證據，並例舉當代顯宗高僧、大居士之錯悟證據（凡健在者，爲免影響其名聞利養，皆隱其名）。藉辨正當代名師之邪見，向廣大佛子指陳禪悟之正道，彰顯宗門法眼。悲勇兼出，強捋虎鬚；慈智雙運，巧探驪龍；摩尼寶珠在手，直示宗門入處，禪味十足；若非大悟徹底，不能爲之。禪門精奇人物，允宜人手一冊，供作參究及悟後印證之圭臬。本書於2008年4月改版，增寫為大約500頁篇幅，以利學人研讀參究時更易悟入宗門正法，以前所購初版首刷及初版二刷舊書，皆可免費換取新書。平實導師著 500元（2007年起，凡購買公案拈提第一輯至第七輯，每購一輯皆贈送本公司精製公案拈提〈超意境〉CD一片，市售價格280元，多購多贈）。

**宗門道眼**——**公案拈提**第三輯：繼宗門法眼之後，再以金剛之作略、慈悲之胸懷、犀利之筆觸，舉示寒山、拾得、布袋三大士之悟處，消弭當代錯悟者對於寒山大士……等之誤會及誹謗。亦舉出民初以來與虛雲和尚齊名之蜀郡鹽亭袁煥仙夫子——南懷瑾老師之師，其「悟處」何在？並蒐羅許多眞悟祖師之證悟公案，顯示禪宗歷代祖師之睿智，指陳部分祖師、奧修及當代顯密大師之謬悟，作爲殷鑑，幫助禪子建立及修正參禪之方向及知見。假使讀者閱此書已，一時尚未能悟，亦可一面加功用行，一面以此宗門道眼辨別眞假善知識，避開錯誤之印證及歧路，可免大妄語業之長劫慘痛果報。欲修禪宗之禪者，務請細讀。平實導師著 售價500元（2007年起，凡購買公案拈提第一輯至第七輯，每購一輯皆贈送本公司精製公案拈提〈超意境〉CD一片，市售價格280元，多購多贈）。

**楞伽經詳解**：本經是禪宗見道者印證所悟眞僞之根本經典，亦是禪宗見道者悟後起修之依據經典；故達摩祖師於印證二祖慧可大師之後，將此經典連同佛鉢祖衣一併交付二祖，令其依此經典佛示金言、進入修道位，修學一切種智。由此可知此經對於眞悟之人修學佛道，是非常重要之一部經典。此經能破外道邪說，亦破佛門中錯悟名師之謬說，亦破禪宗部分祖師之狂禪：不讀經典、一向主張「一悟即成究竟佛」之謬執。並開示愚夫所行禪、觀察義禪、攀緣如禪、如來禪等差別，令行者對於三乘禪法差異有所分辨；亦糾正禪宗祖師古來對於如來禪之誤解，嗣後可免以訛傳訛之弊。此經亦是法相唯識宗之根本經典，禪者悟後欲修一切種智而入初地者，必須詳讀。 平實導師著，全套共十輯，已全部出版完畢，每輯主文約320頁，每冊約352頁，定價250元。

**宗門血脈**—**公案拈提第四輯**：末法怪象—許多修行人自以爲悟，每將無念靈知認作眞實；崇尙二乘法諸師及其徒眾，則將**外於如來藏之緣起性空**—無因論之無常空、斷滅空、一切法空—錯認爲佛所說之般若空性。這兩種現象已於當今海峽兩岸及美加地區顯密大師之中普遍存在；人人自以爲悟，心高氣壯，便敢寫書解釋祖師證悟之公案，大多出於意識思惟所得，言不及義，錯誤百出，因此誤導廣大佛子同陷大妄語之地獄業中而不能自知。彼等書中所說之悟處，其實處處違背第一義經典之聖言量。彼等諸人不論是否身披袈裟，都非佛法宗門血脈，或雖有禪宗法脈之傳承，亦只徒具形式；猶如螟蛉，非眞血脈，未悟得根本眞實故。禪子欲知佛、祖之眞血脈者，請讀此書，便知分曉。平實導師著，主文452頁，全書464頁，定價500元（2007年起，凡購買公案拈提第一輯至第七輯，每購一輯皆贈送本公司精製公案拈提〈超意境〉CD一片，市售價格280元，多購多贈）。

**宗通與說通**：古今中外，錯誤之人如麻似粟，每以常見外道所說之靈知心，認作眞心；或妄想虛空之勝性能量爲眞如，或錯認物質四大元素藉冥性（靈知心本體）能成就吾人色身及知覺，或認初禪至四禪中之了知心爲不生不滅之涅槃心。此等皆非通宗者之見地。復有錯悟之人一向主張「宗門與教門不相干」，此即尚未通達宗門之人也。其實宗門與教門互通不二，宗門所證者乃是眞如與佛性，教門所說者乃說宗門證悟之眞如佛性，故教門與宗門不二。本書作者以宗教二門互通之見地，細說「宗通與說通」，從初見道至悟後起修之道、細說分明；並將諸宗諸派在整體佛教中之地位與次第，加以明確之教判，學人讀之即可了知佛法之梗概也。欲擇明師學法之前，允宜先讀。平實導師著，主文共381頁，全書392頁，只售成本價300元。

**宗門正道**—**公案拈提第五輯**：修學大乘佛法有二果須證解脫果及大菩提果。二乘人不證大菩提果，唯證解脫果；此果之智慧，名爲聲聞菩提、緣覺菩提。大乘佛子所證二果之菩提果爲佛菩提，故名大菩提果，其慧名爲一切種智函蓋二乘解脫果。然此大乘二果修證，須經由禪宗之宗門證悟方能相應。而宗門證悟極難，自古已然；其所以難者，咎在古今佛教界普遍存在三種邪見：1.以修定認作佛法，2.以無因論之緣起性空—否定涅槃本際如來藏以後之一切法空作爲佛法，3.以常見外道邪見（離語言妄念之靈知性）作爲佛法。如是邪見，或因自身正見未立所致，或因邪師之邪教導所致，或因無始劫來虛妄熏習所致。若不破除此三種邪見，永劫不悟宗門眞義、不入大乘正道，唯能外門廣修菩薩行。平實導師於此書中，有極爲詳細之說明，有志佛子欲摧邪見、入於內門修菩薩行者，當閱此書。主文共496頁，全書512頁。售價500元（2007年起，凡購買公案拈提第一輯至第七輯，每購一輯皆贈送本公司精製公案拈提〈超意境〉CD一片，市售價格280元，多購多贈）。

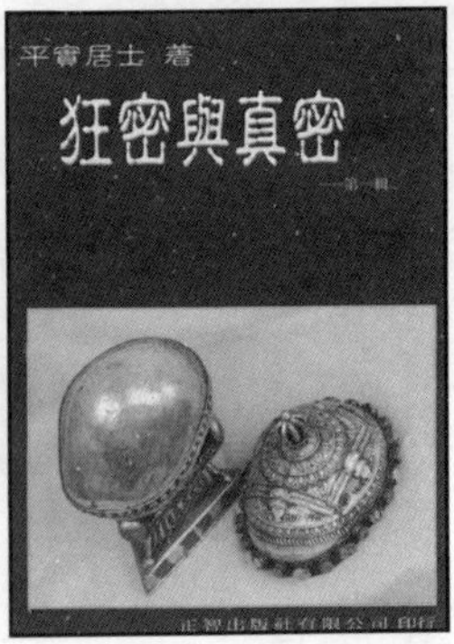


**狂密與真密**：密教之修學，皆由有相之觀行法門而入，其最終目標仍不離顯教經典所說第一義諦之修證；若離顯教第一義經典、或違背顯教第一義經典，即非佛教。西藏密教之觀行法，如灌頂、觀想、遷識法、寶瓶氣、大聖歡喜雙身修法、喜金剛、無上瑜伽、大樂光明、樂空雙運等，皆是印度教**兩性生生不息**思想之轉化，**自始至終**皆以**如何能運用交合淫樂之法達到全身受樂**爲其中心思想，純屬欲界五欲的貪愛，不能令人超出欲界輪迴，更不能令人斷除我見；何況大乘之明心與見性，更無論矣！故密宗之法絕非佛法也。而其明光大手印、大圓滿法教，又皆同以常見外道所說**離語言妄念之無念靈知心**錯認爲佛地之眞如，不能直指不生不滅之眞如。西藏密宗所有法王與徒眾，都尚未開頂門眼，不能辨別眞僞，以**依人不依法、依密續不依經典**故，不肯將其上師喇嘛所說對照第一義經典，純依密續之藏密祖師所說爲準，因此而誇大其證德與證量，動輒謂彼祖師上師爲究竟佛、爲地上菩薩；如今台海兩岸亦有自謂其師證量高於 釋迦文佛者，然觀其師所述，猶未見道，仍在觀行即佛階段，尚未到禪宗相似即佛、分證即佛階位，竟敢標榜爲究竟佛及地上法王，誑惑初機學人。凡此怪象皆是狂密，不同於眞密之修行者。近年狂密盛行，密宗行者被誤導者極眾，動輒自謂已證佛地眞如，自視爲究竟佛，陷於大妄語業中而不知自省，反謗顯宗眞修實證者之證量粗淺；或如義雲高與釋性圓…等人，於報紙上公然誹謗眞實證道者爲「騙子、無道人、人妖、癩蛤蟆…」等，造下誹謗大乘勝義僧之大惡業；或以外道法中有爲有作之甘露、魔術……等法，誑騙初機學人，狂言彼外道法爲眞佛法。如是怪象，在西藏密宗及附藏密之外道中，不一而足，舉之不盡，學人宜應愼思明辨，以免上當後又犯毀破菩薩戒之重罪。密宗學人若欲遠離邪知邪見者，請閱此書，即能了知密宗之邪謬，從此遠離邪見與邪修，轉入眞正之佛道。

平實導師著 共四輯 每輯約400頁（主文約340頁）每輯售價300元。

**宗門正義**—公案拈提第六輯：佛教有六大危機，乃是藏密化、世俗化、膚淺化、學術化、宗門密意失傳、悟後進修諸地之次第混淆；其中尤以宗門密意之失傳，爲當代佛教最大之危機。由宗門密意失傳故，易令 世尊本懷普被錯解，易令 世尊正法被轉易爲外道法，以及加以淺化、世俗化，是故宗門密意之廣泛弘傳與具緣佛弟子，極爲重要。然而欲令宗門密意之廣泛弘傳予具緣之佛弟子者，必須同時配合錯誤知見之解析、普令佛弟子知之，然後輔以公案解析之直示入處，方能令具緣之佛弟子悟入。而此二者，皆須以公案拈提之方式爲之，方易成其功、竟其業，是故平實導師續作宗門正義一書，以利學人。全書500餘頁，售價500元（2007年起，凡購買公案拈提第一輯至第七輯，每購一輯皆贈送本公司精製公案拈提〈超意境〉CD一片，市售價格280元，多購多贈）。

**心經密意**—心經與解脫道、佛菩提道、祖師公案之關係與密意。二乘菩提所證之解脫道，實依第八識心之斷除煩惱障現行而立解脫之名；大乘菩提所證之佛菩提道，實依親證第八識如來藏之涅槃性、清淨自性、及其中道性而立般若之名；禪宗祖師公案所證之眞心，即是此第八識如來藏；是故三乘佛法所修所證之三乘菩提，皆依此如來藏心而立名也。此第八識心，即是《心經》所說之心也。證得此如來藏已，即能漸入大乘佛菩提道，亦可因證知此心而了知二乘無學所不能知之無餘涅槃本際，是故《心經》之密意，與三乘佛菩提之關係極爲密切、不可分割，三乘佛法皆依此心而立名故。今者平實導師以其所證解脫道之無生智及佛菩提之般若種智，將《心經》與解脫道、佛菩提道、祖師公案之關係與密意，以演講之方式，用淺顯之語句和盤托出，發前人所未言，呈三乘菩提之眞義，令人藉此《心經密意》一舉而窺三乘菩提之堂奧，迴異諸方言不及義之說；欲求眞實佛智者、不可不讀！主文317頁，連同跋文及序文…等共384頁，售價300元。

**宗門密意**——**公案拈提**第七輯：佛教之世俗化，將導致學人以信仰作爲學佛，則將以感應及世間法之庇祐，作爲學佛之主要目標，不能了知學佛之主要目標爲親證三乘菩提。大乘菩提則以般若實相智慧爲主要修習目標，以二乘菩提解脫道爲附帶修習之標的；是故學習大乘法者，應以禪宗之證悟爲要務，能親入大乘菩提之實相般若智慧中故，般若實相智慧非二乘聖人所能知故。此書則以台灣世俗化佛教之三大法師，說法似是而非之實例，配合眞悟祖師之公案解析，提示證悟般若之關節，令學人易得悟入。平實導師著，全書五百餘頁，售價500元（2007年起，凡購買公案拈提第一輯至第七輯，每購一輯皆贈送本公司精製公案拈提〈超意境〉CD一片，市售價格280元，多購多贈）。

**淨土聖道**——兼評日本本願念佛：佛法甚深極廣，般若玄微，非諸二乘聖僧所能知之，一切凡夫更無論矣！所謂一切證量皆歸淨土是也！是故大乘法中「聖道之淨土、淨土之聖道」，其義甚深，難可了知；乃至眞悟之人，初心亦難知也。今有正德老師眞實證悟後，復能深探淨土與聖道之緊密關係，憐憫眾生之誤會淨土實義，亦欲利益廣大淨土行人同入聖道，同獲淨土中之聖道門要義，乃振奮心神、書以成文，今得刊行天下。主文279頁，連同序文等共301頁，總有十一萬六千餘字，正德老師著，成本價200元。

**起信論講記**：詳解大乘起信論**心生滅門**與**心眞如門**之眞實意旨，消除以往大師與學人對起信論所說**心生滅門**之誤解，由是而得了知眞心如來藏之非常非斷中道正理；亦因此一講解，令此論以往隱晦而被誤解之眞實義，得以如實顯示，令大乘佛菩提道之正理得以顯揚光大；初機學者亦可藉此正論所顯示之法義，對大乘法理生起正信，從此得以眞發菩提心，眞入大乘法中修學，世世常修菩薩正行。平實導師演述，共六輯，都已出版，每輯三百餘頁，售價250元。

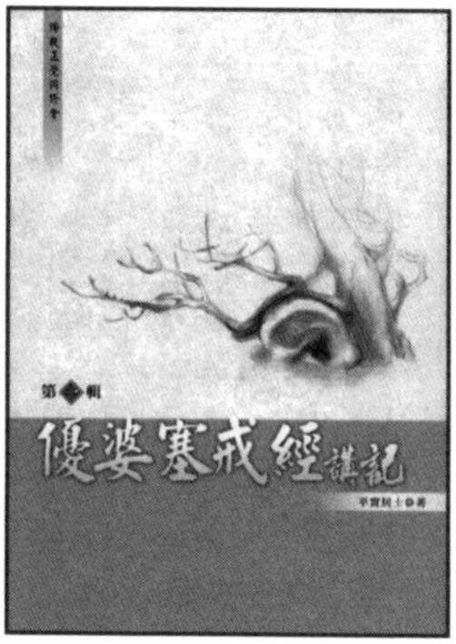


**優婆塞戒經講記**：本經詳述在家菩薩修學大乘佛法，應如何受持菩薩戒？對人間善行應如何看待？對三寶應如何護持？應如何正確地修集此世後世證法之福德？應如何修集後世「行菩薩道之資糧」？並詳述第一義諦之正義：五蘊非我非異我、自作自受、異作異受、不作不受……等深妙法義，乃是修學大乘佛法、行菩薩行之在家菩薩所應當了知者。出家菩薩今世或未來世登地已，捨報之後多數將如華嚴經中諸大菩薩，以在家菩薩身而修行菩薩行，故亦應以此經所述正理而修之，配合《楞伽經、解深密經、楞嚴經、華嚴經》等道次第正理，方得漸次成就佛道；故此經是一切大乘行者皆應證知之正法。平實導師講述，每輯三百餘頁，售價各250元；共八輯，已全部出版。

**真假活佛**—略論附佛外道盧勝彥之邪說：人人身中都有眞活佛，永生不滅而有大神用，但眾生都不了知，所以常被身外的西藏密宗假活佛籠罩欺瞞。本來就眞實存在的眞活佛，才是眞正的密宗無上密！諾那活佛因此而說禪宗是大密宗，但藏密的所有活佛都不知道、也不曾實證自身中的眞活佛。本書詳實宣示眞活佛的道理，舉證盧勝彥的「佛法」不是眞佛法，也顯示盧勝彥是假活佛，直接的闡釋第一義佛法見道的眞實正理。眞佛宗的所有上師與學人們，都應該詳細閱讀，包括盧勝彥個人在內。正犀居士著，優惠價140元。

**阿含正義**—唯識學探源：廣說四大部《阿含經》諸經中隱說之眞正義理，一一舉示佛陀本懷，令阿含時期初轉法輪根本經典之眞義，如實顯現於佛子眼前。並提示末法大師對於阿含眞義誤解之實例，一一比對之，證實唯識增上慧學確於原始佛法之阿含諸經中已隱覆密意而略說之，證實 世尊確於原始佛法中已曾密意而說第八識如來藏之總相；亦證實 世尊在四阿含中已說此藏識是名色十八界之因、之本—證明如來藏是能生萬法之根本心。佛子可據此修正以往受諸大師（譬如西藏密宗應成派中觀師：印順、昭慧、性廣、大願、達賴、宗喀巴、寂天、月稱、……等人）誤導之邪見，建立正見，轉入正道乃至親證初果而無困難；書中並詳說三果所證的**心解脫**，以及四果**慧解脫**的親證，都是如實可行的具體知見與行門。全書共七輯，已出版完畢。平實導師著，每輯三百餘頁，售價300元。

**超意境CD**：以平實導師公案拈提書中超越意境之頌詞，加上曲風優美的旋律，錄成令人嚮往的超意境歌曲，其中包括正覺發願文及平實導師親自譜成的黃梅調歌曲一首。詞曲雋永，殊堪翫味，可供學禪者吟詠，有助於見道。內附設計精美的彩色小冊，解說每一首詞的背景本事。每片280元。【每購買公案拈提書籍一冊，即贈送一片。】

**菩薩底憂鬱**CD將菩薩情懷及禪宗公案寫成新詞，並製作成超越意境的優美歌曲。1.主題曲〈菩薩底憂鬱〉，描述地後菩薩能離三界生死而迴向繼續生在人間，但因尚未斷盡習氣種子而有極深沈之憂鬱，非三賢位菩薩及二乘聖者所知，此憂鬱在七地滿心位方才斷盡；本曲之詞中所說義理極深，昔來所未曾見；此曲係以優美的情歌風格寫詞及作曲，聞者得以激發嚮往諸地菩薩境界之大心，詞、曲都非常優美，難得一見；其中勝妙義理之解說，已印在附贈之彩色小冊中。2.以各輯公案拈提中直示禪門入處之頌文，作成各種不同曲風之超意境歌曲，值得玩味、參究；聆聽公案拈提之優美歌曲時，請同時閱讀內附之印刷精美說明小冊，可以領會超越三界的證悟境界；未悟者可以因此引發求悟之意向及疑情，眞發菩提心而邁向求悟之途，乃至因此眞實悟入般若，成眞菩薩。3.正覺總持咒新曲，總持佛法大意；總持咒之義理，已加以解說並印在隨附之小冊中。本CD共有十首歌曲，長達63分鐘，附贈二張購書優惠劵。每片320元。

**禪意無限**CD平實導師以公案拈提書中偈頌寫成不同風格曲子，與他人所寫不同風格曲子共同錄製出版，幫助參禪人進入禪門超越意識之境界。盒中附贈彩色印製的精美解說小冊，以供聆聽時閱讀，令參禪人得以發起參禪之疑情，即有機會證悟本來面目，實證大乘菩提般若。本CD共有十首歌曲，長達69分鐘，每盒各附贈二張購書優惠券。每片320元。

**我的菩提路**第一輯：凡夫及二乘聖人不能實證的佛菩提證悟，末法時代的今天仍然有人能得實證，由正覺同修會釋悟圓、釋善藏法師等二十餘位實證如來藏者所寫的見道報告，已爲當代學人見證宗門正法之絲縷不絕，證明大乘義學的法脈仍然存在，爲末法時代求悟般若之學人照耀出光明的坦途。由二十餘位大乘見道者所繕，敘述各種不同的學法、見道因緣與過程，參禪求悟者必讀。全書三百餘頁，售價300元。

**我的菩提路**第二輯：由郭正益老師等人合著，書中詳述彼等諸人歷經各處道場學法，一一修學而加以檢擇之不同過程以後，因閱讀正覺同修會、正智出版社書籍而發起抉擇分，轉入正覺同修會中修學；乃至學法及見道之過程，都一一詳述之。**本書已改版印製重新流通**，讀者原購的初版書，不論是第一刷或第二、三、四刷，都可以寄回換新，免附郵費。

**我的菩提路**第三輯：由王美伶老師等人合著。自從正覺同修會成立以來，每年夏初、冬初都舉辦精進禪三共修，藉以助益會中同修們得以證悟明心發起般若實相智慧；凡已實證而被平實導師印證者，皆書具見道報告用以證明佛法之眞實可證而非玄學，證明佛法並非純屬思想、理論而無實質，是故每年都能有人證明正覺同修會的「實證佛教」主張並非虛語。特別是眼見佛性一法，自古以來中國禪宗祖師實證者極寡，較之明心開悟的證境更難令人信受；至2017年初，正覺同修會中的證悟明心者已近五百人，然而其中眼見佛性者至今唯十餘人爾，可謂難能可貴，是故明心後欲冀眼見佛性者實屬不易。黃正倖老師是懸絕七年無人見性後的第一人，她於2009年的見性報告刊於本書的第二輯中，爲大眾證明佛性確實可以眼見；其後七年之中求見性者都屬解悟佛性而無人眼見，幸而又經七年後的2016冬初，以及2017夏初的禪三，復有三人眼見佛性，希冀鼓舞四眾佛子求見佛性之大心，今則具載一則於書末，顯示求見佛性之事實經歷，供養現代佛教界欲得見性之四眾弟子。全書四百頁，售價300元，已於2017年6月30日發行。

**我的菩提路**第四輯：由陳晏平等人著。中國禪宗祖師往往有所謂「見性」之言，所言多屬看見如來藏具有能令人發起成佛之自性，並非《大般涅槃經》中如來所說之眼見佛性。眼見佛性者，於親見佛性之時，即能於山河大地眼見自己佛性，亦能於他人身上眼見自己佛性及對方之佛性，如是境界無法爲尚未實證者解釋；勉強說之，縱使眞實明心證悟之人聞之，亦只能以自身明心之境界想像之，但不論如何想像多屬非量，能有正確之比量者亦是稀有，故說眼見佛性極爲困難。眼見佛性之人若所見極分明時，在所見佛性之境界下所眼見之山河大地、自己五蘊身心皆是虛幻，自有異於明心者之解脫功德受用，此後永不思證二乘涅槃，必定邁向成佛之道而進入第十住位中，已超第一阿僧祇劫三分有一，可謂之爲超劫精進也。今又有明心之後眼見佛性之人出於人間，將其明心及後來見性之報告，連同其餘證悟明心者之精彩報告一同收錄於此書中，供養眞求佛法實證之四眾佛子。全書380頁，售價300元，已於2018年6月30日發行。

**我的菩提路**第五輯：林慈慧老師等人著，本輯中所舉學人從相似正法中來到正覺同修會的過程，各人都有不同，發生的因緣亦是各有差別，然而都會指向同一個目標——證實生命實相的源底，確證自己生從何來、死往何去的事實，所以最後都證明佛法眞實而可親證，絕非玄學；本書將彼等諸人的始修及末後證悟之實例，羅列出來以供學人參考。本期亦有一位會裡的老師，是從1995年即開始追隨平實導師修學，1997年明心後持續進修不斷，直到2017年眼見佛性之實例，足可證明《大般涅槃經》中世尊開示眼見佛性之法正眞無訛，第十住位的實證在末法時代的今天仍有可能，如今一併具載於書中以供學人參考，並供養現代佛教界欲得見性之四眾弟子。全書四百頁，售價300元，已於2019年12月31日發行。

**我的菩提路**第六輯：劉惠莉老師等人著，本輯中舉示劉老師明心多年以後的眼見佛性實錄，供末法時代學人了知明心之異於見性本質，足可證明《大般涅槃經》中世尊開示眼見佛性之法正眞無訛。亦列舉多篇學人從各道場來到正覺學法之不同過程，以及如何發覺邪見之異於正法的所在，最後終能在正覺禪三中悟入的實況，以證明佛教正法仍在末法時代的人間繼續弘揚的事實，鼓舞一切眞實學法的菩薩大眾思之：我等諸人亦可有因緣證悟，絕非空想白思。約四百頁，售價300元，已於2020年6月30日發行。

**我的菩提路**第七輯：余正偉老師等人著，本輯中舉示余老師明心二十餘年以後的眼見佛性實錄，供末法時代學人了知明心異於見性之本質，並且舉示其見性後與平實導師互相討論眼見佛性之諸多疑訛處；除了證明《大般涅槃經》中 世尊開示眼見佛性之法正眞無訛以外，亦得一解明心後尙未見性者之所未知處，甚爲精彩。此外亦列舉多篇學人從各不同宗教進入正覺學法之不同過程，以及發覺諸方道場邪見之內容與過程，最終得於正覺精進禪三中悟入的實況，足供末法精進學人借鑑，以彼鑑己而生信心，得以投入了義正法中修學及實證。凡此，皆足以證明不唯明心所證之第七住位般若智慧及解脫功德仍可實證，乃至第十住位的實證與當場發起如幻觀之實證，於末法時代的今天皆仍有可能。本書約四百頁，售價300元。

**明心與眼見佛性**：本書細述明心與眼見佛性之異同，同時顯示了中國禪宗破初參明心與重關眼見佛性二關之間的關聯；書中又藉法義辨正而旁述其他許多勝妙法義，讀後必能遠離佛門長久以來積非成是的錯誤知見，令讀者在佛法的實證上有極大助益。也藉慧廣法師的謬論來教導佛門學人回歸正知正見，遠離古今禪門錯悟者所墮的意識境界，非唯有助於斷我見，也對未來的開悟明心實證第八識如來藏有所助益，是故學禪者都應細讀之。游正光老師著，共 448 頁售價300元。

**見性與看話頭**：黃正倖老師的《見性與看話頭》於《正覺電子報》連載完畢，今集結出版。書中詳說禪宗看話頭的詳細方法，並細說看話頭與眼見佛性的關係，以及眼見佛性者求見佛性前必須具備的條件。本書是禪宗實修者追求明心開悟時參禪的方法書，也是求見佛性者作功夫時必讀的方法書，內容兼顧眼見佛性的理論與實修之方法，是依實修之體驗配合理論而詳述，條理分明而且極爲詳實、周全、深入。本書內文375頁，全書416頁，售價300元。

**鈍鳥與靈龜**：鈍鳥及靈龜二物，被宗門證悟者說爲二種人：前者是精修禪定而無智慧者，也是以定爲禪的愚癡禪人；後者是或有禪定、或無禪定的宗門證悟者，凡已證悟者皆是靈龜。但後者被人虛造事實，用以嘲笑大慧宗杲禪師，說他雖是靈龜，卻不免被天童禪師預記「患背」痛苦而亡：「鈍鳥離巢易，靈龜脫殼難。」藉以貶低大慧宗杲的證量。同時將天童禪師實證如來藏的證量，曲解爲意識境界的離念靈知。自從大慧禪師入滅以後，錯悟凡夫對他的不實毀謗就一直存在著，不曾止息，並且捏造的假事實也隨著年月的增加而越來越多，終至編成「鈍鳥與靈龜」的假公案、假故事。本書是考證大慧與天童之間的不朽情誼，顯現這件假公案的虛妄不實；更見大慧宗杲面對惡勢力時的正直不阿，亦顯示大慧對天童禪師的至情深義，將使後人對大慧宗杲的誣謗至此而止，不再有人誤犯毀謗賢聖的惡業。書中亦舉證宗門的所悟確以第八識如來藏爲標的，詳讀之後必可改正以前被錯悟大師誤導的參禪知見，日後必定有助於實證禪宗的開悟境界，得階大乘眞見道位中，即是實證般若之賢聖。全書459頁，售價350元。

**維摩詰經講記**：本經係 世尊在世時，由等覺菩薩維摩詰居士藉疾病而演說之大乘菩提無上妙義，所說函蓋甚廣，然極簡略，是故今時諸方大師與學人讀之悉皆錯解，何況能知其中隱含之深妙正義，是故普遍無法爲人解說；若強爲人說，則成依文解義而有諸多過失。今由平實導師公開宣講之後，詳實解釋其中密意，令維摩詰菩薩所說大乘不可思議解脫之深妙正法得以正確宣流於人間，利益當代學人及與諸方大師。書中詳實演述大乘佛法深妙不共二乘之智慧境界，顯示諸法之中絕待之實相境界，建立大乘菩薩妙道於永遠不敗不壞之地，以此成就護法偉功，欲冀永利娑婆人天。已經宣講圓滿整理成書流通，以利諸方大師及諸學人。全書共六輯，每輯三百餘頁，售價各250元。

**真假外道**：本書具體舉證佛門中的常見外道知見實例，並加以教證及理證上的辨正，幫助讀者輕鬆而快速的了知常見外道的錯誤知見，進而遠離佛門內外的常見外道知見，因此即能改正修學方向而快速實證佛法。游正光老師著。成本價200元。

**勝鬘經講記**：如來藏為三乘菩提之所依，若離如來藏心體及其含藏之一切種子，即無三界有情及一切世間法，亦無二乘菩提緣起性空之出世間法；本經詳說無始無明、一念無明皆依如來藏而有之正理，藉著詳解煩惱障與所知障間之關係，令學人深入了知二乘菩提與佛菩提相異之妙理；聞後即可了知佛菩提之特勝處及三乘修道之方向與原理，邁向攝受正法而速成佛道的境界中。平實導師講述，共六輯，每輯三百餘頁，售價各250元。

**楞嚴經講記**：楞嚴經係密教部之重要經典，亦是顯教中普受重視之經典；經中宣說明心與見性之內涵極為詳細，將一切法都會歸如來藏及佛性─妙真如性；亦闡釋五陰區宇及五陰盡的境界，作諸地菩薩自我檢驗證量之依據，旁及佛菩提道修學過程中之種種魔境，以及外道誤會涅槃之狀況，亦兼述明三界世間之起源。然因言句深澀難解，法義亦復深妙寬廣，學人讀之普難通達，是故讀者大多誤會，不能如實理解佛所說之明心與見性內涵，亦因是故多有悟錯之人引為開悟之證言，成就大妄語罪。今由平實導師詳細講解之後，整理成文，以易讀易懂之語體文刊行天下，以利學人。全書十五輯，全部出版完畢。每輯三百餘頁，售價每輯300元。

**金剛經宗通**：三界唯心，萬法唯識，是成佛之修證內容，是諸地菩薩之所修；般若則是成佛之道（實證三界唯心、萬法唯識）的入門，若未證悟實相般若，即無成佛之可能，必將永在外門廣行菩薩六度，永在凡夫位中。然而實相般若的發起，全賴實證萬法的眞相；若欲證知萬法的眞相，則必須探究萬法之所從來，則須實證自心如來—金剛心如來藏，然後現觀這個金剛心的金剛性、眞實性、如如性、清淨性、涅槃性、能生萬法的自性性、本住性，名爲證眞如；進而現觀三界六道唯是此金剛心所成，人間萬法須藉八識心王和合運作方能現起。如是實證《華嚴經》的「三界唯心、萬法唯識」以後，由此等現觀而發起實相般若智慧，繼續進修第十住位的如幻觀、第十行位的陽焰觀、第十迴向位的如夢觀，再生起增上意樂而勇發十無盡願，方能滿足三賢位的實證，轉入初地；自知成佛之道而無偏倚，從此按部就班、次第進修乃至成佛。第八識自心如來是般若智慧之所依，般若智慧的修證則要從實證金剛心自心如來開始；《金剛經》則是解說自心如來之經典，是一切三賢位菩薩所應進修之實相般若經典。這一套書，是將平實導師宣講的《金剛經宗通》內容，整理成文字而流通之；書中所說義理，迥異古今諸家依文解義之說，指出大乘見道方向與理路，有益於禪宗學人求開悟見道，及轉入內門廣修六度萬行，已於2013年9月出版完畢，總共9輯，每輯約三百餘頁，售價各250元。

**霧峰無霧—給哥哥的信**：本書作者藉兄弟之間信件往來論義，略述佛法大義；並以多篇短文辨義，舉出釋印順對佛法的無量誤解證據，並一一給予簡單而清晰的辨正，令人一讀即知。久讀、多讀之後即能認清楚釋印順的六識論見解，與眞實佛法之牴觸是多麼嚴重；於是在久讀、多讀之後，於不知不覺之間提升了對佛法的極深入理解，正知正見就在不知不覺間建立起來了。當三乘佛法的正知見建立起來之後，對於三乘菩提的見道條件便將隨之具足，於是聲聞解脫道的見道也就水到渠成；接著大乘見道的因緣也將次第成熟，未來自然也會有親見大乘菩提之道的因緣，悟入大乘實相般若也將自然成功，自能通達般若系列諸經而成實義菩薩。作者居住於南投縣霧峰鄉，自喻見道之後不復再見霧峰之霧，故鄉原野美景一一明見，於是立此書名爲《霧峰無霧》；讀者若欲撥霧見月，可以此書爲緣。游宗明 老師著，已於2015年出版，售價250元。

**霧峰無霧**—第二輯—**救護佛子向正道**：本書作者藉釋印順著作中之各種錯謬法義提出辨正，以詳實的文義一一提出理論上及實證上之解析，列舉釋印順對佛法的無量誤解證據，藉此教導佛門大師與學人釐清佛法義理，遠離岐途轉入正道，然後知所進修，久之便能見道明心而入大乘勝義僧數。被釋印順誤導的大師與學人極多，很難救轉，是故作者大發悲心深入解說其錯謬之所在，佐以各種義理辨正而令讀者在不知不覺之間轉歸正道。如是久讀之後欲得斷身見、證初果，即不爲難事；乃至久之亦得大乘見道而得證眞如，脫離空有二邊而住中道，實相般若智慧生起，於佛法不再茫然，漸漸亦知悟後進修之道。屆此之時，對於大乘般若等深妙法之迷雲暗霧亦將一掃而空，生命及宇宙萬物之故鄉原野美景一一明見，是故本書仍名《霧峰無霧》，爲第二輯；讀者若欲撥雲見日、離霧見月，可以此書爲緣。游宗明 老師著，已於2019年出版，售價250元。

**假藏傳佛教的神話**—**性、謊言、喇嘛教**：本書編著者是由一首名爲「阿姊鼓」的歌曲爲緣起，展開了序幕，揭開假藏傳佛教—喇嘛教—的神祕面紗。其重點是蒐集、摘錄網路上質疑「喇嘛教」的帖子，以揭穿「假藏傳佛教的神話」爲主題，串聯成書，並附加彩色插圖以及說明，讓讀者們瞭解西藏密宗及相關人事如何被操作爲「神話」的過程，以及神話背後的眞相。作者：張正玄教授。售價200元。

**達賴真面目**—**玩盡天下女人**：假使您不想戴綠帽子，請記得詳細閱讀此書；假使您不想讓好朋友戴綠帽子，請您將此書介紹給您的好朋友。假使您想保護家中的女性，也想要保護好朋友的女眷，請記得將此書送給家中的女性和好友的女眷都來閱讀。本書爲印刷精美的大本彩色中英對照精裝本，爲您揭開達賴喇嘛的眞面目，內容精彩不容錯過，爲利益社會大眾，特別以優惠價格嘉惠所有讀者。編著者：白志偉等。大開版雪銅紙彩色精裝本。售價800元。

**喇嘛性世界—揭開假藏傳佛教譚崔瑜伽的面紗**：這個世界中的喇嘛，號稱來自世外桃源的香格里拉，穿著或紅或黃的喇嘛長袍，散布於我們的身邊傳教灌頂，吸引了無數的人嚮往學習；這些喇嘛虔誠地爲大眾祈福，手中拿著寶杵（金剛）與寶鈴（蓮花），口中唸著咒語：「唵．嘛呢．叭咪．吽……」，咒語的意思是說：「我至誠歸命金剛杵上的寶珠伸向蓮花寶穴之中」！「喇嘛性世界」是什麼樣的「世界」呢？本書將爲您呈現喇嘛世界的面貌。當您發現眞相以後，您將會唸：「噢！喇嘛．性．世界，譚崔性交嘛！」作者：張善思、呂艾倫。售價200元。

**末代達賴—性交教主的悲歌**：簡介從藏傳僞佛教（喇嘛教）的修行核心—性力派男女雙修，探討達賴喇嘛及藏傳僞佛教的修行內涵。書中引用外國知名學者著作、世界各地新聞報導，包含：歷代達賴喇嘛的祕史、達賴六世修雙身法的事蹟，以及《時輪續》中的性交灌頂儀式……等；達賴喇嘛書中開示的雙修法、達賴喇嘛的黑暗政治手段；達賴喇嘛所領導的寺院爆發喇嘛性侵兒童；新聞報導《西藏生死書》作者索甲仁波切性侵女信徒、澳洲喇嘛秋達公開道歉、美國最大假藏傳佛教組織領導人邱陽創巴仁波切的性氾濫；等等事件背後眞相的揭露。作者：張善思、呂艾倫、辛燕。售價250元。

**黯淡的達賴—失去光彩的諾貝爾和平獎**：本書舉出很多證據與論述，詳述達賴喇嘛不爲世人所知的一面，顯示達賴喇嘛並不是眞正的和平使者，而是假借諾貝爾和平獎的光環來欺騙世人；透過本書的說明與舉證，讀者可以更清楚的瞭解，達賴喇嘛是結合暴力、黑暗、淫欲於喇嘛教裡的集團首領，其政治行爲與宗教主張，早已讓諾貝爾和平獎的光環染污了。本書由財團法人正覺教育基金會寫作、編輯，由正覺出版社印行，每冊250元。

**第七意識與第八意識？——穿越時空「超意識」**：「三界唯心，萬法唯識」是佛教中應該實證的聖教，也是《華嚴經》中明載而可以實證的法界實相。唯心者，三界一切境界、一切諸法唯是一心所成就，即是每一個有情的第八識如來藏，不是意識心。唯識者，即是人類各各都具足的八識心王——眼識、耳鼻舌身意識、意根、阿賴耶識，第八阿賴耶識又名如來藏，人類五陰相應的萬法，莫不由八識心王共同運作而成就，故說萬法唯識。依聖教量及現量、比量，都可以證明意識是二法因緣生，是由第八識藉意根與法塵二法爲因緣而出生，又是夜夜斷滅不存之生滅心，即無可能反過來出生第七識意根、第八識如來藏，當知不可能從生滅性的意識心中，細分出恆審思量的第七識意根，更無可能細分出恆而不審的第八識如來藏。本書是將演講內容整理成文字，細說如是內容，並已在〈正覺電子報〉連載完畢，今彙集成書以廣流通，欲幫助佛門有緣人斷除意識我見，跳脫於識陰之外而取證聲聞初果；嗣後修學禪宗時即得不墮外道神我之中，得以求證第八識金剛心而發起般若實智。平實導師 述，每冊300元。

**童女迦葉考——論呂凱文〈佛教輪迴思想的論述分析〉之謬**：童女迦葉是佛世率領五百大比丘遊行於人間的歷史事實，是以童貞行而依止菩薩戒弘化於人間的大菩薩，不依別解脫戒（聲聞戒）來弘化於人間。這是大乘佛教與聲聞佛教同時存在於佛世的歷史明證，證明大乘佛教不是從聲聞法中分裂出來的部派佛教的產物，卻是聲聞佛教分裂出來的部派佛教聲聞凡夫僧所不樂見的史實；於是古今聲聞法中的凡夫都欲加以扭曲而作詭說，更是末法時代高聲大呼「大乘非佛說」的六識論聲聞凡夫極力想要扭曲的佛教史實之一，於是想方設法扭曲迦葉菩薩爲聲聞僧，以及扭曲迦葉童女爲比丘僧等荒謬不實之論著便陸續出現，古時聲聞僧寫作的《分別功德論》是最具體之事例，現代之代表作則是呂凱文先生的〈佛教輪迴思想的論述分析〉論文。鑑於如是假藉學術考證以籠罩大眾之不實謬論，未來仍將繼續造作及流竄於佛教界，繼續扼殺大乘佛教學人法身慧命，必須舉證辨正之，遂成此書。平實導師 著，每冊180元。

**人間佛教—實證者必定不悖三乘菩提**：「大乘非佛說」的講法似乎流傳已久，卻只是日本人企圖擺脫中國正統佛教的影響，而在明治維新時期才開始提出來的說法；台灣佛教、大陸佛教的淺學無智之人，由於未曾實證佛法而迷信日本人錯誤的學術考證，錯認為這些別有用心的日本佛學考證的講法為天竺佛教的眞實歷史；甚至還有更激進的反對佛教者提出「釋迦牟尼佛並非眞實存在，只是後人捏造的假歷史人物」，竟然也有少數佛教徒願意跟著「學術」的假光環而信受不疑，亦導致部分台灣佛教界人士，造作了反對中國大乘佛教而推崇南洋小乘佛教的行為，使台灣佛教的信仰者難以檢擇，亦導致一般大陸人士開始轉入基督教的盲目迷信中。在這些佛教及外教人士之中，也就有一分人根據此邪說而大聲主張「大乘非佛說」的謬論，這些人以「人間佛教」的名義來抵制中國正統佛教，公然宣稱中國的大乘佛教是由聲聞部派佛教的凡夫僧所創造出來的。這樣的說法流傳於台灣及大陸佛教界凡夫僧之中已久，卻非眞正的佛教歷史中曾經發生過的事，只是繼承六識論的聲聞法中凡夫僧，以及別有居心的日本佛教界，依自己的意識境界立場，純憑臆想而編造出來的妄想說法，卻已經影響許多無智之凡夫僧俗信受不移。本書則是從佛教的經藏法義實質及實證的現量內涵本質立論，證明大乘佛法本是佛說，是從《阿含正義》尚未說過的不同面向來討論「人間佛教」的議題，證明「大乘眞佛說」。閱讀本書可以斷除六識論邪見，迴入三乘菩提正道發起實證的因緣；也能斷除禪宗學人學禪時普遍存在之錯誤知見，對於建立參禪時的正知見有很深的著墨。平實導師 述，內文488頁，全書528頁，定價400元。

**實相經宗通**：學佛之目的在於實證一切法界背後之實相，禪宗稱之為本來面目或本地風光，佛菩提道中稱之為實相法界；此實相法界即是金剛藏，又名佛法之祕密藏，即是能生有情五陰、十八界及宇宙萬有（山河大地、諸天、三惡道世間）的第八識如來藏，又名阿賴耶識心，即是禪宗祖師所說的眞如心，此心即是三界萬有背後的實相。證得此第八識心時，自能瞭解般若諸經中隱說的種種密意，即得發起實相般若——實相智慧。每見學佛人修學佛法二十年後仍對實相般若茫然無知，亦不知如何入門，茫無所趣；更因不知三乘菩提的互異互同，是故越是久學者對佛法越覺茫然，都肇因於尚未瞭解佛法的全貌，亦未瞭解佛法的修證內容即是第八識心所致。本書對於修學佛法者所應實證的實相境界提出明確解析，並提示趣入佛菩提道的入手處，有心親證實相般若的佛法實修者，宜詳讀之，於佛菩提道之實證即有下手處。平實導師述著，共八輯，已於2016年出版完畢，每輯成本價250元。

**真心告訴您(一)——達賴喇嘛在幹什麼？**這是一本報導篇章的選集，更是「破邪顯正」的暮鼓晨鐘。「破邪」是戳破假象，說明達賴喇嘛及其所率領的密宗四大派法王、喇嘛們，弘傳的佛法是仿冒的佛法；他們是假藏傳佛教，是坦特羅(譚崔性交)外道法和藏地崇奉鬼神的苯教混合成的「喇嘛教」，推廣的是以所謂「無上瑜伽」的男女雙身法冒充佛法的假佛教，詐財騙色誤導眾生，常常造成信徒家庭破碎、家中兒少失怙的嚴重後果。「顯正」是揭櫫眞相，指出眞正的藏傳佛教只有一個，就是覺囊巴，傳的是 釋迦牟尼佛演繹的第八識如來藏妙法，稱爲他空見大中觀。正覺教育基金會即以此古今輝映的如來藏正法正知見，在眞心新聞網中逐次報導出來，將箇中原委「眞心告訴您」，如今結集成書，與想要知道密宗眞相的您分享。售價250元。

**中觀金鑑——詳述應成派中觀的起源與其破法本質：**學佛人往往迷於中觀學派之不同學說，被應成派與自續派所迷惑；修學般若中觀二十年後自以爲實證般若中觀了，卻仍不曾入門，甫聞實證般若中觀者之所說，則茫無所知，迷惑不解；隨後信心盡失，不知如何實證佛法；凡此，皆因惑於這二派中觀學說所致。自續派中觀所說同於常見，以意識境界立爲第八識如來藏之境界，應成派所說則同於斷見，但又同立意識爲常住法，故亦具足斷常二見。今者孫正德老師有鑑於此，乃將起源於密宗的應成派中觀學說，追本溯源，詳考其來源之外，亦一一舉證其立論內容，詳加辨正，令密宗雙身法祖師以識陰境界而造之應成派中觀學說本質，詳細呈現於學人眼前，令其維護雙身法之目的無所遁形。若欲遠離密宗此二大派中觀謬說，欲於三乘菩提有所進道者，允宜具足閱讀並細加思惟，反覆讀之以後將可捨棄邪道返歸正道，則於般若之實證即有可能，證後自能現觀如來藏之中道境界而成就中觀。本書分上、中、下三冊，每冊250元，已全部出版完畢。

**法華經講義：**此書爲平實導師始從2009/7/21演述至2014/1/14之講經錄音整理所成。世尊一代時教，總分五時三教，即是華嚴時、聲聞緣覺教、般若教、種智唯識教、法華時；依此五時三教區分爲藏、通、別、圓四教。本經是最後一時的圓教經典，圓滿收攝一切法教於本經中，是故最後的圓教聖訓中，特地指出無有三乘菩提，其實唯有一佛乘；皆因眾生愚迷故，方便區分爲三乘菩提以助眾生證道。世尊於此經中特地說明如來示現於人間的唯一大事因緣，便是爲有緣眾生「開、示、悟、入」諸佛的所知所見——第八識如來藏妙眞如心，並於諸品中隱說「妙法蓮花」如來藏心的密意。然因此經所說甚深難解，眞義隱晦，古來難得有人能窺堂奧；平實導師以知如是密意故，特爲末法佛門四眾演述《妙法蓮華經》中各品蘊含之密意，使古來未曾被古德註解出來的「此經」密意，如實顯示於當代學人眼前。乃至〈藥王菩薩本事品〉、〈妙音菩薩品〉、〈觀世音菩薩普門品〉、〈普賢菩薩勸發品〉中的微細密意，亦皆一併詳述之，可謂開前人所未曾言之密意，示前人所未見之妙法。最後乃至以〈法華大義〉而總其成，全經妙旨貫通始終，而依佛旨圓攝於一心如來藏妙心，厥爲曠古未有之大說也。平實導師述，共有25輯，已於2019/05/31出版完畢。每輯300元。

**西藏「活佛轉世」制度——附佛、造神、世俗法：**歷來關於喇嘛教活佛轉世的研究，多針對歷史及文化兩部分，於其所以成立的理論基礎，較少系統化的探討。尤其是此制度是否依據「佛法」而施設？是否合乎佛法眞實義？現有的文獻大多含糊其詞，或人云亦云，不曾有明確的闡釋與如實的見解。因此本文先從活佛轉世的由來，探索此制度的起源、背景與功能，並進而從活佛的尋訪與認證之過程，發掘活佛轉世的特徵，以確認「活佛轉世」在佛法中應具足何種果德。定價150元。

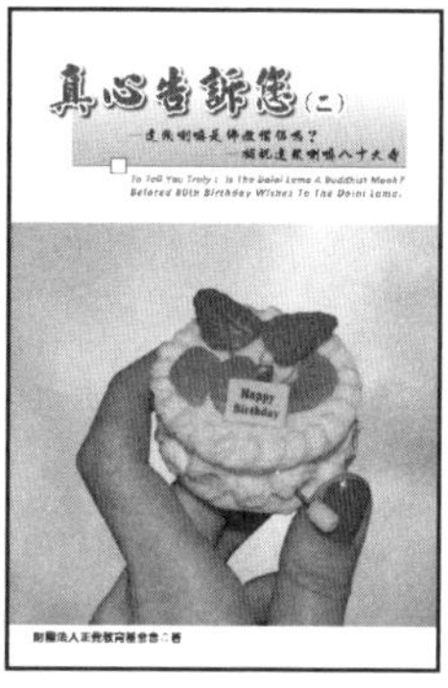


**真心告訴您(二)—達賴喇嘛是佛教僧侶嗎？補祝達賴喇嘛八十大壽：**這是一本針對當今達賴喇嘛所領導的喇嘛教，冒用佛教名相、於師徒間或師兄姊間，實修男女邪淫，而從佛法三乘菩提的現量與聖教量，揭發其謊言與邪術，證明達賴及其喇嘛教是仿冒佛教的外道，是「假藏傳佛教」。藏密四大派教義雖有「八識論」與「六識論」的表面差異，然其實修之內容，皆共許「無上瑜伽」四部灌頂爲究竟「成佛」之法門，也就是共以男女雙修之邪淫法爲「即身成佛」之密要，雖美其名曰「欲貪爲道」之「金剛乘」，並誇稱其成就超越於（應身佛）釋迦牟尼佛所傳之顯教般若乘之上；然詳考其理論，則或以意識離念時之粗細心爲第八識如來藏，或以中脈裡的明點爲第八識如來藏，或如宗喀巴與達賴堅決主張第六意識爲常恆不變之眞心者，分別墮於外道之常見與斷見中；全然違背 佛說能生五蘊之如來藏的實質。售價300元。

**涅槃—解說四種涅槃之實證及內涵：**眞正學佛之人，首要即是見道，由見道故方有涅槃之實證，證涅槃者方能出生死，但涅槃有四種：二乘聖者的有餘涅槃、無餘涅槃，以及大乘聖者的本來自性清淨涅槃、佛地的無住處涅槃。大乘聖者實證本來自性清淨涅槃，入地前再取證二乘涅槃，然後起惑潤生捨離二乘涅槃，繼續進修而在七地心前斷盡三界愛之習氣種子，依七地無生法忍之具足而證得念念入滅盡定；八地後進斷異熟生死，直至妙覺地下生人間成佛，具足四種涅槃，方是眞正成佛。此理古來少人言，以致誤會涅槃正理者比比皆是，今於此書中廣說四種涅槃、如何實證之理、實證前應有之條件，實屬本世紀佛教界極重要之著作，令人對涅槃有正確無訛之認識，然後可以依之實行而得實證。本書共有上下二冊，每冊各四百餘頁，對涅槃詳加解說，每冊各350元。

**佛藏經講義：**本經說明爲何佛菩提難以實證之原因，都因往昔無數阿僧祇劫前的邪見，引生此世求證時之業障而難以實證。即以諸法實相詳細解說，繼之以念佛品、念法品、念僧品，說明諸佛與法之實質；然後以淨戒品之說明，期待佛弟子四眾堅持清淨戒而轉化心性，並以往古品的實例說明歷代學佛人在實證上的業障由來，教導四眾務必滅除邪見轉入正見中，不再造作謗法及謗賢聖之大惡業，以免未來世尋求實證之時被業障所障；然後以了戒品的說明和囑累品的付囑，期望末法時代的佛門四眾弟子皆能清淨知見而得以實證。平實導師於此經中有極深入的解說，總共21輯，已於2022/11/30出版完畢，每輯三百餘頁，售價300元。

**大法鼓經講義**：本經解說佛法的總成：法、非法。由開解法、非法二義，說明了義佛法與世間戲論法的差異，指出佛法實證之標的即是法——第八識如來藏；並顯示實證後的智慧，如實擊大法鼓、演深妙法，演說如來祕密教法，非二乘定性及諸凡夫所能得聞，唯有具足菩薩性者方能得聞。正聞之後即得依於　世尊大願而拔除邪見，入於正法而得實證；深解不了義經之方便說，亦能實解了義經所說之眞實義，得以證法——如來藏，而得發起根本無分別智，乃至進修而發起後得無分別智；並堅持布施及受持清淨戒而轉化心性，得以現觀眞我眞法如來藏之各種層面。此爲第一義諦聖教，並授記末法最後餘八十年時，一切世間樂見離車童子以七地證量而示現爲凡夫身，將繼續護持此經所說正法。平實導師於此經中有極深入的解說，總共六輯，已於2023/11/30 出版完畢，每輯三百餘頁，售價300元。

**成唯識論釋**：本論係大唐玄奘菩薩揉合當時天竺十大論師的說法加以辨正而著成，攝盡佛門證悟菩薩及部派佛教聲聞凡夫論師對佛法的論述，並函蓋當時天竺諸大外道對生命實相的錯誤論述加以辨正，是由玄奘大師依據無生法忍證量加以評論確定而成爲此論。平實導師弘法初期即已依於證量略講過一次，歷時大約四年，當時正覺同修會規模尚小，聞法成員亦多尚未證悟，是故並未整理成書；如今正覺同修會中的證悟同修已超過六百人，鑑於此論在護持正法、實證佛法及悟後進修上的重要性，已於2022年初重講，並已經預先註釋完畢編輯成書，名爲《成唯識論釋》，總共十輯，每輯目次41頁、序文7頁、每輯內文多達四百餘頁，並將原本13級字縮小爲12級字編排，以增加其內容；於增上班宣講時的內容將會更詳細於書中所說，涉及佛法密意的詳細內容只於增上班中宣講，於書中皆依佛誡隱覆密意而說，然已足夠所有學人藉此一窺佛法堂奧而進入正道、免入岐途。重新判教後編成的〈目次〉已經詳盡判定論中諸段句義，用供學人參考；是故讀者閱完此論之釋，即可深解成佛之道的正確內涵。本書總共十輯，預定每一輯內容講述完畢時即予出版，第一輯於2023年五月底出版，然後每七至十個月出版下一輯，每輯定價400元。

**不退轉法輪經講義：**世尊弘法有五時三教之別，分爲藏、通、別、圓四教之理，本經是大乘般若期前的通教經典，所說之大乘般若正理與所證解脫果，通於二乘解脫道，佛法智慧則通大乘般若，皆屬大乘般若與解脫甚深之理，故其所證解脫果位通於二乘法教；而其中所說第八識無分別法之正理，即是世尊降生人間的唯一大事因緣。如是第八識能仁而且寂靜，恆順眾生於生死之中從無乖違，識體中所藏之本來無漏性的有爲法以及眞如涅槃境界，皆能助益學人最後成就佛道；此謂釋迦意爲能仁，牟尼意爲寂靜，此第八識即名釋迦牟尼，釋迦牟尼即是能仁寂靜的第八識眞如；若有人聽聞如是第八識常住、如來不滅之正理，信受奉行之人皆有大乘實證之因緣，永得不退於成佛之道，是故聽聞釋迦牟尼名號而解其義者，皆得不退轉於無上正等正覺，未來世中必有實證之因緣。如是深妙經典，已由平實導師詳述圓滿並整理成書，於2024/01/30開始每二個月發行一輯，總共十輯，每輯300元。

**中論正義：**本書是依龍樹菩薩之《中論》詳解而成，《中論》是依第八識眞如心常處中道的自性而作論議，亦是依此眞如心與所生諸法之間的非一非異、非俱非不俱等中道自性而作論議；然而自從　佛入滅後四百餘年的部派佛教開始廣弘之時起，本論已被部派佛教諸聲聞凡夫僧以意識的臆想思惟而作思想層面之解釋，此後的中論宗都以如是錯誤的解釋廣傳天下，積非成是以後便成爲現在佛教界的應成派中觀與自續派中觀的六識論思想，成爲邪見而荼毒廣大學人，幾至全面荼毒之局面。今作者孫正德老師以其所證第八識眞如的中道性現觀，欲救末法大師與學人所墮之意識境界中道邪觀，造作此部《中論正義》，詳解《中論》之正理，欲令廣大學人皆得轉入正見中修學，而後可有實證之機緣成爲實義菩薩，眞可謂悲心深重也。本書分爲上下兩冊，下冊將於上冊出版後兩個月再行出版，每冊售價300元。

**誰是師子身中蟲**：本書是平實導師歷年來於會員大會中，闡述佛教界的師子身中蟲的開示文，今已全部整理成文字並結集成書，昭告佛教界所有大師與學人，欲普令佛教界所有人都能遠離師子身中蟲，使正法得以廣傳而助益更多佛弟子四眾得以遠離師子身中蟲等人所說之邪見，迴心於 如來所說的八識論大乘法教，則大眾實證第八識眞如，實相般若智慧的生起即有可望，亦令天界大得利益。今已出版，每冊110元。

**解深密經講義**：本經是所有尋求大乘見道及悟後欲入地者所應詳習串習的三經之一，即是《楞伽經》、《解深密經》、《楞嚴經》三經中的一經，亦可作爲見道眞假的自我印證依據。此經是 世尊晚年第三轉法輪時，宣說地上菩薩所應熏修之無生法忍唯識正義經典；經中總說眞見道位所見的智慧總相，兼及相見道位所應熏修的七眞如等法，以及入地應修之十地眞如等義理，乃是大乘一切種智增上慧學，以阿陀那識—如來藏—阿賴耶識爲成佛之道的主體。禪宗之證悟者，若欲修證初地無生法忍乃至八地無生法忍者，必須修學《楞伽經、解深密經、楞嚴經》所說之八識心王一切種智。此三經所說正法，方是眞正成佛之道；印順法師否定第八識如來藏之後所說萬法緣起性空之法，墮於六識論中而著作的《成佛之道》，乃宗本於密宗宗喀巴六識論邪思而寫成的邪見，是以誤會後之二乘解脫道取代大乘眞正成佛之道，承襲自古天竺部派佛教聲聞凡夫論師的邪見，尚且不符二乘解脫道正理，亦已墮於斷滅見及常見中，所說全屬臆想所得的外道見，不符本經中佛所說的正義。平實導師曾於本會郭故理事長往生時，於喪宅中從**首七**開始宣講此經，於每一七起各宣講三小時，至**十七**而快速略講圓滿，作爲郭老之往生後的佛事功德，迴向郭老早證八地、速返娑婆住持正法。茲爲今時後世學人故，已經開始重講《解深密經》，以淺顯之語句講畢後，將會整理成文並梓行流通，用供證悟者進道；亦令諸方未悟者，據此經中佛語正義修正邪見，依之速能入道。平實導師述著，全書輯數未定，每輯三百餘頁，預定於《不退轉法輪經講義》發行圓滿之後逐輯陸續出版。

**菩薩瓔珞本業經講義**：本經是律部經典，依之修行可免誤犯大妄語業。成佛之道總共有五十二階位，前十階位為十信位，是對佛法僧三寶修學正確的信心，如實理解三寶的實質都是依第八識如來藏而成就的；然後轉入四十二個位階修學，才是正式修學佛道，即是十住、十行、十迴向、十地、等覺、妙覺，分別名為習種性、性種性、道種性、聖種性、等覺性、妙覺性，所應修習完成的是銅寶瓔珞、銀寶瓔珞、金寶瓔珞、琉璃寶瓔珞、摩尼寶瓔珞、水精瓔珞，依於如是所應修學的內容及階位而實修，方是眞正的成佛之道。此經中亦對大乘菩提的見道提出了判位，名為「第六般若波羅蜜正觀現在前」，說明正觀現時應該如何方能成為眞見道菩薩，否則皆必退轉。平實導師述著，全書輯數未定，每輯三百餘頁，預定於《解深密經講義》出版發行圓滿之後逐輯陸續出版。

**修習止觀坐禪法要講記**：修學四禪八定之人，往往錯會禪定之修學知見，欲以無止盡之坐禪而證禪定境界，卻不知修除性障之行門才是修證四禪八定不可或缺之要素，故智者大師云「性障初禪」；性障不除，初禪永不現前，云何修證二禪等？又：行者學定，若唯知數息，而不解六妙門之方便善巧者，欲求一心入定，未到地定極難可得，智者大師名之為「事障未來」：障礙未到地定之修證。又禪定之修證，不可違背二乘菩提及第一義法，否則縱使具足四禪八定，亦不能實證涅槃而出三界。此諸知見，智者大師於《修習止觀坐禪法要》中皆有闡釋。作者平實導師以其第一義之見地及禪定之實證證量，曾加以詳細解析。將俟正覺寺竣工啓用後重講，不限制聽講者資格；講後將以語體文整理出版。欲修習世間定及增上定之學者，宜細讀之。平實導師述著。

**阿含經講記——小乘解脫道之修證**：數百年來，南傳佛法所說證果之不實，所說解脫道之虛妄，所弘解脫道法義之世俗化，皆已少人知之；阿含解脫道從南洋傳入台灣與大陸之後，所說法義虛謬之事，亦復少人知之；今時台灣全島印順系統之法師居士，多不知南傳佛法數百年來所說解脫道之義理已然偏斜、已然世俗化、已非眞正之二乘解脫正道，猶極力推崇與弘揚。彼等南傳佛法近代所謂之證果者皆非眞實證果者，譬如阿迦曼、葛印卡、帕奧禪師、一行禪師……等人，悉皆未斷我見故。近年更有台灣南部大願法師，高抬南傳佛法之二乘修證行門爲「捷徑究竟解脫之道」者，然而南傳佛法縱使眞修實證，得成阿羅漢，至高唯是二乘菩提解脫之道，絕非究竟解脫，無餘涅槃中之實際尚未得證故，法界之實相尚未了知故，習氣種子待除故，一切種智未實證故，焉得謂爲「究竟解脫」？即使南傳佛法近代眞有實證之阿羅漢，尚且不及三賢位中之七住明心菩薩本來自性清淨涅槃智慧境界，則不能知此賢位菩薩所證之無餘涅槃實際，仍非大乘佛法中之見道者，何況彼等普未實證聲聞果乃至未斷我見之人？謬充證果已屬逾越，更何況是誤會二乘菩提之後，以未斷我見之凡夫知見所說之二乘菩提解脫偏斜法道，焉可高抬爲「究竟解脫」？而且自稱「捷徑之道」？又妄言解脫之道即是成佛之道，完全否定般若實智、否定三乘菩提所依之如來藏心體，此理大大不通也！平實導師爲令修學二乘菩提欲證解脫果者，普得迴入二乘菩提正見、正道中，是故選錄四阿含諸經中，對於二乘解脫道法義有具足圓滿說明之經典，預定未來十年內將會加以詳細講解，令學佛人得以了知二乘解脫道之修證理路與行門，庶免被人誤導之後，未證言證，梵行未立，干犯道禁自稱阿羅漢或成佛，成大妄語，欲升反墮。本書首重斷除我見，以助行者斷除我見而實證初果爲著眼之目標，若能根據此書內容，配合平實導師所著《識蘊眞義》《阿含正義》內涵而作實地觀行，實證初果非爲難事，行者可以藉此三書自行確認聲聞初果爲實際可得現觀成就之事。此書中除依二乘經典所說加以宣示外，亦依斷除我見等之證量，及大乘法中道種智之證量，對於意識心之體性加以細述，令諸二乘學人必定得斷我見、常見，免除三縛結之繫縛。次則宣示斷除我執之理，欲令升進而得薄貪瞋痴，乃至斷五下分結……等。平實導師將擇期講述，然後整理成書。共二冊，每冊三百餘頁。每輯300元。

**總經銷：聯合發行股份有限公司**

231 新北市新店區寶橋路 235 巷 6 弄 6 號 4F

Tel.02－2917-8022（代表號） Fax.02－2915-6275（代表號）

**零售：**1.**全台連鎖經銷書局：**

三民書局、誠品書局、何嘉仁書店

敦煌書店、紀伊國屋、金石堂書局、建宏書局

諾貝爾圖書城、墊腳石圖書文化廣場

2.**台北市：**佛化人生 **大安區**羅斯福路 3 段 325 號 6 樓之 4　台電大樓對面

3.**新北市：**春大地書店 **蘆洲區**中正路 117 號

4.**桃園市：**御書堂 **龍潭區**中正路 123 號

5.**新竹市：**大學書局 **東區**建功路 10 號

6.**台中市：**瑞成書局 **東區**雙十路 1 段 4 之 33 號

佛教詠春書局 **南屯區**永春東路 884 號

文春書店 **霧峰區**中正路 1087 號

7.**彰化市：**心泉佛教文化中心 南瑤路 286 號

8.**高雄市：**政大書城 **前鎮區**中華五路 789 號 2 樓（高雄夢時代店）

明儀書局 **三民區**明福街 2 號

青年書局 **苓雅區**青年一路 141 號

9.**台東市：**東普佛教文物流通處 博愛路 282 號

10.**其餘鄉鎮市經銷書局：**請電詢總經銷**聯合**公司。

11.**大陸地區請洽：**

**香港：**樂文書店

銅鑼灣店 :香港銅鑼灣駱克道 506 號 2 樓

電話 :(852) 2881 1150　email: luckwinbs@gmail.com

**廈門：**廈門外圖臺灣書店有限公司

地址：廈門市思明區湖濱南路809 號 廈門外圖書城3 樓 郵編：361004

電話：0592-5061658（臺灣地區請撥打 86-592-5061658）

E-mail：JKB118＠188.COM

12.**美國：世界日報圖書部：**紐約圖書部　電話 7187468889#6262

洛杉磯圖書部　電話 3232616972#202

13.**國內外地區網路購書：**

**正智出版社 書香園地**　http://books.enlighten.org.tw/

（書籍簡介、經銷書局可直接聯結下列網路書局購書）

**三民** 網路書局　http://www.sanmin.com.tw

**誠品** 網路書局　http://www.eslitebooks.com

**博客來** 網路書局 http://www.books.com.tw
**金石堂** 網路書局 http://www.kingstone.com.tw
**聯合** 網路書局 http:// www.nh.com.tw

**附註：**1.請儘量向各經銷書局購買：郵政劃撥需要八天才能寄到（本公司在您劃撥後第四天才能接到劃撥單，次日寄出後第二天您才能收到書籍，此六天中可能會遇到週休二日，是故共需八天才能收到書籍）若想要早日收到書籍者，請劃撥完畢後，將劃撥收據貼在紙上，旁邊寫上您的姓名、住址、郵區、電話、買書詳細內容，直接傳眞到本公司 02-28344822，並來電 02-28316727、28327495 確認是否已收到您的傳眞，即可提前收到書籍。 2.因台灣每月皆有五十餘種宗教類書籍上架，書局書架空間有限，故唯有新書方有機會上架，通常每次只能有一本新書上架；本公司出版新書，大多上架不久便已售出，若書局未再叫貨補充者，書架上即無新書陳列，則請直接向書局櫃台訂購。 3.若書局不便代購時，可於晚上共修時間向正覺同修會各共修處請購（共修時間及地點，詳閱**共修現況表**。每年例行年假期間請勿前往請書，年假期間請見共修現況表）。 4.郵購：郵政劃撥帳號 19068241。 5.正覺同修會會員購書都以八折計價（戶籍台北市者爲一般會員，外縣市爲護持會員）都可獲得優待，欲一次購買全部書籍者，可以考慮入會，節省書費。入會費一千元（第一年初加入時才需要繳），年費二千元。**6.尚未出版之書籍，請勿預先郵寄書款與本公司，謝謝您！** 7.若欲一次購齊本公司書籍，或同時取得正覺同修會贈閱之全部書籍者，請於正覺同修會共修時間，親到各共修處請購及索取；**台北市讀者**請洽：103 台北市承德路三段 267 號 10 樓（捷運淡水線 圓山站旁）請書時間：週一至週五爲 18.00~21.00，第一、三、五週週六爲 10.00~21.00，雙週之週六爲 10.00~18.00 請購處專線電話：25957295-分機 14（於請書時間方有人接聽）。

**敬告大陸讀者：**

大陸讀者購書、索書捷徑（尚未在大陸出版的書籍，以下二個途徑都可以購得，電子書另包括結緣書籍）：

**1.廈門外國圖書公司**：廈門市思明區湖濱南路 809 號 廈門外圖書城 3F
郵編：361004 電話：0592-5061658 網址：**http://www.xibc.com.cn/**

**2.電子書**：正智出版社有限公司及正覺同修會在台灣印行的各種局版書、結緣書，已有『**正覺電子書**』陸續上線中，提供讀者於手機、平板電腦上購書、下載、閱讀正智出版社、正覺同修會及正覺教育基金會所出版之電子書，詳細訊息敬請參閱『正覺電子書』專頁：**http://books.enlighten.org.tw/ebook**

關於平實導師的書訊，請上網查閱：

成佛之道　http://www.a202.idv.tw

正智出版社 書香園地　http://books.enlighten.org.tw/

**中國網**採訪佛教正覺同修會、正覺教育基金會訊息：

http://foundation.enlighten.org.tw/newsflash/20150817_1

http://video.enlighten.org.tw/zh-CN/visit_category/visit10

★ 正智出版社有限公司售書之稅後盈餘，全部捐助財團法人正覺寺籌備處、佛教正覺同修會、正覺教育基金會，供作弘法及購建道場之用；懇請諸方大德支持，功德無量。

★ 聲　明 ★

本社於 2015/01/01 開始調整本目錄中部分書籍之售價，以因應各項成本的持續增加。

＊喇嘛教修外道雙身法、墮識陰境界，非佛教＊

＊弘揚如來藏他空見的覺囊派才是真正藏傳佛教＊

## 售後服務—換書啓事（免附回郵）　2017/12/05

**《楞伽經詳解》第三輯初版免費調換新書啓事：**茲因 平實導師弘法早期尚未回復往世全部證量，有些法義接受他人的說法，寫書當時並未察覺而有二處（同一種法義）跟著誤說，如今發現已將之修正。茲爲顧及讀者權益，已開始免費調換新書；敬請所有讀者將以前所購第三輯（不論第幾刷），攜回或寄回本公司免費換新；郵寄者之回郵由本公司負擔，不需寄來郵票。因此而造成讀者閱讀、以及換書的不便，在此向所有讀者致上萬分的歉意，祈請讀者大眾見諒！

**《楞嚴經講記》第 14 輯初版首刷本免費調換新書啓事：**本講記第 14 輯出版前因 平實導師諸事繁忙，未將之重新閱讀而只改正校對時發現的錯別字，故未能發覺十年前所說法義有部分錯誤，於第 15 輯付印前重閱時才發覺第 14 輯中有部分錯誤尚未改正。今已重新審閱修改並已重印完成，煩請所有讀者將以前所購第 14 輯初版首刷本，寄回本公司免費換新（初版二刷本無錯誤），本公司將於寄回新書時同時附上您寄書來換新時的郵資，並在此向所有讀者致上最誠懇的歉意。

**《心經密意》初版書免費調換二版新書啓事：**本書係演講錄音整理成書，講時因時間所限，省略部分段落未講。後於再版時補寫增加 13 頁，維持原價流通之。茲爲顧及初版讀者權益，自 2003/9/30 開始免費調換新書，原有初版一刷、二刷書籍，皆可寄來本公司換書。

**《宗門法眼》**已經增寫改版爲 464 頁新書，2008 年 6 月中旬出版。讀者原有初版之第一刷、第二刷書本，都可以寄回本公司免費調換改版新書。改版後之公案及錯悟事例維持不變，但將內容加以增說，較改版前更具有廣度與深度，將更能助益讀者參究實相。

**換書**者**免附回郵**，亦無截止期限；舊書請寄：111 台北郵政 73-151 號信箱 或 103 台北市承德路三段 267 號 10 樓 正智出版社有限公司。舊書若有塗鴨、殘缺、破損者，仍可換取新書；但缺頁之舊書至少應仍有五分之三頁數，方可換書。所有讀者不必顧念本公司是否有盈餘之問題，都請踴躍寄來換書；本公司成立之目的不是營利，只要能眞實利益學人，即已達到成立及運作之目的。若以郵寄方式換書者，免附回郵；並於寄回新書時，由本公司附上您寄來書籍時耗用的郵資。造成您不便之處，再次致上萬分的歉意。

正智出版社有限公司 啓

# 免費換書公告

2023/07/15

**《法華經講義》第十三輯初版免費調換新書啓事**：本書因謄稿、印製等相關人員作業疏失，導致該書中的經文及內文用字將「**親近**」誤植成「清淨」。茲爲顧及讀者權益，自2017/8/30開始免費調換新書；敬請所有讀者將以前所購第十三輯初版首刷及二刷本，攜回或寄回本公司免費換新。

錯誤更正說明如下：

一、第256頁第10行~第14行：【就是先要具備「**法親近處**」、「**眾生親近處**」；法**親近**處就是在實相之法有所實證，如果在實相法上有所實證，他在二乘菩提中自然也能有所實證，以這個作爲第一個**親近**處——第一個基礎。然後還要有第二個基礎，就是瞭解應該如何善待眾生；對於眾生不要有排斥或者是貪取之心，平等觀待而攝受、親近一切有情。以這兩個**親近**處作爲基礎，來實行其他三個安樂行法。】。

二、第268頁第13行：【具足了那兩個「**親近處**」，使你能夠在末法時代，如實而圓滿的演述《法華經》時，那麼你作這個夢，它就是如理作意的，完全符合邏輯去完成這個過程，就表示你那個晚上，在那短短的一場夢中，已經度了不少眾生了。

**《大法鼓經講義》第一輯初版免費調換二版新書啓事**：本書因校對相關人員作業疏失錯失別字，導致該書中的內文255頁倒數5行有二字錯植而無發現，乃「『**智慧**』的滅除不容易」應更正爲「『**煩惱**』的滅除不容易」。茲爲顧及讀者權益，自2023/4/1開始免費調換新書，或請自行更正其中的錯誤之處；敬請所有讀者將以前所購第一輯初版首刷及二刷本，攜回或寄回本公司免費換新。

**《涅槃》**下冊初版一刷至六刷**免費調換新書啓事**：本書因法義上有少處疏失而重新印製，乃第20頁倒數6行的「法智忍、法智」更正爲「**法智、類智**」，同頁倒數4行的「類智忍、類智」更正爲「**法智忍、類智忍**」；並將書中引文重新標點後重印。敬請讀者攜回或寄回本公司免費換新。

**換書者免附回郵**，郵寄者之回郵由本公司負擔，不需寄來郵票，亦無截止期限；同時對因此而造成讀者閱讀、以及換書的困擾及不便，在此向所有讀者致上最誠懇的歉意，祈請讀者大眾見諒！

正智出版社有限公司 敬啓

國家圖書館出版品預行編目(CIP) 資料

不退轉法輪經講義. 第六輯 / 平實導師述著.-- 初版. --
臺北市: 正智出版社有限公司, 2024.11 面; 公分

ISBN 978-626-97355-8-7(平裝)
ISBN 978-626-98256-2-2(平裝)
ISBN 978-626-98256-5-3(平裝)
ISBN 978-626-7517-00-0(平裝)
ISBN 978-626-7517-04-8(平裝)
ISBN 978-626-7517-06-2(平裝)

1.CST: 經集部

221.733 113016429

# 不退轉法輪經講義

——第六輯

著 述 者:平實導師
音文轉換:劉惠莉 鄭瑞卿 劉夢瓚
校 對:章乃鈞 孫淑貞 陳介源 王美伶 張善思
出 版 者:正智出版社有限公司
電話:○二 28327495 28316727(白天)
傳眞:○二 28344822
111 台北郵政 73-151 號信箱
郵政劃撥帳號:一九○六八二四一
正覺講堂:總機○二 25957295(夜間)
總 經 銷:聯合發行股份有限公司
231 新北市新店區寶橋路 235 巷 6 弄 6 號 4 樓
電話:○二 29178022(代表號)
傳眞:○二 29156275
初版首刷:二○二四年十一月三十日 二千冊
定 價:三○○元